Nelles Verlag

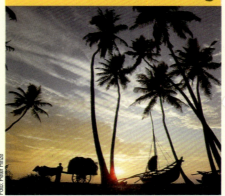

Foto: Peter Hinze

Ausgabe 2015

Sri Lanka

Autoren:
Elke Frey, Gerhard Lemmer

KARTENVERZEICHNIS

Colombo	52/53
Mittlere Westküste	60
Negombo	66/67
Südwestküste	82
Hikkaduwa	90
Galle, Fort	92
Südküste	102/103
Südostküste	111
Zentralprovinz	124/125
Kandy	127
Hochland	142/143
Distrikt Ratnapura	160/161
Nordzentralprovinz	170/171
Mihintale	174
Anuradhapura	176
Polonnaruwa, Archäologischer Bezirk	195
Polonnaruwa	195
Das heilige Viereck	195
Sri Lankas Osten	207
Umgebung von Trincomalee	214
Tamilischer Norden	223
Jaffna	226

IMPRESSUM / KARTENLEGENDE

Liebe Leserin, lieber Leser,

AKTUALITÄT wird in der Nelles-Reihe groß geschrieben. Unsere Korrespondenten dokumentieren laufend die Veränderungen der weltweiten Reiseszene, und unsere Kartografen berichtigen ständig die auf den Text abgestimmten Karten.
Wir freuen uns über jeden Korrekturhinweis! Unsere Adresse: Nelles Verlag, Machtlfinger Str. 11, D-81379 München, Tel. +49 (0)89 3571940, Fax +49 (0)89 35719430, E-Mail: Info@Nelles.com, Internet: www.Nelles.com
Haftungsbeschränkung: Trotz sorgfältiger Bearbeitung können fehlerhafte Angaben nicht ausgeschlossen werden, der Verlag lehnt jegliche Produkthaftung ab. Alle Angaben ohne Gewähr. Firmen, Produkte und Objekte sind subjektiv ausgewählt und bewertet.

LEGENDE

IMPRESSUM

SRI LANKA
© Nelles® Verlag GmbH
81379 München
All rights reserved

Ausgabe 2015
Druck: Bayerlein, Germany
Einband durch DBGM geschützt

Reproduktionen, auch auszugsweise, sowie die Verbreitung durch Internet, fotomechanische Wiedergabe, Datenverarbeitungssysteme und Tonträger nur mit schriftlicher Genehmigung des Nelles Verlags

INHALTSVERZEICHNIS

Kartenverzeichnis 2
Impressum / Kartenlegende / Haftungsbeschränkung 4

1 LAND UND LEUTE

Höhepunkte 12
Einstimmung 13
Geschichte im Überblick 14
Geografie 17
Geschichte 25
Religion 41

2 MITTLERE WESTKÜSTE

Colombo 51
Mount Lavinia – Kalutara North 58
Kotte 59
Sitavaka 62
Kelaniya 63
Negombo 66
Dambadeniya 72
INFO: Restaurants, Sehenswürdigkeiten 75-77

3 SÜDWESTKÜSTE

Kalutara 81
Beruwala 83
Bentota 84
Ambalangoda 86
Hikkaduwa 89
Galle 90
INFO: Restaurants, Sehenswürdigkeiten 93-95

4 SÜDKÜSTE

Unawatuna 99
Weligama 99
Matara 100
Dondra 101
Tangalle 103
INFO: Restaurants, Sehenswürdigkeiten 105

5 SÜDOSTEN

Hambantota 109
Bundala National Park 111
Yala National Park 112
Tissamaharama 116
Kataragama 117
INFO: Restaurants, Sehenswürdigkeiten 119

INHALTSVERZEICHNIS

6 KANDY

Von Colombo nach Kandy 123
Königreich von Kandy 125
Kandy 126
Mahaweli Ganga 132
Matale 135
Kurunegala 136
INFO: Restaurants, Sehenswürdigkeiten 136-137

7 HOCHLAND

Wandel im Hochland 141
Adam's Peak 143
Horton Plains 145
Nuwara Eliya 148
Kotmale 151
Badulla 151
INFO: Restaurants, Sehenswürdigkeiten 154-155

8 RATNAPURA

Ratnapura 159
Sinharaja Forest 160
Uda Walawe National Park 163
Samanalawewa 164
INFO: Restaurants, Sehenswürdigkeiten 165

9 RAJARATA

Rajarata 169
Mihintale 169
Anuradhapura 175
Aukana 186
Yapahuwa 188
Sigiriya 189
Dambulla 191
Polonnaruwa 193
INFO: Restaurants, Sehenswürdigkeiten 200-201

10 OSTEN

Buttala 205
Lahugala National Park 207
Pottuvil 208
Arugam Bay 209
Gal Oya National Park 210
Batticaloa 211
Trincomalee 213
INFO: Restaurants, Sehenswürdigkeiten 216-217

INHALTSVERZEICHNIS

11 TAMILISCHER NORDEN

Vavuniya 221
Padawiya 221
Kokkilai / Chundikkulam 222
Mantai 222
Mannar 223
Halbinsel Jaffna 224
Jaffna 227
INFO: Restaurants, Sehenswürdigkeiten 229

12 FEATURES

Tee für die Welt 232
Zimt, Kardamom und Curry 234
Ayurveda 236
Heiratsannoncen 238

13 REISE-INFORMATIONEN

Reisevorbereitungen 240
  Ein- und Ausreise / Visum 240
  Geld / Gesundheitsvorsorge 240
  Klima und Reisezeit / Kleidung 241
  Sri Lanka in Zahlen 242
Reisewege nach Sri Lanka 242
  Flug / Seeweg 242
Reisen im Land 243
  Flug / Bahn / Bus 243
  Dreiradtaxi / Taxi 244
  Mietwagen, Motorräder 244
  Straßenverkehr / Sperrgebiete / Sicherheit . . . 244
  Tsunami-Folgen 245
Praktische Tipps 245
  Aktivurlaub / Alkohol 245
  Allein reisende Frauen / Ayurveda 246
  Betteln / Diebstahl / Einkaufen 246
  Eintrittsgelder / Elektrizität / Essen 246
  Feiertage, Feste, Pilgerziele 247
  Fotografieren 247
  Geschäftszeiten / Notfall 248
  Preisniveau / Schlepper 248
  Telefon, Internet 248
  Trinken / Trinkgeld / Verhaltensregeln 249
Adressen 249
  Botschaften 249
  Fremdenverkehrsamt 249
Sprachführer 249
Autoren 251
Register 252

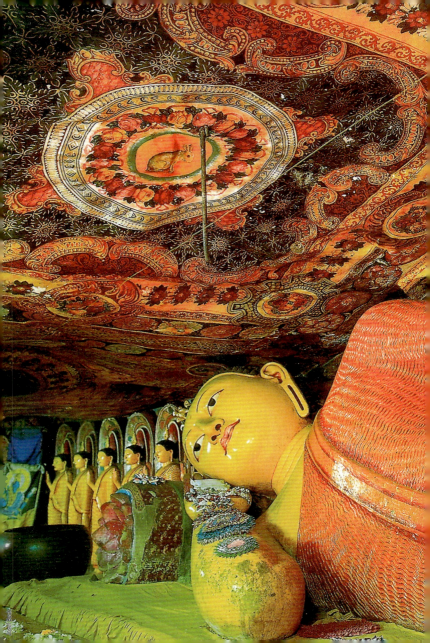

HÖHEPUNKTE

HÖHEPUNKTE

**Colombo (S. 51), quirlige Hauptstadt am Meer mit einem faszinierenden Mix aus Hochhäusern, Kolonialhotels, Kirchen, Moscheen, Hindu-Kovils und buddhistischen Tempeln.

**Fort Galle (S. 90) in Galle, an der Südküste, steht als Kolonialzeuge auf der UNESCO-Welterbeliste.

Kandy (S. 126), Königsstadt der Singhalesen bis 1815 und UNESCO-Welterbe, besitzt mit dem Tempel des Zahns ein Nationalheiligtum; exotisch ist die ****Kandy Perahera. Der Botanische Garten genießt Weltruf.

**Adam's Peak (S. 143), 2243 m hoch, ist Sri Lankas heiligster Berg und Pilgerziel aller Religionsanhänger.

**Anuradhapura (S. 175), voll von archäologischen Schätzen, ist UNESCO-Welterbe mit Kostbarkeiten wie dem heiligen Baum Sri Maha Bodhi oder den über 2000-jährigen Reliquienstätten Ruvanveliseya Dagoba oder Thuparama Vatadage.

**Sigiriya (S. 189), luxuriöser Felsenpalast des Vatermörders Kassapa I., UNESCO-Welterbe, wie auch die nahen Felshöhlen des über 2000-jährigen Klosters von Dambulla (S. 191).

Polonnaruwa (S. 193), UNESCO-Welterbestätte mit den Steinbauten der Zitadelle und des Heiligen Vierecks, glänzt mit den Buddhastatuen des Klosters ****Gal Vihara.

*Negombo (S. 66) ist ein vielseitiges Urlaubsziel: kilometerlanger Sandstrand und Fischerort-Flair

Vorherige Seiten: Mehr als 2000 Jahre Buddhismus haben Sri Lanka geprägt. Sonnenuntergang am Palmenstrand. Rechts: Beim Elefanten-Waisenhaus in Pinnawela.

Die paradiesische Südwestküste hat die meisten Strandorte, z. B. ***Kalutara** (S. 81) mit seinem Tempel Gangatilaka Vihara; ***Bentota** (S. 84), gelegen zwischen Fluss und Meer; ***Ambalangoda** (S. 86) mit Maskenmuseum; ***Hikkaduwa** (S. 89) mit Korallenriff und vielen Hotels.

Ruhe und schöne Strände bietet die Südküste mit ***Unawatuna** (S. 99) und ***Tangalle** (S. 103).

*Yala National Park (S. 112): Auf einer Jeepsafari kann man u. a. Elefanten, Büffel, Affen und Vögel sehen.

*Tissamaharama (S. 116) besitzt malerische Stauseen und mittelalterliche Tempel, nahe dem wichtigen Pilgerort ***Kataragama** (S. 117).

*Horton Plains National Park (S. 145) zählt zum UNESCO-Welterbe Zentrales Bergland, nahe der höchsten Stadt ***Nuwara Eliya** (S. 148).

*Ratnapura (S. 159) ist das Edelsteinzentrum, ***Sinharaja Forest** (S. 160) ein Juwel der Flora und Fauna und deshalb UNESCO-Weltnaturerbe.

Die heiligen Statuen von ***Buduruvagala** (S. 153) und der riesige ***Buddha von Maligawila** (S. 206) erheben sich zwischen Reisfeldern und Urwald.

*Mihintale (S. 169): In dem Bergheiligtum begann vor 2200 Jahren die buddhistische Missionierung der Insel.

Umgeben von uralter Reislandschaft erheben sich der riesige ***Buddha von Aukana** (S. 186) und sein Gegenstück, der ***Buddha von Sasseruwa**.

Perlen der Ostküste sind die Surfer-Hochburg ***Arugam Bay** (S. 209), ***Passikudah Beach** (S. 212) bei Batticaloa und die Hafenstadt ***Trincomalee** (S. 213) mit großartigen Stränden.

EINSTIMMUNG

EINSTIMMUNG

Die Brandung des Indischen Ozeans trifft in Sri Lanka auf Korallenriffe, lauschige Buchten und palmengesäumte tropische Sandstrände. Die Insel südöstlich von Indien hat 1330 km Küstenlinie; wer Ruhe sucht, kommt da ebenso auf seine Kosten wie Freunde des Wassersports – von Kitesurfern bis zu Tauchern, Seglern oder Hochseeanglern. Andere feiern lieber Strandpartys oder genießen Seafood am Meer, umfächelt von einer sanften Brise.

Die Früchte des Meeres, tropisches Obst, exotische Gewürze: Frisch aus der Natur, in der Küche veredelt, kommen die sri-lankischen Gerichte auf den Tisch. Aber hier, am jahrtausendealten Schnittpunkt der Kulturen, wird auch Kost aus anderen Weltgegenden vollendet serviert.

Die über 2000 Jahre alten Kulturschätze und vielfältigen buddhistischen und hinduistischen Traditionen sind allein schon die Reise wert. Man bestaunt überraschend große Ruinenstädte, besichtigt faszinierende Tempel und wird immer wieder Zeuge von farbenfrohen Festen. Viele illustre Reisende haben das Land schon besucht, und die Auswahl an Unterkünften ist enorm: Das Spektrum reicht von edlen Luxushotels bis hin zu kargen Strandhütten mit Palmdach.

Das Landesinnere ist eindrucksvoll: Da blüht und grünt es in den tropischen Hausgärten, erfrischt der Anblick sattgrüner Reisfelder, und was von Geografen als „Trockenzone" bezeichnet wird, überrascht erst recht: Hier erstreckt sich keineswegs Wüste, sondern uraltes, durchgrüntes Kulturland mit Seen, wilden Elefantenherden und einer fabelhaften Vogelwelt. Das über 2000 m hohe Bergland aber ist die Krönung; Serpentinenstraßen winden sich erst durch wuchernden Urwald, dann durch perfekt getrimmte Teeplantagen.

In dieser überirdisch schönen Landschaft entfaltet das jahrtausendealte medizinische Wissen des Ayurveda eine ganz besondere Wirkung.

Als Gast fühlt man sich in diesem Inselstaat – vom Willkommensgruß „Ayubowan" an – aufs Beste umsorgt.

GESCHICHTE IM ÜBERBLICK

5000 v. Chr. und früher leben steinzeitliche Bewohner auf der Insel. Ob sie Vorfahren der heute als Urbevölkerung geltenden Weddas sind, ist unbewiesen.

5.-6. Jh. v. Chr. Singhalesen aus Nordindien wandern in mehreren Schüben nach Sri Lanka ein und führen in den Trockenzonen, zuerst im Norden (Rajarata), später im Südwesten (Ruhuna), Bewässerungskultur ein.

Ab 4. Jh. v. Chr. Anuradhapura wird zum Machtzentrum im nördlichen Teil der Insel. Auch Südinder lassen sich nach und nach auf Sri Lanka nieder. Die Beziehungen Sri Lankas zu den indischen Nachbarn wechseln häufig zwischen Freundschaft und Feindschaft.

250-210 v. Chr. Der Sohn des indischen Kaisers Ashoka bekehrt König Devanampiya Tissa zum Buddhismus. Der König macht ihn zur Staatsreligion; das erste buddhistische Kloster wird das Mahavihara in Anuradhapura.

161-137 v. Chr. König Dutthagamani, aus Ruhuna stammend, besiegt den in Rajarata regierenden Südinder Elara und vereinigt zum ersten Mal die Regionen Sri Lankas.

1. Jh. v. Chr. Religiöse Spaltung zwischen traditionellem Theravada- und volkstümlicherem, Götter verehrendem Mahayana-Buddhismus.

89 v. Chr. Unter König Vattagamani Abhaya gründen Anhänger des Mahayana-Buddhismus das Abhayagiri-Kloster in Anuradhapura.

274-301 König Mahasena lässt zahlreiche große Speicherseen anlegen; viele sind heute wieder Teil des Bewässerungssystems.

301-328 Zur Regierungszeit König Sirimeghavannas gelangt die Zahnreliquie Buddhas aus Indien nach Sri Lanka und wird zum Symbol sri-lankischer Königsherrschaft; die Reliquie wird in sogenannten Zahntempeln verwahrt.

455-473 König Dhatusena gilt als einer der Befreier von südindischer Herrschaft. Er lässt große Bewässerungsreservoire bauen.

473-491 Kassapa reißt die Königswürde an sich und regiert nicht in Anuradhapura, sondern lässt sich für seinen Hof die Felsenburg Sigiriya verschwenderisch ausstatten.

491-508 Mogellana, der rechtmäßige Thronerbe und Kassapas Halbbruder, gewinnt mit Hilfe tamilischer Söldner die Herrschaft zurück; Anuradhapura wird wieder Regierungssitz; noch lange bewundern damalige „Touristen" das teilweise zerstörte Sigiriya.

6.-10. Jh. Südinder zerstören mehrmals Anuradhapura. Ebenso greifen die Sri Lanker gelegentlich militärisch in Südindien ein.

Ab 7. Jh. Wie in Indien, so lassen sich auch in Sri Lanka muslimische Seefahrer und Händler aus dem Vorderen Orient nieder.

985-1055 Die südindischen Cholas ergreifen die Herrschaft über Sri Lanka, zerstören 993 Anuradhapura und verschleppen König Mahinda V. nach Indien, wo er im Exil stirbt. Sie kontrollieren Sri Lanka von ihrer neuen Hauptstadt Polonnaruwa aus.

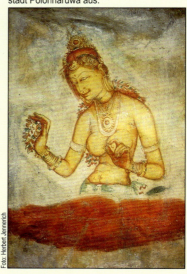

König Kassapa I. ließ seine Felsenburg Sigiriya mit „Wolkenmädchen" schmücken.

1055-1110 Vijayabahu I. erobert Sri Lanka von Ruhuna aus und vertreibt die Cholas. Er behält Polonnaruwa als Hauptstadt bei.

1153-1186 Parakramabahu I. lässt die zerstörten Bewässerungsanlagen erneuern und zahlreiche Gebäude errichten; ein Konzil bringt die Einigung des zerstrittenen Klerus.

1187-1196 Auch König Nissanka Malla verewigt sich mit Bauten sowie Inschriften, seine kurze Herrschaft läutet aber den Niedergang der Bewässerungszivilisation in der Trockenzone ein.

GESCHICHTE IM ÜBERBLICK

13.-15. Jh. Kriegerische Übergriffe aus Südindien zerstören das Bewässerungsnetz endgültig, Kriege und Krankheiten dezimieren die Bevölkerung. Der Rest flieht vor den Kriegstruppen ins Bergland. Die Könige verlagern ihre Hauptstädte immer tiefer ins Gebirge.

14.-15. Jh. Konkurrierende singhalesische Königreiche wetteifern um die Vorherrschaft.

16. Jh. Die Portugiesen kolonialisieren die Ceilão genannte Insel, christianisieren das westliche Küstenland und bringen den König von Kotte (bei Colombo) unter ihre Herrschaft.

Die Teeplantagen Sri Lankas entstanden während der britischen Kolonialzeit.

1593 König Vimaladharmasuriya macht das freie Kandy zur singhalesischen Hauptstadt.

1658 König Rajasinha II. paktiert mit der niederländischen Kolonialgesellschaft VOC gegen die Portugiesen; die Niederländer bleiben als Kolonialherren im Küstenraum.

Ab 1796 Während nur das Bergland noch in der Hand des singhalesischen Königs ist, bemächtigt sich Großbritannien des gesamten Küstengebietes der *Ceylon* genannten Insel.

1815 Britisches Militär beendet das Königtum; Integration Ceylons ins Britische Empire.

Bis 1948 Die Briten verwandeln Ceylon trotz des Widerstands der Bewohner in eine Kolonie mit Kaffee-, später Teeanbau; als Arbeiter holt man Tamilen aus Südindien. Ceylon gilt als Musterland mit guter Infrastruktur, wie Straßen, Schulen, Verwaltung oder Wahlrecht.

4. 2. 1948 Ceylon wird unabhängig.

1948-1956 Liberaldemokratische UNP-Präsidenten wie Senanayake fördern die Bauern.

1956 Mit Nationalismus (pro buddhistische Singhalesen, kontra hinduistische Tamilen – Keim des späteren Bürgerkriegs) gewinnt die singhalesisch-buddhistische Sri Lanka Freedom Party (SLFP) unter S.W.R.D Bandaranaike die Wahl. Ein Mönch erschießt ihn 1959.

1960-1977 Seine Witwe Sirimavo Bandaranaike schlägt einen sozialistischen Kurs ein, unterbrochen von fünf Jahren UNP-Regierung.

Seit 1972 heißt Ceylon *Sri Lanka* („Ehrenwerte Insel"), Singhalesisch wird Amtssprache.

1977-1994 Die UNP unter J.R. Jayewardene gewinnt die Wahlen. Verstaatlichungen werden rückgängig gemacht; die Wirtschaft profitiert von der Einrichtung von Freihandelszonen und ausländischen Investitionen.

Ab 1983 Nach Sprachenstreit und singhalesischer Dominanz führen landesweite Übergriffe auf Tamilen zum Bürgerkrieg. Die Guerilla der tamilischen „Befreiungstiger" (LTTE) ist weder militärisch noch diplomatisch zu zügeln, verübt Terrorakte (u.a. 1991 Ermordung Rajiv Ghandis in Indien; 1987-90 agierten indische Friedenstruppen auf der Insel) und spaltet im Norden ein autonomes Gebiet ab.

1993 Die LTTE tötet Präsident Premadasa.

1994-2004 Chandrika Bandaranaike Kumaratunga (SLFP) tritt als Präsidentin in die Fußstapfen ihrer Eltern. Die SLFP vertritt einen härteren Kurs gegenüber der LTTE – mit der Premierminister Ranil Wickremesinghe (UNP) 2002 einen Waffenstillstand schließt.

2004 Ein Tsunami fordert 35 000 Todesopfer, 500 000 Menschen werden obdachlos.

2009 Präsident M. Rajapakse (SLFP) beendet den Bürgerkrieg militärisch (80 000 Opfer seit 1983). Kriegsverbrechen bleiben ungesühnt.

2015 Maithripala Sirisena, 2014 noch als SLFP-Mitglied Gesundheitsminister unter Rajapakse, gewinnt für die UNP die von Rajapakse vorgezogene Präsidentschaftswahl. Papst Franziskus besucht im Januar Sri Lanka.

GEOGRAFIE

GEOGRAFIE

Weißer Strand unter grünen Kokospalmen vor blauem Meer, Inbegriff des tropischen Paradieses – das ist für viele das Bild von der Insel Sri Lanka mit ihrer 1330 km langen Küstenlinie. Ein heller Streifen Sandstrand legt sich tatsächlich fast rund um das Eiland, doch bezaubernde Tropenlandschaften erwarten den Besucher auch im grünen Binnenland: Ebenen und Berge mit üppiger Flora und seltener Fauna.

Dem Äquator näher als Indien, bildet Sri Lanka – nur 30 km südöstlich von seinem großen südasiatischen Nachbarn – ein kompaktes Inselland von ca. 65 000 km². Seine Form ähnelt einem riesigen, tropfenförmigen Juwel. Es ist etwas kleiner als die der Republik Irland; 430 km sind es von der Nord- zur Südspitze und 225 km in der Ost-West-Erstreckung. Der Äquator verläuft 650 km weiter südlich im Indischen Ozean, und dann gibt es nichts als Meer bis hinunter zur Antarktis.

Über 1500 km entfernt lag der Ursprung eines Seebebens, dessen nachfolgender Tsunami am 26.12.2004 über den Indischen Ozean rollte und flache Küstenpartien im Osten und Süden Sri Lankas kurzzeitig überflutete – eine für die Insel äußerst seltene Naturkatastrophe (s. a. Hinweise S. 245).

Woher der Wind weht

Zwei Winde bestimmen in die Jahreszeiten Sri Lanka: der Südwestmonsun kommt zwischen Mai und September ungebremst über den Indischen Ozean, dagegen streicht der Nordostmonsun von November bis März über die von Landmassen begrenzte Wasserfläche des Golfs von Bengalen.

Wenn der Monsun einsetzt, fällt anfangs etwa einen Monat lang kräftiger Regen auf der dem Wind zugewandten Seite der Insel, der sich später abschwächt. Der Südwestmonsun dauert länger als der Nordostmonsun und seine Niederschläge sind höher. Relativ ruhig ist es während des Wechsels der Windrichtungen im März/April und Oktober/November.

Wie sich Bauern und Fischer nach den Jahreszeiten richten, so ist auch der Tourismus abhängig vom Monsun: Hauptsaison an Süd- und Westküste ist die ruhige Zeit November bis April, an der Ostküste März bis Oktober. Manche Touristen schätzen die Nebensaison, nicht nur wegen der niedrigeren Preise: Warm ist es ständig, langweiliger Dauerregen fast unbekannt; zwischen sehr heftigen Schauern kommt wieder die Sonne hervor. Der bedeckte Himmel hält die Hitze in Grenzen, die diffuse Sonnenstrahlung bräunt trotzdem. Nur ist zu den Monsunzeiten das Meer an der entsprechenden Seite der Insel meist zu aufgewühlt zum Baden. Doch da haben die größeren Hotels schon vorgesorgt: Im hauseigenen Schwimmbad spürt man nichts von den kräftigen Wogen jenseits der Strandlinie.

Im Südwesten legen sich die Badestrände wie ein Viertelkreis um die Insel: von der Halbinsel Kalpitiya an der mittleren Westküste bis nach Hambantota im mittleren Teil der Südküste. Wie eine bunte Kette reihen sich zwischen diesen Endpunkten Hunderte von Hotels, von einfachen Strandpensionen bis zu Häusern der Fünf-Sterne-Kategorie. Strandhotels häufen sich an West- und Südküste, Hochburgen wie Negombo, Beruwala, Bentota und Hikkaduwa liegen keine drei Stunden vom derzeit einzigen internationalen Flughafen in Katunayake entfernt. An den übrigen Standorten stehen Hotels allein oder in kleinen Gruppen, besonders im Süden, wo Felspartien und Buchten die Uferlinie abwechslungsreich gestalten. Dank des 2011 eröffneten Southern Expressway sind sie ebenfalls rasch erreichbar.

Das südwestliche Viertel von Sri Lanka erhält die meisten Niederschlä-

Links: Taucher in einem sri-lankischen Unterwasserparadies.

GEOGRAFIE

ge des Landes, nicht nur, weil der Regen des Südwestmonsuns ergiebiger ausfällt, sondern weil auch außerhalb der Monsunzeit erfrischende Schauer und örtliche Gewitterregen dem Land Feuchtigkeit spenden, das in der Tropensonne leicht ausdörrt. Daher trifft man gerade hier auf den üppigsten tropischen Pflanzenwuchs. Vor 500 Jahren entdeckten die Portugiesen in dem feuchtheißen Urwald den wild wachsenden Zimtbaum. Heute dagegen ist dasselbe Gebiet mit Kokos-, Kautschuk- und Zimtplantagen bestellt, und auf jedem ebenen Fleckchen Erde in den Niederungen wächst Reis, der zweimal im Jahr geerntet wird. Höhere Erträge bringt die *maha*, die „große", feuchtere Saison, während die *yala*, die zweite Ernte im Jahr, meist weniger ertragreich ist. In diesem südwestlichen Viertel lebt die Mehrzahl der ca. 21 Millionen Einwohner der Insel.

Oben. Tropische Regengüsse sind meistens kurz, aber heftig. Rechts: Der Strand von Weligama mit Taprobane Island und dessen kleinem Luxushotel von 1925.

Neue Hoffnung für die Ostküste

Auch den östlichen Teil von Sri Lanka bedecken stellenweise Reisfelder. Sie sind meist viel ausgedehnter als im Westen. Hier betreibt man Bewässerungsanbau in größerem Stil; alle bedeutenden Wasserreservoire im Osten entstanden erst in der zweiten Hälfte des 20. Jh. und ermöglichen Tausenden hierher umgesiedelten Familien eine neue Lebensgrundlage.

Die Ostküste unterliegt ab November zwar dem Einfluss des Nordostmonsuns, aber bereits am Jahresanfang ist sie attraktiv zum Baden im Meer. Die Luft ist hier meist weniger feucht. Das Küstenland ist zwar oft palmenbestanden, aber hier trifft man häufiger die Trockenheit liebende Palmyrapalme mit ihren fächerförmigen Blättern an. Der Charakterbaum der feuchtheißen Süd- und Westküste ist dagegen die Kokospalme.

An der gering besiedelten Ostküste lebt ein hoher Anteil tamilischer und muslimischer Bevölkerung. Während des Bürgerkriegs 1983-2009 brachten

GEOGRAFIE

Guerillaaktivitäten der LTTE-Separatisten den Tourismus fast zum Erliegen. Auch früher waren im Osten trotz schöner Strände Badeorte dünn gesät, sie konzentrierten sich an den Stränden nördlich von Trincomalee und Batticaloa sowie um die zauberhafte Arugam Bay bei Pottuvil. Die Ostküste lebt nun wieder auf: Rasch baute man die Hauptstraßen aus und errichtete kleine bis mittelgroße Hotels, seit 2011 auch in der während des Bürgerkriegs völlig verwaisten Strandzone von Kalkudah und Passikudah.

Das Meer rund um Sri Lanka

Sri Lanka und Indien liegen auf ein- und demselben Kontinentalschelf. Diese Meereszone bis 70 m Tiefe reicht bis maximal 19 km vor der Küste. Wie eine Verlängerung der Insel Mannar setzt sich in Richtung Indien eine Reihe Koralleninseln (Adam's Bridge) fort – eine Barriere für größere Seeschiffe. Korallenbänke, kleine Inseln und Wracks sind rund um Sri Lanka verbreitet und bei Tauchern beliebt; beste Zeit ist die zumeist windstille Periode zwischen den Monsunen. Während der Monsunwinde schließen viele Tauchschulen oder verlagern ihre Basis an die jeweils ruhigere Seite der Insel. Bekannte Tauchspots sind u. a. in Hikkaduwa und Weligama. Touristisch erst wenig erschlossen und für Individualisten reizvoll ist die Inselwelt von Kalpitiya. Die Riffe von Pigeon Island vor der Ostküste und Hikkaduwa im Westen sind als Meeresnationalparks geschützt und Ziel von Tauchern.

Überwiegend Blau- und Spermwale werden immer wieder vor Sri Lankas Südküste gesichtet. Delfine und verschiedene Walarten lassen sich vor Kalpitiya beobachten.

Fischer arbeiten, soweit die Windbedingungen es zulassen, rund um die Insel, vorwiegend in Küstennähe. Zwar sind noch Einbäume mit Ausleger und *kattamarans*, schmale Flöße, im Einsatz, aber immer mehr Boote sind modern und hochseetauglich. Die ergiebigsten Fanggebiete liegen im Schelfbereich zwischen Sri Lanka und Indien. Manchmal kann man noch die schwere

GEOGRAFIE

Arbeit des Einholens von Schleppnetzen durch viele Helfer am Strand beobachten. Wurfnetze werden in seichten Strandabschnitten und in Lagunen eingesetzt. „Stelzenfischer", die von Pfählen in der Brandung der Südküste ihre Angeln auswerfen, warten heutzutage nur noch auf fotografierende Touristen.

Von Mangroven gesäumte Lagunen liegen an zahllosen Stellen hinter der Küste. Besonders eindrucksvoll sind sie dort, wo Tausende und Abertausende von Zugvögeln während ihrer Winterrast Nahrung suchen: Berühmt sind die Vogelreservate von Chundikkulam und Kokkilai an der Nordostküste und Kumana, Bundala und Wiraketiya an der Südost- bzw. Südküste.

In einigen trockenen Küstenabschnitten verdunstet das Meerwasser in flachen Buchten zur niederschlagsfreien Zeit; hier lohnen sich Salzgärten.

Oben: Regenärmere Zone bei Mihintale – künstliche Seen bewässern seit alters die Niederungen des Dschungellands. Rechts: Der Staudamm von Randenigala setzt die alte Tradition der „Tanks" fort.

Die grüne Trockenzone

Recht irreführend ist die gängige Bezeichnung „Trockenzone" für die drei Viertel von Sri Lanka, die sich um das zentrale Bergland und die südwestliche Feuchtzone legen. Diese vielgestaltige Landschaft ist alles andere als eine Wüste, „trocken" bedeutet nur, dass es in diesem Teil des Landes nicht ganzjährig regnet. Die mehr oder weniger langen Trockenzeiten prägen das natürliche Pflanzenkleid. Es reicht von dichten, artenreichen Wäldern (Dschungel, Monsunwald), in denen einige Bäume während der regenlosen Zeit ihr Laub abwerfen, bis hin zu Arealen mit spärlichen, niedrigen Dornsträuchern an besonders niederschlagsarmen Standorten (Dornbuschsavanne).

Die trockensten Gebiete der Insel liegen an der Küste im Südosten (Yala-Nationalpark) und Nordwesten (Wilpattu-Nationalpark), auf der Insel Mannar und der Halbinsel Jaffna.

In der „Trockenzone" findet man eine große Anzahl Seen unterschiedlicher Größe und Form. Das Gelände ist

GEOGRAFIE

fast eben, allenfalls leicht gewellt, oft nicht mehr als 100 m hoch. An einigen Stellen ragen steile Felshügel bis über 700 m Höhe abrupt aus der Ebene auf. Sie sind die harten Reste einer weitgehend abgetragenen, sehr alten Festlandsfläche, die sich in Indien fortsetzt.

Bewässerung – gestern und heute

Dies von Flüssen durchzogene Flachland war vermutlich überwiegend bewaldet, als die Singhalesen es vor zweieinhalb Jahrtausenden zu kultivieren begannen. Sie stauten Flüsse auf, verwandelten Senken in *wewas* (Engl. *tanks*, Reservoire) und schufen durch Kanalbau und geschickte Nutzung der Flussläufe ein ausgedehntes Bewässerungsnetz. Es glich die Durststrecken während der Trockenperioden aus und ermöglichte den Anbau von Nassreis mit zwei jährlichen Ernten. Kriege und die Zerstörung der Bewässerungsanlagen zwangen die Bevölkerung nach dem 12. Jh., sich in das südwestliche, damals recht undurchdringliche Viertel des Landes zurückzuziehen. Das einst blühende Reisland fiel dem Dschungel anheim, die alten Reservoire blieben sich selbst überlassen, manche verlandeten, die größeren und tieferen gaben den Anschein von natürlichen Seen. Die gering besiedelte Dschungelidylle wurde zum Tummelplatz für eine reiche Tierwelt.

Im 19. Jh. erst erkannte man das Ausmaß dieser frühen Kulturlandschaft und machte die ersten Versuche, sie nach altem Vorbild zu nutzen. Die Einwohnerzahl der Insel nahm im 20. Jh. rasch zu, sodass die Regierung des jungen Landes es als ihre vordringlichste Aufgabe ansah, Ackerland an die Bevölkerung zu verteilen. In der schwach besiedelten Trockenzone knüpfte man mit modernen Mitteln an die über 2000 Jahre alte Bewässerungstradition an: Im Osten entstand der Stausee Senanayake Samudra, im Süden u. a. das Uda Walawe Reservoir, und für das Kernland der alten singhalesischen Kultur in der nördlichen Hälfte der Insel entwarf man eine komplexe Entwicklungsstrategie, die den längsten Fluss des Landes, den Mahaweli Ganga, sowie

GEOGRAFIE

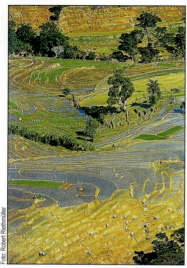

geeignete alte und neu geschaffene Stauseen, Kanäle und weitere Flüsse einbezog: das Mahaweli-Programm. Die Verwirklichung des Plans setzt sich im 21. Jh. fort.

Dank des beachtlichen Interesses der Sri-Lanker am Naturschutz findet man in der Trockenzone die meisten der 21 Nationalparks und viele weitere Naturreservate. Dazwischen haben sich in einigen Ebenen, hinter den Dämmen von Reservoiren, wieder Reislandschaften und Dörfer mit üppigen Hausgärten ausgebreitet – wie in der jahrhundertelangen Blütezeit, die vor 700 Jahren gewaltsam beendet wurde. In unbewässerten Landstrichen bewirtschaften Kleinbauern noch *chena*, Brandrodungsland.

Manchmal kommt es zur Kollision mit der Tierwelt, die ja nicht weiß, wo der Mensch die Grenzen der Naturschutzgebiete gezogen hat. Es ist keine

Oben: Reisterrassen mit Saatbeeten im Bergland um Kandy. Rechts: Rot blühende Rhododendren und Reste von Urwald auf den Horton Plains.

Seltenheit, auch außerhalb der Reservate Elefanten und anderen Wildtieren zu begegnen. Eine Unzahl von Vögeln trifft man überall. Die Trockenzone ist ein Eldorado für Naturfreunde. Und mehr: Hier liegen die Königsstädte, Klöster, Einsiedeleien und Bewässerungsanlagen der jahrtausendealten Singhalesenkultur, teils ausgegraben, teils noch vom Dschungel überwachsen. In guter Erreichbarkeit von solchen Kulturstätten, oft umrahmt von grüner Wald- und blühender Gartenlandschaft, meist nahe einem Tank, warten hier attraktive Hotels auf Gäste.

Zum Frösteln ins Hochland

Das Bergland eröffnet eine ganz andere Welt. Wie ein Schwerpunkt liegt es im Zentrum der Insel, fällt schroff als grüner Wall an seiner über 2000 m hohen Südseite ab und läuft nach Norden in lang gezogenen Rippen allmählich in das Wald- und Reisland der Trockenzone aus. Südwestlich der höchsten Berge schließt sich das niedrigere Bergland von Sabaragamuwa an, das immerhin bis über 1300 m ansteigt.

Die Berge sind die Regenfänger der Insel. Häufig hüllen Wolken die höchsten Gipfel ein. Wiederum sind es die Monsune, die bestimmen, wann und wo es regnet: Der kräftigere Südwestmonsun begießt Sabaragamuwa und die Süd- und Westhänge des Hochlandes ab April bis in den September; der Nordostmonsun bringt ab November Niederschläge für die Ostseite des Berglandes. Der der Regenseite entgegengesetzte Teil des Berglandes erfreut sich dann meist klarer, sonniger Tage. Ein Beispiel für das Zutreffen dieser Regel ist die Wallfahrtszeit auf den im Südwesten des Hochlandes gelegenen heiligen Berg Adam's Peak (2243 m): Sie beginnt mit dem Dezember/Januar-Vollmond und endet im April/Mai.

In den Bergen entspringen sämtliche großen Flüsse des Landes und streben von dort radial dem Meer zu, daher

GEOGRAFIE

sind sie auch recht kurz. Nur der Mahaweli Ganga vollführt einige Kurven durch das Bergland: Er beginnt im Südwesten, nahe dem Adam's Peak, und mündet im Nordosten der Insel in den Golf von Bengalen. So ist er mit seinem Lauf von 335 km der längste Fluss des Landes, Sri Lankas entscheidende Lebensader für Bewässerung und Hydroenergiegewinnung.

In den steilen und versteckten Tälern des nördlichen und östlichen Berglandes legten die Singhalesen ihre oft winzigen terrassierten Reisfelder an, nachdem sie die Ebenen der Trockenzone im 12. Jh. verlassen hatten. Das undurchdringlich dicht bewaldete Hochland dagegen nutzten sie landwirtschaftlich kaum. Es war kalt (in den höchsten Lagen kommt gelegentlich Frost vor), sehr feucht und – Lebensraum von wilden Tieren wie Leoparden und Elefanten.

Eine radikale Umwandlung dieses Gebietes fand innerhalb weniger Jahrzehnte im 19. Jh. statt, als die Engländer Plantagenwirtschaft einführten, zunächst Kaffee, später Tee. Die Teeplantagen prägen heute das Bild des Hochlandes. Wo einst tropischer Bergregenwald vorherrschte, ist eine intensiv gepflegte Kulturlandschaft entstanden, die atemberaubende Steilhänge anmutig mit Teebuschreihen überwindet und deren Schönheit die rücksichtslose Vernichtung der ursprünglichen Natur fast vergessen lässt. Diese Landschaft kann man bei der Autofahrt ins Hochland, vom Eisenbahnfenster aus, auf Kanu- oder Mountainbiketouren oder zu Fuß genießen.

Geringe Reste der ursprünglichen Waldlandschaft sind erhalten und als UNESCO-Welterbe geschützt, dazu gehören der gut erschlossene Nationalpark Horton Plains, die Naturreservate Hakgala, Adam's Peak, Peak Wilderness und der dichte Dschungel der Knuckles sowie der Sinharaja Forest.

Wer unter der feuchten Hitze des Tieflandes gelitten hat, atmet im vergleichsweise kühlen Hochland auf. Städte wie Nuwara Eliya, Bandarawela und Ella verstehen sich als Erholungsorte in der Berglandschaft und halten entsprechende Unterkünfte bereit.

GESCHICHTE

GESCHICHTE

Dreifach macht das Personal der nationalen Fluggesellschaft SriLankan Airlines seine Ansagen: auf Singhalesisch, Tamil und Englisch. Es sind die drei in Sri Lanka gebräuchlichen Verkehrssprachen. Auf Hinweisschildern oder Formularen fallen einem auch bald drei unterschiedliche Schriftarten auf. Im weiteren Verlauf der Reise erkennt man erleichtert, dass man sich auf Englisch verständigen kann, obwohl dies für die wenigsten Einheimischen die Muttersprache ist. Wenn für den überwiegenden Teil der Touristen auch nicht die Notwendigkeit besteht, sich mit Singhalesisch und Tamil auseinanderzusetzen, so gibt doch ein Blick auf die Geschichte und Eigentümlichkeiten dieser Sprachen aufschlussreiche Einsichten in die Kultur des Landes.

Mutter der indischen Schriften

Die unterschiedlichen Schriftzeichen der beiden Sprachen, die singhalesischen geschwungen und bauchig, die tamilischen trotz zahlreicher Rundformen eher steil und gerade, haben einen gemeinsamen Ursprung: die Brahmi-Schrift. Man nimmt an, dass sie ihren Ursprung in Mesopotamien hat und in Indien seit dem 5. Jh. v. Chr. in Gebrauch ist. Von hier stammen die ältesten nachweisbaren Aufzeichnungen, erhalten an den berühmten Säulenedikten des indischen Kaisers Ashoka (ca. 273-227 v. Chr.). Als er den Buddhismus in Sri Lanka verbreiten ließ, hielt hier auch die Brahmi-Schrift Einzug. Zahlreiche für Einsiedlermönche präparierte Höhlen tragen in den Fels geritzte Aufschriften mit dem Namen des Spenders. Aus den eher eckigen, runenartigen Zeichen des Brahmi entwickelten sich in Sri Lanka die komplizierteren, runden Buchstaben des Singhalesi-

Links: Was die Zukunft wohl bringt? Junge Singhalesin aus Colombo.

schen. Als Schreibpapier benutzte man die dazu vorbereiteten Blattstreifen der Talipotpalme (*Corypha umbraculifera*), in die man mit spitzen Metallgriffeln Rundformen leichter einritzen konnte als eckige.

Auch für die Schrift der schon vor über 2000 Jahren in Südindien benutzten tamilischen Sprache stand das Brahmi Pate sowie für viele weitere Sprachen des indischen Subkontinents.

Zwei Sprachfamilien, zwei Literaturen

Zwar haben die Schriften von Tamil und Singhalesisch mit Brahmi die gleiche Urmutter, aber die Herkunft der Sprachen ist verschieden. Tamil gehört mit einigen weiteren südindischen Sprachen zur drawidischen Sprachfamilie, der man Verwandtschaft mit den Turksprachen nachsagt. Singhalesisch ordnet man den indoeuropäischen Sprachen zu. An *eka-deka-tuna*, 1-2-3, mag man eine entfernte Verwandtschaft mit europäischen Sprachen erkennen.

Tamil gilt nach der altindischen Gelehrtensprache Sanskrit als die älteste Literatursprache des südasiatischen Kulturkreises. Wenn auch Niederschriften fehlen, so glaubt man, dass bereits in vorchristlicher Zeit in Südindien tamilische Dichtung entstanden ist. Seit dem 3. Jh. sind in tamilischer Sprache bemerkenswerte literarische Schöpfungen überliefert.

In Indien und Sri Lanka waren Aufzeichnungen ursprünglich auf bestimmte Zwecke beschränkt: Kaufleute notierten sich Einzelheiten ihrer Handelsgeschäfte, gläubige Laien ihre guten Taten, die sie im Lauf ihres Lebens geleistet hatten. Das Verzeichnis seiner Taten wurde dem Sterbenden laut vorgelesen, damit er sich gut an sie erinnerte, wenn er Yama, dem Todesgott, gegenübertrat, um sie ihm vorzutragen: Damit versprach man sich eine günstigere Wiedergeburt. Dagegen wurden bedeutsame Texte wie z. B. die altin-

GESCHICHTE

Zur Geschichte des Papiers. 1.
Bereitung und Verwendung des Palmblattes auf Zeylon.

dischen Epen oder die Lehren Buddhas zunächst gar nicht schriftlich, sondern mündlich überliefert. Seit dem 4. Jh. schrieb man Geschichtschroniken in Sri Lanka auf Singhalesisch, später notierten Mönche sie in ihrer damaligen Gelehrtensprache Pali; so setzten sich die buddhistischen Gelehrten Sri Lankas von den hinduistischen Brahmanen in Indien ab, die Sanskrit beibehielten.

Die Chroniken von Sri Lanka sind zwar hie und da widersprüchlich, doch einzigartig als historische Quellen. Das *Mahavamsa*, die Große Chronik, mit seiner Fortsetzung *Culavamsa*, Kleine Chronik, erzählt die Geschichte des Volkes der Singhalesen, besonders der Könige, von den legendären Anfängen in vorchristlicher Zeit bis 1815, als der letzte König von Kandy abdankte; beide umfassen also den Zeitraum von knapp zweieinhalb Jahrtausenden.

Oben: Aus Palmblättern wird Schreibpapier – so stellten sich Europäer die Herstellung der Palmblattmanuskripte vor (1905). Rechts: Drei Schriften sind überall zu sehen – singhalesisch, tamilisch, lateinisch.

Andere Chroniken behandeln spezielle Themen, z. B. die Geschichte des Heiligen Bo-Baums oder die der Heiligen Zahnreliquie von Buddha.

Ein Großteil der älteren singhalesischen Literatur nimmt sich der buddhistischen Überlieferung an. Berühmt ist die erste Niederschrift des *tripitaka*, „Dreikorb", genannten Grundwerks des Buddhismus 88 v. Chr. im Kloster Alu Vihara bei Matale. Vom vorbildlichen Verhalten des zukünftigen Buddha berichten rund 550 als *jataka* bezeichnete Legenden. Eine ungewöhnliche Variante früher Dichtung (7.-12. Jh.) sind die Graffiti von Besuchern der im 5. Jh. aufgelassenen Felsenburg von Sigiriya.

Zwei Sprachebenen

Wenn auch Tamil und Singhalesisch ganz eigene Wege gegangen sind, so besitzen sie Übereinstimmung darin, dass es in beiden Sprachen eine ausgeprägte Umgangssprache gibt sowie eine davon stark abweichende Schrift- oder Hochsprache. Beide Varianten der jeweiligen Sprache muss man beherr-

schen: Radionachrichten, Reden, Behördenbriefe, Zeitungen und ein großer Teil der Literatur werden in Hochsprache abgefasst. Für Gespräche, die meisten Kinofilme und Ähnliches nimmt man die Umgangssprache. Während früher Literatur nur in der Hochsprache geschrieben wurde, wird in beiden Sprachen neuerdings ganz bewusst auch der Alltagsjargon verwendet.

Wer spricht was in Sri Lanka?

Von den rund 21 Millionen Einwohnern in Sri Lanka haben gut 74 Prozent Singhalesisch, 25 Prozent Tamil und weniger als 1 Prozent Englisch als Muttersprache.

Während die *Singhalesen* eine vergleichsweise homogene Gruppe bilden, macht man bei den Tamil Sprechenden folgende Unterscheidungen: Die Hälfte von ihnen, über 2,6 Millionen, gehört zu jenen Tamilen, die schon Hunderte von Jahren, wenn nicht über 1000 Jahre, auf der Insel wohnen: die *Sri-Lanka-Tamilen*. Sie leben vorwiegend im Norden und entlang der Ostküste, aber auch in Colombo und anderen, meist größeren Orten. Etwas mehr als eine Million und räumlich beschränkt auf das Bergland sind die *Indien-Tamilen*, seit der zweiten Hälfte des vorigen Jahrhunderts von den Briten als Plantagenarbeiter aus dem südindischen Staat Tamil Nadu herübergeholt, aber nach der Unabhängigkeit Sri Lankas 1948 nicht sofort als ceylonesische Staatsbürger anerkannt. Tamil sprechen außerdem die anderthalb Millionen *Moors*, Nachfahren arabischer Händler, die sich seit ihrer frühesten Einwanderung im 8. Jh. mit der örtlichen Bevölkerung stark gemischt haben.

Weniger als 1 Prozent der Bevölkerung nennen sich *Burgher*. Sie sind Nachfahren europäischer Einwanderer, meist portugiesischer oder holländischer Herkunft und sprechen Englisch.

Die frühen Bewohner

Das Mosaik der Kulturen in Sri Lanka ist eng mit dem indischen Subkontinent verknüpft. Die frühen sagenhaften Zeugnisse über die Insel *Lanka* (Land)

GESCHICHTE

stimmen darin überein, dass auf der Insel bereits Menschen lebten, als die ersten Besucher oder Siedler aus Indien eintrafen: Im indischen Ramayana-Epos wird von einem wilden Dämonenvolk und seinem Fürsten Ravana erzählt, der die edle Sita, Frau der Vishnu-Inkarnation Rama, geraubt hatte.

Legenden zufolge trifft auch Buddha während seiner drei Besuche hier auf die ungestümen *yakshas* und *nagas* und überzeugt sie mit seiner Lehre. Und Vijaya, nordindischer Fürstensohn und Enkel eines *sinha*, Löwen, besiegt die feindlichen *yakshas*, als er, ausgestoßen von seinem Vater in Nordindien, mit 700 Mann auf der Insel landet.

Besonders bei Vijaya, der sich eine *yakkhini*, eine örtliche Frau nimmt, mit der er zwei Kinder zeugt, wird deutlich, dass trotz der Anerkennung der guten Eigenschaften einiger Bewohner von Lanka sich die Ankömmlinge vom Festland für die Besseren halten: Vijaya verstößt seine *yakkhini*, um für sich und seine edelsten Leute eine Schiffsladung angemessener Jungfrauen aus Südindien kommen zu lassen, mit denen der Grundstock für die singhalesische Besiedlung gelegt wurde.

Ob die heute im östlichen Teil Sri Lankas verstreut lebenden *Weddas* Nachfahren der Inselbewohner der Sagenzeit oder gar Abkömmlinge der nachgewiesenen steinzeitlichen Bevölkerung sind, ist ungewiss.

Das Königsland

Die historischen Quellen sind nicht verlässlich genug, um zu klären, wie die Besiedlung der Insel durch die nordindischen Singhalesen vor sich ging. Man nimmt an, dass sie mindestens seit dem 5. Jh. v. Chr. in mehreren Schüben an verschiedenen Hafenplätzen (Mahatittha oder Mantota – Mantai, bei Mannar; Gokanna – Trincomalee) angekommen sind und zunächst in kleineren räumlichen Einheiten die Trockenzone besiedelt haben. Eine

Oben: Porträt eines Wedda – Nachfahr der steinzeitlichen Inselbevölkerung? Rechts: Auf dem Sila-Felsen soll der Mönch Mahinda in Sri Lanka gelandet sein.

GESCHICHTE

Landschaft mit Monsunregen und längerer Trockenperiode war ihnen vertraut, sie besaßen Erfahrung im Reisanbau in Flusstälern, und die südindischen Nachbarn hatten bereits Kenntnisse im Bau von Stauteichen. Daraus entwickelten die Siedler im Lauf der Jahrhunderte ein bewundernswert ausgeklügeltes Bewässerungsnetz, dessen riesige Stauseen und Verbundkanäle, insbesondere im Gebiet zwischen den Flüssen Mahaweli Ganga im Osten und Deduru Oya im Westen, große Flächen Reisland haben versorgen können.

Hier lag auch die Schaltstelle der Organisation für solch ein komplexes Netzwerk: Anuradhapura, die Stadt, in der über 1000 Jahre die singhalesischen Könige residieren sollten. *Rajarata*, Königsland, hieß die dazugehörige Region. Sie sollte sich über die übrigen Teile des Landes erheben: über *Malayarata*, das Gebiet südlich des Deduru Oya, und *Ruhuna*, das restliche Gebiet im Osten und Süden.

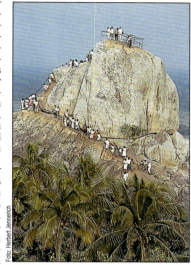

Foto: Herbert Jennerich

Buddhismus

Im 3. Jh. v. Chr. fiel eine Entscheidung, die Sri Lanka bis heute prägt: In seinem Teilstaat mit der Hauptstadt Anuradhapura führte König Devanampiya Tissa (250-210 v. Chr.) die buddhistische Lehre als Staatsreligion ein. In Indien herrschte damals Kaiser Ashoka über ein Großreich und sandte von dort buddhistische Missionare in alle bekannten Teile der Welt. Zum kleinen Inselnachbarn schickte er seinen Sohn, den Mönch Mahinda. Er hielt König Devanampiya Tissa für würdig, der neuen Lehre zu folgen. Dieser war damit nicht nur geehrt, sondern besaß nun einen großen Verbündeten. Auch verhießen ihm reichliche Spenden an den Orden eine günstige Wiedergeburt. So gründete er in Anuradhapura das *Mahavihara*, das Große Kloster, als erste buddhistische Mönchsgemeinde des Landes. Es sollte das politische Schicksal des Landes mehrmals entscheidend bestimmen. Außerdem hatte das Kloster die Geschichtschronik zu verfassen.

Das vereinigte Land

Der erste, dem es gelang, sich allein an die Spitze des gesamten Inselstaats zu setzen, war Dutthagamani (auch: Dutugemunu, 161-137 v. Chr.), Sohn des Königs Kavantissa von Ruhuna. Als Prinz lebte er in einer Situation, die in der Inselgeschichte häufiger vorkam: In Anuradhapura regierte kein Singhalese, sondern der Südinder Elara hatte sich des dortigen Throns bemächtigt. Mehrere Jahrzehnte lang soll er die Geschicke von Rajarata weise und vorbildlich gelenkt haben, aber er war Usurpator und kein Buddhist. Dutthagamani machte seinem Vater Vorwürfe, dass er diese Schande zuließ und nichts dagegen unternahm. Doch Kavantissa dachte nicht daran, sein Reich über die Grenzen von Ruhuna hinaus auszudehnen, und verbannte den Thronfolger, der seinem Vater aus Hohn Frauenkleider geschickt hatte. Nach dem Tode des Vaters erkämpfte sich Dutthagamani

GESCHICHTE

nicht nur sein Erbe in Ruhuna von seinem Bruder Sadhatissa, sondern er zog nach Anuradhapura und besiegte Elara im Kampf. Als König in der Hauptstadt von Rajarata wurde er Herrscher über das ganze Land. Um seine Verdienste zu vergrößern, spendete er dem Mahavihara mehrere große Bauten.

Reichtum und Macht für die Klöster

Nach der orthodoxen, der theravadabuddhistischen Auffassung kann es nur einem Angehörigen des *sangha*, des Ordens, gelingen, unmittelbar nach seinem Tod das Verlöschen, das Nirwana, das Ziel eines jeden Buddhisten, zu erreichen, also eine Wiedergeburt zu verhindern. Ein König dagegen unterliegt dem ewigen Kreislauf der Wiedergeburten. Aber durch reichliches Geben und andere gute Taten während seiner

Oben: Die Perahera (Prozession) in Kandy lässt den Prunk der Könige wieder aufleben und erinnert u. a. an die Legende des siegreichen Königs Gajabahu aus dem 2. Jh. n. Chr.

Lebenszeit kann sich jeder Mensch immerhin die Chance einer guten Wiedergeburt verschaffen.

Die singhalesischen Könige und alle, die nach Seelenheil strebten, spendeten den heiligen Männern des Sangha. Da der einzelne Mönch keinen persönlichen Besitz für sich beanspruchen durfte, wurden die Klöster reich an Land und Gütern, und damit auch an Macht.

Klassische Zeit

Ungefähr die erste Hälfte des ersten Jahrtausends n. Chr. gilt als klassische Epoche der singhalesischen Kultur. Selten ging es friedlich zu: Es war nicht leicht, dieses Land zentral zu verwalten, häufiger fielen einzelne Provinzen ab oder es gab Thronstreitigkeiten. Dazu kam immer wieder äußere Bedrohung aus Südindien: Hier stritten sich Pandyas, Pallavas und Cholas um die Vorherrschaft. Die jeweils Mächtigsten versuchten, ihren Einfluss auch auf Sri Lanka geltend zu machen. Im 4. Jh. erstarkte in Indien der Hinduismus und verdrängte den Buddhismus

GESCHICHTE

weitgehend von dort. Um so eher sah sich Sri Lanka als Hort des wahren Buddhismus. Allerdings herrschte auch hier schon seit dem 1. Jh. v. Chr. keine Einigkeit mehr unter dem Sangha. Folgende singhalesischen Herrscher markieren einige wichtige Abschnitte der Geschichte:

Vattagamani Abhaya (auch: Valagambahu) verlor 103 v. Chr. sein Land an die Panca-Drawiden aus Südindien und musste sich 14 Jahre versteckt halten, u. a. in den Höhlen bei den Mönchen von Dambulla. Seine Wiedereinsetzung 89 v. Chr. verdankte er dem aus dem Mahavihara ausgeschlossenen Mönch Mahatissa. Der König gewährte diesem einen besonderen Platz abseits des alten Klosters. Darüber brach ein Streit innerhalb des Mahavihara aus, der damit endete, dass 500 Mönche sich Mahatissa anschlossen und in das neue Kloster einzogen. Es erhielt nach seinem Stifter, dem König, den Namen *Abhayagiri Vihara*. Die Spaltung spiegelt die damaligen Strömungen des Buddhismus wider: Das Mahavihara blieb dem Theravada-Buddhismus treu, das Abhayagiri-Kloster vertrat den moderneren Mahayana-Buddhismus.

Legenden ranken sich um König Gajabahu im 2. Jh. n. Chr.: Er soll 12 000 singhalesische Gefangene aus ihrem indischen Exil befreit und die Reliquie des goldenen Fußkettchens der Göttin Pattini von dort besorgt haben. Die berühmte alljährliche *Perahera* (Prozession) in Kandy (s. S. 129) erinnert u. a. an diese Ereignisse.

Mahasena (274-301) war einer der ganz großen Erbauer von Stauseen und Bewässerungsanlagen. Der zu seiner Zeit errichtete Minneriya Tank bewässert auch heute wieder die Reisfelder.

Während der Regierung seines Nachfolgers Sirimeghavanna (301-328) gelangte die Heilige Zahnreliquie des Buddha nach Sri Lanka. Heimlich – der Legende nach verborgen in der Haartracht der Prinzessin Hemamale – wurde sie aus Indien gerettet, wo sie durch die zunehmende Verbreitung des Hinduismus in Gefahr zu geraten drohte. Sie wurde nicht dem Orden, sondern dem König übergeben. Dieser legte die Aufsicht über den kostbaren Gegenstand demonstrativ in die Hände des „modernen" Abhayagiri Vihara. Schon damals veranstaltete man in Anuradhapura zu Ehren der Reliquie alljährlich Peraheras (feierliche Prozessionen).

Dhatusena (455-473) musste sein Land erst einmal von den Tamilen befreien, die es fast 30 Jahre beherrscht hatten. Er verharrte, wie viele vertriebene Herrscher vor und nach ihm, im südöstlichen Landesteil Ruhuna, um Kräfte gegen die Besetzer zu sammeln. Auch er gilt als bedeutender Förderer von Bewässerungsanlagen; das heute noch benutzte Kala Wewa Reservoir entstand während seiner Regierung. Er fand ein trauriges Ende: Sein nicht zum Thronfolger bestimmter Sohn Kassapa (473-491) ermordete ihn und errichtete seine Hauptstadt auf der berühmten Festung von Sigiriya. Dem rechtmäßigen Thronerben, seinem Halbbruder Moggallana (491-508), gelang mit Hilfe tamilischer Söldner die Rückkehr auf den Thron in Anuradhapura.

Die Tamilen waren also einerseits Helfer der Singhalesen, auch heirateten viele Könige tamilische Frauen, andererseits mehrten sich verheerende Überfälle vom südindischen Festland. 833 zerstörten die Pandyas Anuradhapura. Zwar gelang es den Singhalesen, in einem siegreichen Gegenfeldzug die indische Stadt Madurai zu verwüsten, aber inzwischen erstarkten in Südindien die Cholas. Sie machten 993 Anuradhapura dem Erdboden gleich, eroberten Sri Lanka und verschleppten König Mahinda V. nach Indien, wo er 1029 im Exil starb. Anuradhapura wurde als Hauptstadt aufgegeben. Der Ort Polonnaruwa nahe der Grenze zu Ruhuna, das ja in der Vergangenheit meistens als Rebellenversteck gedient hatte, erschien den Cholas als Sitz für die Regierung strategisch günstiger.

GESCHICHTE

Kurze Blüte der zweiten Königsstadt

Drei herausragende singhalesische Herrscher kennt die kurze Geschichte der Hauptstadt Polonnaruwa: Vijayabahu (1055-1110), dem die Rückeroberung des Landes aus den Händen der Cholas gelang, Parakramabahu I. (1153-1186), der die zerstörten Bewässerungsanlagen wieder errichtete und neue schuf, anlässlich eines Konzils die zerstrittenen Kapitel des buddhistischen Ordens einte, viele ausländische Gesandtschaften in das Land zog und zu Recht „Der Große" genannt wird, schließlich Nissanka Malla (1187-1196), der zahlreiche Bauten in Polonnaruwa und Inschrifttafeln im ganzen Land hinterließ.

Schon gegen Ende der Anuradhapura-Zeit wird deutlich, wie wichtig die Reliquie des Heiligen Zahns für den König war: Wer sie besaß, galt als rechtmäßiger Herrscher des Landes. In

Oben: Statue des Königs Parakramabahu in Polonnaruwa. Rechts: Anbetung der Reliquie des Heiligen Zahns (1890).

Polonnaruwa zeigen dies die auffälligen Zahntempel der drei Könige.

Die zuständigen Mönche retteten den Heiligen Zahn vor Magha (1215-1236), dem Schreckensherrscher aus Kalinga im östlichen Indien. Dessen Vernichtungswerk, aber auch fortwährende Thronstreitigkeiten unter den Singhalesen, schwächten das Königreich in der Trockenzone so sehr, dass die Bevölkerung diese Gegend in Richtung auf das unüberschaubare Bergland und die feuchte Südwestregion der Insel verließ. Die Kriege hatten die Bewässerungsanlagen empfindlich zerstört und damit die Nahrungsgrundlage vernichtet. Möglicherweise verringerte auch die Ausbreitung von Malaria die Einwohnerzahl. Rasch überwuchs der Dschungel die einstmals so glorreichen Königs- und Tempelstädte.

Mehrere Hauptstädte gleichzeitig

Bis zur Gründung der letzten Königsstadt Sri Lankas, Kandy, vergingen fast vier Jahrhunderte. In der Zwischenzeit wanderte die Hauptstadtfunktion über

GESCHICHTE

viele Orte des Tieflandes – Dambadeniya, Yapahuwa, Kurunegala, Kotte und Sitavaka – bis ins Bergland nach Gampola. Die fortwährende Verlegung der singhalesischen Festungsstädte im 13.-15. Jh. kann als Schwäche ihrer Könige gegenüber den Tamilen im Norden gedeutet werden. Bis auf eine Ausnahme war das Singhalesenreich nie geeint, oft gab es mehrere Hauptstädte gleichzeitig. Entscheidend für die Königswürde blieb der Besitz des Heiligen Zahns. Auf ihn gab es sogar Attacken von außen: Die indischen Pandyas, ja sogar die Chinesen, forderten einst seine Herausgabe.

Jaffnapatam – das Tamilenreich im Norden

Im Norden, auf der Halbinsel Jaffna, entwickelte sich ein tamilisches Königreich. Die Pandyas überließen den Thron im 13. Jh. Aryacakravarti, einem ihrer Feldherren. Als das Pandyareich auf dem indischen Festland von Muslimen erobert wurde, blieb er unabhängiger König in Jaffna. Er und seine Nachfolger setzten nun ihrerseits alles daran, sich die Insel untertan zu machen. In den dünn besiedelten *Vanni*, den südlich von Jaffna gelegenen Landesteilen, waren ihnen die Häuptlinge tributpflichtig. Im Norden waren dies Tamilen, im Süden eher Singhalesen, zumeist ehemalige Armeeführer, die sich hier kleine Herrschaftsbereiche geschaffen hatten.

Der einzige singhalesische Herrscher, dem es gelang, *Jaffnapatam*, das Jaffnareich, zu erobern, war Parakramabahu VI. (1412-1467). Er setzte dort seinen Adoptivsohn Sapumal Kumaraya als König ein. Der war nach dem Tod des Vaters nicht mit diesem kleinen Königreich zufrieden und erkämpfte sich den Singhalesen-Thron in Kotte, den er als Bhuvanekabahu VI. bestieg. Dadurch verlor er aber Kontrolle über das Reich im Norden, das sich unter dem Tamilenkönig Pararajasekaram (1497-1519) wieder unabhängig machte.

Mit Hilfe der *Vanniyars*, der lokalen Häuptlinge, besaß das Tamilenreich nun Anhänger zwischen Jaffna und

GESCHICHTE

Mannar im Westen und entlang der Ostküste bis Yala. Im Wesentlichen sind dies die Gebiete, in denen bis heute eine überproportional Tamil sprechende Bevölkerung ansässig ist.

Europäer an den Küsten

Mit der zufälligen Landung eines portugiesischen Schiffs an der Küste von Sri Lanka anno 1505, nur acht Jahre nachdem Vasco da Gama den Seeweg um die Südspitze von Afrika gewagt hatte, war die Gier der Europäer nach den kostbaren Produkten der Insel, insbesondere Zimt, entfacht. Nicht uninteressiert an ausländischen Handelsgütern zeigten sich auch die einheimischen Könige, brachte die Zimtausfuhr doch wertvolle, vormals auf der Insel unbekannte Dinge in ihren Besitz.

Die Portugiesen sahen ihren Auftrag nicht nur im Abschluss von Handelsverträgen, sondern auch im Kreuzzug gegen das Heidentum. Sie zerstörten grausam zahllose buddhistische und hinduistische Heiligtümer und hatten Missionserfolge besonders bei Fischern von niederer Kastenzugehörigkeit im Westen und Norden des Landes. Aber sie konnten auch um die Mitte des 16. Jh. die Taufe des damaligen Königs von Kotte, Dharmapala, verbuchen. Sie hatten ihn so sehr in der Gewalt, dass er dem Franziskanerorden den Landbesitz buddhistischer Klöster überschrieb und den portugiesischen König als seinen Erben einsetzte. Noch vor Dharmapalas Tod 1597 verwaltete der erste portugiesische Generalkommandeur die neue Kolonie. Die Zersplitterung von Sri Lanka in mehrere Teilreiche erleichterte den Portugiesen die Einnahme der für ihren Handel wichtigen westlichen und südlichen Küstengebiete, 1626 fiel ihnen auch Jaffna zu. Mehrere Versuche, sich auch des Ende des 16. Jh. gegründeten Königreichs von Kandy im Zentrum der Insel zu bemächtigen, endeten in militärischen Niederlagen.

Oben: Galle – einst ein wichtiger befestigter Hafen für Portugiesen, Holländer und Engländer.

GESCHICHTE

Mit dem Aufkommen der Vereinigten Ostindischen Kompanie (V.O.C.), die die Niederländer 1602 gründeten, begann der Stern der Portugiesen zu sinken. Diese Handelsgesellschaft bemächtigte sich nach Absprache mit König Rajasinha II. (1635-1687) bis 1658 der portugiesischen Häfen und hatte ihr Einflussgebiet ein gutes Jahrhundert später rund um die Insel erweitert. Die V.O.C. musste sich vorsichtig mit dem König der Singhalesen arrangieren: Sie konnte, anders als die Portugiesen, kein Anrecht auf den Thron geltend machen, und das Königreich von Kandy hatte inzwischen ein gewisses Selbstbewusstsein erreicht.

In Indien etablierte sich übermächtig der Konkurrent Großbritannien, dem wegen politischer Wirren in Holland bis 1796 Trincomalee, Batticaloa, Jaffna, Negombo und Colombo zufielen. 19 Jahre später nahmen die Engländer Sri Vikrama Rajasinha, den letzten König von Kandy, gefangen und beherrschten somit nun die gesamte Insel.

Das Königsland in den Bergen

Von den acht Königen, die zwischen 1592 und 1815 den Thron von Kandy innehatten, war Rajasinha II. am entschlossensten, den Europäern Widerstand zu leisten. Gerade während seiner Regentschaft umzingelten die Gebiete, die die V.O.C. in den Küstenregionen erobert hatte, wie ein sich verengender Ring sein Königreich im Gebirge. Sein Feudalstaat war traditionsgemäß in verschiedene Bezirke eingeteilt, diese wiederum in Unterbezirke, und für deren Aufsicht gab es zahlreiche Beamte. Die jahrtausendealten Bräuche der Bauerngesellschaft waren erhalten geblieben: Fast jede Familie war im Besitz von Reisland, das sie im Rahmen der gemeinschaftlichen Bewässerungswirtschaft vorschriftsmäßig zu bestellen hatte. An jedes Stück Land war grundsätzlich auch eine Pflicht gebunden, z. B. bestimmte Jahressteuern zu zahlen oder der Obrigkeit *rajakariya*, gewisse Dienste, zur Verfügung zu stellen. Ein Kastensystem regelte, wer zu welchen Tätigkeiten herangezogen wurde, und ein *badda*, ein Aufseher für das Kastenwesen, achtete nicht nur streng darauf, dass innerhalb einer Kaste geheiratet wurde, sondern auch, dass von einer Familie ausschließlich der Dienst ausgeführt wurde, der der Kaste vorgeschrieben war: So durften *salagamas* nur Zimt schälen, *dhobis* nur Wäsche waschen. Die angesehenste Kaste war die der *goyigama* oder *govikula*, der Landbesitzer, die etwa die Hälfte der Bevölkerung ausmachte. Sie war in sich stark untergliedert, es gab Großgrundbesitzer, die nur Pächter für sich arbeiten ließen, aber auch einfache Reisbauern. Verwaltung und Hofhaltung des Königs erforderten viele ehrenvolle Posten, deren Inhaber sich mit großem Stolz und entsprechendem Gepränge in der Gesellschaft aufführten. Die berühmte *Kandy Perahera* (Prozession, s. S. 129) gibt heute noch eine Ahnung davon.

Die Kasten dieser buddhistischen Gesellschaft waren das Ergebnis langer Tradition, nicht der Religion. Mit dem buddhistischen Orden stand es beträchtlich bis um die Mitte des 18. Jh.: Zwar gab es Klöster, aber zeitweilig lebten darin ausschließlich Laien, und das Zölibat war vergessen. Es gab keine Mönche mehr, die die *upasampada*, höhere Ordination, durchführen konnten. Eine Wende kam, nachdem der letzte König singhalesischen Blutes, Narendra Sinha, 1739 gestorben war: Als rechtmäßige Nachfolger rückten die südindischen Nayakkars auf den Thron von Kandy nach; unter Kirti Sri Rajasinha (1747-1782) begann eine neue Blüte des Buddhismus in Sri Lanka.

Unter englischer Herrschaft

Seit dem 16. Jh. hatten die Bewohner der Küstenebenen Berührung mit den Europäern gehabt, während bis in

GESCHICHTE

das 19. Jh. das isolierte Königreich von Kandy ein traditioneller Feudalstaat blieb. Noch bis in das 20. Jh. hinein machte man (z. B. in der Bevölkerungsstatistik) einen Unterschied zwischen Tiefland- und Kandy-Singhalesen.

Mit enormer Geschwindigkeit veränderten sich Landnutzung, Infrastruktur und Verwaltung unter britischer Herrschaft, keineswegs immer in Harmonie mit den Singhalesen. Während die sogenannte Uva- (Provinz um Badulla) Rebellion ein organisierter Aufstand des Adels gegen die neuen Herren war, zeigte sich ein anderer Widerstand in der Unwilligkeit der singhalesischen Bevölkerung, Lohnarbeit für die neuen Herren zu leisten. Für die Arbeit insbesondere auf den Tee- und Kautschukplantagen holten diese sich Tamilen aus Südindien. Auch in der Verwaltung beschäftigten die Briten bevorzugt die willigeren, schriftkundigen Tamilen.

Dabei entwickelte sich Ceylon, wie die Insel seit der Portugiesenzeit genannt wurde, zu einem kleinen Musterland im asiatischen Raum. Die Ausbreitung der Plantagenwirtschaft und die militärische Sicherung des Landes förderten die Errichtung von Eisenbahnlinien und den Ausbau des Straßennetzes. Landvermessung brachte u. a. Erkenntnisse über die Rückgewinnung der Trockenzone als Ackerland für die wachsende Bevölkerung. Das Schulwesen machte Ceylon zu einem Land mit überdurchschnittlicher Alphabetisierungsrate im Vergleich zu anderen Ländern mit Kolonialstatus. Schritte politischer Eigenverantwortung drücken sich in der Formierung des Nationalkongresses 1919, der Einführung des Frauenwahlrechts schon 1931 oder in der Vorlage zu einer neuen Konstitution 1944 aus. Am 4. Februar 1948 wurde Sri Lanka unabhängig.

Die ersten Jahre der Unabhängigkeit

Schon während der britischen Zeit hatte D. S. Senanayake die United National Party (UNP) gegründet und war Landwirtschaftsminister gewesen. Er

Oben: Englischer Kolonialbeamter mit singhalesischen Adligen, um 1875.

GESCHICHTE

gewann die ersten Wahlen und war Premierminister bis zu seinem Tod 1952. Es gab keine abrupten Änderungen gegenüber der vorangegangenen Zeit. Unter dem Druck der wachsenden Bevölkerung konzentrierte er seine Anstrengungen auf den Landwirtschaftssektor. Während seiner Regierung wurde das *Gal Oya* Projekt in Angriff genommen, das mit Hilfe des großen Stausees *Senanayake Samudra* neues Reisland im Osten des Landes erschließen half. Sein Sohn Dudley Senanayake wurde sein Nachfolger. Doch die wirtschaftlichen Probleme, die ihn u. a. zwangen, den Preis für das Hauptnahrungsmittel Reis zu erhöhen und die Subventionen für die Landwirtschaft zu kürzen, brachten ihn in Misskredit.

Mittlerweile war der singhalesischen Teil der Bevölkerung zum Bewusstsein gekommen, dass überproportional viele Tamilen während der Kolonialzeit Verwaltungsposten erhalten hatten (die sie auch nach der Unabhängigkeit besetzten), bessere Schulbildung und einen höheren Anteil an den Studierenden hatten. Buddhisten bemängelten das Versäumnis der Regierung, gemäß dem Auftrag Buddhas dieses Land zum Hort seiner Lehre zu machen, wie das Mahavamsa berichtet.

1956 feierten weltweit Buddhisten das 2500. Todesjahr ihres Lehrers. Dies *Buddha Jayanthi* war Anlass zu vielen Feierlichkeiten auch in Sri Lanka, und es war das Jahr des überwältigenden Wahlsiegs von S.W.R.D. Bandaranaike und seiner Sri Lanka Freedom Party (SLFP), die er nach seinem Austritt aus der UNP 1951 gegründet hatte. Er war Sohn eines wohlhabenden singhalesischen Plantagenbesitzers. Während seines Studiums in Oxford diskriminiert und in seinem Stolz verletzt, war Bandaranaike vom anglikanischen Glauben zum Buddhismus übergetreten und trat für die Tilgung der Spuren des Kolonialismus ein. Er rief dazu auf, die Muttersprache statt Englisch zu benutzen. Bald hieß die Devise: *Sinhala only*, bezog also diejenigen mit Tamil als Muttersprache, Moors und Tamilen, nicht ein. Der nationalistisch-religiöse Sprachenstreit führte zum offenen Konflikt zwischen Tamilen und Singhalesen; die Moors hielten sich zurück. Doch in den Reihen, die ihm zum politischen Sieg verholfen hatten, fanden sich auch Feinde: Ein buddhistischer Mönch erschoss 1959 den Premier, als dieser sich ehrerbietig vor ihm verneigte.

Erste Premierministerin in Asien

Sirimavo Bandaranaike (1916-2000), die Witwe des Premiers, gewann nach einem kurzen Zwischenspiel der UNP die Neuwahlen von 1960 und wurde damit zur ersten Premierministerin in Asien. Sie gab ihrer SLFP einen deutlichen Ruck zur politischen Linken. Eine Welle von Verstaatlichungen begann; die Vereinnahmung von Privatschulen traf besonders die zahlreichen Katholiken. Der Sprachenstreit ging weiter. Auch während der nachfolgenden konservativen UNP-Regierung, wiederum unter Dudley Senanayake (1965-1970), gelang keine Versöhnung. Ebensowenig schaffte er es, die Probleme Arbeitslosigkeit, Inflation, steigende Kosten für Lebensmittelimporte zu lösen, mit denen die weltmarktabhängigen Einnahmen aus den agrarischen Exportprodukten, vorwiegend Tee und Kautschuk, nicht Schritt hielten. So errang Sirimavo Bandaranaike 1970 mit der Bündnishilfe kleinerer Linksparteien ihren Posten als Premierministerin wieder. Die wichtigsten Wirtschaftsbereiche wurden verstaatlicht: Plantagen, Ölgesellschaft, Industrien. Nur wenige Hektar privater Landbesitz waren erlaubt. Eine neue Verfassung bestimmte 1972 Singhalesisch zur Nationalsprache, das Land erhielt den Namen *Sri Lanka*, strahlendes Land. Die benachteiligten Tamilen begannen nun, von einem eigenen Tamilenstaat im Norden zu träumen. 1974 erhielt ein Teil der bisher staatenlosen Indien-Tamilen die

GESCHICHTE

sri-lankische Staatsbürgerschaft, die übrigen ca. 350 000 wurden nach Tamil Nadu in Südindien zurückgeschickt.

Bürgerkrieg

Das Land war von schweren Streiks geschüttelt, als 1977 die UNP unter J. R. Jayewardene 140 von 168 Sitzen in der Nationalversammlung gewann. Mit Hilfe einer Konstitutionsänderung wurde eine Präsidialregierung unter Jayewardene geschaffen. Der Sprachenstreit entschärfte sich mit der Anerkennung von Tamil als Nationalsprache, wobei Singhalesisch offizielle Landessprache blieb. Man schaffte die diskriminierende Trennung von Indien- und Ceylon-Tamilen ab. Die Einrichtung von 24 Distrikträten sollte die Verwaltung dezentralisieren und die ethnischen Ungerechtigkeiten vermindern. Die Abkehr von sozialistischer Planwirtschaft brachte ökonomische Erfolge. Jayawardene wurde 1982 als Präsident bestätigt. Doch inzwischen hatten sich mit Rückendeckung aus Südindien tamilische Separatistenbewegungen formiert. Die Furcht vor dieser Bedrohung entlud sich 1983 während schwerer Übergriffe von Singhalesen auf die tamilische Zivilbevölkerung.

Weder Jayewardene noch seinem Nachfolger von 1988, R. Premadasa, gelang eine Einigung mit den Liberation Tigers of Tamil Eelam (LTTE); ihr Ziel war ein unabhängiger Tamilenstaat im Norden und Osten der Insel. Auch indische Friedenstruppen lösten den Konflikt nicht. Immerhin war die Wirtschaftsförderung erfolgreich: Staatsbetriebe wurden dank Privatisierung profitabel, ausländische Investitionen in Industrieparks schufen Arbeitsplätze.

Korruption in der UNP brachte 1994 die Bandaranaike-Tochter Chandrika Kumaratunga und ihre Allianz aus SLFP, Tamilen- und Muslimparteien an die Macht. Nachdem sie das Präsidentenamt 2000 wiedererrang, siegte 2001 bei den Parlamentswahlen die gegnerische UNP unter R. Wickreme-

Oben: Sirimavo Bandaranaike überbringt eine Buddhareliquie nach Chiswick, GB (1964). Rechts: Das Parlament in Kotte.

GESCHICHTE

singhe, der, kompromissbereiter, 2002 als Premierminister einen Waffenstillstandspakt mit der LTTE schloss. Die Parlamentswahlen 2004 gewann die SLFP unter Mahinda Rajapaksa.

Im gleichen Jahr ereilte den Küstenstreifen eine Tragödie durch den schweren Tsunami am 25. Dezember im Indischen Ozean; 30 000 Todesopfer waren allein in Sri Lanka zu beklagen. Das politisch erschütterte Land meisterte den Wiederaufbau auch dank privater Initiativen aus aller Welt.

Rajapaksa, 2005 zum Präsidenten gewählt, war gewillt, der LTTE die Stirn zu bieten und brach 2008 den Waffenstillstand. Das sri-lankische Militär ging beim Eroberungszug gegen die LTTE unerbittlich vor und schonte auch tamilische Zivilisten im Nordosten nicht. Der Sieg gelang im Mai 2009, alle LTTE-Führer wurden getötet.

Ein Neuanfang?

2010 im Amt bestätigt, regierte Präsident Rajapakse mit straffer Hand. Von Siegestaumel weit entfernt, machte sich Sri Lanka nach der militärischen Wiedervereinigung an den zivilen Wiederaufbau, Entminung und Auflösung überfüllter Flüchtlingslager. Ungelöst blieb das Kernproblem: dominante Singhalesen-Mehrheit versus benachteiligte Tamilen-Minderheit. Hoffnung auf eine Versöhnung der gesamten srilankischen Gesellschaft zeichnete sich auch Jahre nach Ende des Bürgerkriegs nicht ab; Versuche der UN, die Kriegsverbrechen aufzuarbeiten, wurden unter Rajapakse abgeblockt.

Sichtbare Fortschritte machte die Infrastruktur: Seit 2013 ist die Flughafen-Autobahn Colombo-Katunayake befahrbar, seit 2011 der Southern Expressway von Colombo nach Galle und – seit 2014 – Matara. China investierte, von Indien argwöhnisch beäugt, Milliarden u.a. in den Ausbau der Hafenstadt Hambantota, der Heimat Ex-Präsident Rajapaksas. Der Mattala Rajapaksa International Airport ging dort 2013 in Betrieb. Rajapaksas äußerer Erfolg ermutigten ihn zu einer vorgezogenen Präsidentenwahl Anfang 2015, die er überraschend gegen M. Sirisena verlor.

RELIGION

RELIGION

EIN LAND – VIER WELTRELIGIONEN

In den Kalendern von Sri Lanka finden sich mehr rot gekennzeichnete Tage als anderswo auf der Welt: Außer den Sonntagen gibt es an die 15 bis 20 weitere offizielle Feiertage, von denen manche, zum Unglück der arbeitenden Bevölkerung, auch auf Sonntage fallen können. Jeder *poya*-(*puja*- / Vollmond-) Tag ist ein Feiertag. An Freitagen öffnen viele muslimische Händler ihre Geschäfte nicht.

Die meisten Sri-Lanker sind sich darüber einig, dass die wichtigsten Feiertage der vier im Lande vertretenen Weltreligionen allen zugute kommen sollten. Das Mosaik der Religionsgemeinschaften von Sri Lanka ähnelt, mit gewissen Abweichungen, dem der Bevölkerungsgruppen: Der überwiegende Teil der Singhalesen ist buddhistisch (70 Prozent der Bevölkerung), die Tamilen ist vorwiegende hinduistisch (12 Prozent), die Moors, zusammen mit der kleinen malaiischen Minderheit, gehören dem Islam an (9 Prozent), die restlichen 8 Prozent sind Christen, überwiegend katholisch, und setzen sich aus Burghern, Singhalesen und Tamilen zusammen.

Buddhismus

Das Mahavamsa, die Große Geschichtschronik, hält es unmissverständlich fest: Buddha hat Sri Lanka als das Land der Welt ausgewählt, in dem seine Lehre in ihrer ursprünglichen Form überdauern soll, dem *Theravada*-Buddhismus. Der Erleuchtete soll es dreimal besucht haben und die 16 Örtlichkeiten, an denen er verweilte, gehören heute zu den wichtigsten Pilgerzielen des Landes. Siddhartha Gautama, wie der historische Buddha mit bürgerlichem Namen hieß, ist mit

Links: Ganesha, ein Hindu-Gott, wird auch von Buddhisten in Sri Lanka verehrt.

einiger Sicherheit nicht über sein Aktionsgebiet zwischen dem südwestlichen Nepal und dem mittleren Gangestal in Indien hinausgekommen, aber für die Gläubigen haben die Legenden um den großen Lehrer stärkeres Gewicht als die geschichtliche Wahrheit.

Jeder Buddhist kennt die *charitha*, die Geschichten aus dem Leben des Buddha. Ihre Darstellungen sind vielfältig in Literatur und Kunst: Es gibt sie als als wertvolle Reliefs, kunterbunte Malereien in Tempeln oder auch in Comic-Heften. Die am häufigsten beschriebenen Lebensstationen sind folgende:

Der Geburt des zukünftigen Buddha geht der wundersame Traum seiner Mutter, der Königin Mahamaya, über seine Empfängnis voraus: Ein weißer Elefant umwandelt ihr Liegebett im Götterhimmel des Himalajagebirges und tritt in ihre rechte Seite ein. Die Geburt selbst findet in einem Hain von blühenden Sal-Bäumen (*Shorea robusta*) statt, als die Mutter einen Blütenzweig zu sich heranzieht.

Als Königssohn und Mitglied der *kshattriya*- (Krieger-) Kaste erhält er eine umfassende Ausbildung und führt ein Leben in größtem Luxus. Doch er ist ein nachdenklicher Mann, und der kurze Anblick von nur wenigen leidenden Menschen veranlasst ihn, über das Wesen des Lebens nachzugrübeln.

Als Gautama 28 Jahre alt ist, wird ihm der Thronfolger geboren. Da entledigt er sich seiner weltlichen Pflichten und zieht in die Hauslosigkeit. Heimlich verlässt er mit seinem Pferd Kanthaka und einem Diener den Palast. Nach der Überquerung des Flusses Anona lässt er beide zurück, schert sich die Haare und tauscht die Kleidung mit einem Bettler. Er sucht Erkenntnis über das Wesen des Lebens bei zwei heiligen Männern, von denen es im damaligen Indien Tausende gegeben haben mag, doch sie enttäuschen ihn. Er versucht, durch Kasteiungen und Fasten fast bis zum Hungertod zur Wahrheit zu ge-

41

RELIGION

langen. Fünf Jünger bewundern seine Standhaftigkeit und schließen sich ihm an, fallen aber von ihm ab, als er nach sieben Jahren, der Erkenntnis keinen Schritt näher, sein Fasten aufgibt.

Nach seinen Erfahrungen der Extreme von Luxus und höchster Bedürfnislosigkeit beschließt er, inzwischen 35-jährig, den „mittleren Weg" zu gehen. Durch normales Essen stellt er seine physische Kräfte wieder her, lässt sich unter einem Bo-Baum (Pepul- oder Pipalbaum, *Ficus religiosa*, eine Feigenart) nieder und gelobt, sich solange nicht zu erheben, bis ihm die Erleuchtung gekommen sei.

Während er meditierend dasitzt, fließen seine früheren Leben an ihm vorüber: Er begreift, dass jedes neue Leben Leiden bedeutet. Um diese Leiden zukünftig zu verhindern, gilt es, das *Samsara*, den Kreislauf der Wiedergeburten, zu beenden. Ins Leid stürzt sich, wer Begierden hat. Begierdelosigkeit dagegen führt nicht nur zum Ende des Leidens, sondern auch des Wiedergeborenwerdens. Diese Erkenntnis macht ihn zum Buddha („Erleuchteter").

Eigennützig hätte er daraufhin sein Leben beschließen können, um das *Nirwana*, das Erlöschen, sofort zu erreichen. Doch der Buddha bleibt zunächst unter dem Bo-Baum sitzen und sinnt über die Verbreitung seiner Lehre nach. Da versucht Mara, der Böse, mit seinem Dämonenheer ihn von seinem Vorhaben abzulenken, ohne Erfolg. Aber auch Helfer sind zur Stelle: Während eines heftigen Regengusses windet eine Kobra ihren Schlangenleib auf, auf dem sich der Erleuchtete bequem niederlassen kann, während sie ihn mit ihrem ausgebreiteten Kopf vor dem Regen schützt.

Der Buddha geht dann nach Varanasi, überzeugt dort die von ihm abgefallenen fünf Freunde von seiner neuen Lehre („dreht das Rad der Lehre an"), gründet den *Sangha*, den Orden, und begibt sich in den folgenden 45

Oben: Buddha erlangte seine Erleuchtung unter einem Bo-Baum; er ist, mit Gelübdefähnchen behängt, oft Zentrum eines Tempels. Rechts: Als Tourist sollte man keinesfalls so vor Buddha posieren!

RELIGION

Jahren auf Wanderschaft, um Tausenden auf den rechten Pfad zu helfen. Er muss den Nerv der damaligen Zeit getroffen haben; die Gesellschaft war vor 2500 Jahren der Zaubersprüche der immer mächtiger gewordenen Priester der Brahmanenkaste überdrüssig. Der Buddha brachte nun eine Lehre, die ohne Götter auskam, keine Kastenschranken kannte und ausschließlich durch persönlichen Einsatz und Selbsterkenntnis zur Erlösung führte.

Buddha überzeugte seine Zuhörer, indem er mit realistischen Geschichten Beispiele für rechtes Verhalten gab. Sein eigenes vorbildliches Handeln als *Bodhisattva* (zukünftiger Buddha) beschreiben die 550 *Jataka*. Als Bilderserien erscheinen sie auf den Wänden der buddhistischen Tempel. Sie haben märchenhafte Züge und sind deswegen so einprägsam und ideal für bildliche Darstellungen. Berühmt ist die Geschichte des Hasen, der für einen hungrigen Bettelmönch ins Feuer springt, um sich ihm als Nahrung anzubieten. Der Mönch aber ist in Wirklichkeit der Gott Sakra und vermag den Hasen, den Bodhisattva, zu retten, indem er ihn in den Vollmond setzt. So wird jeder Mensch am Vollmond-Feiertag an das Vorbild des bis zur Selbstaufgabe opferfreudigen Hasen erinnert.

Viel abstrakter ist die Ordenslehre, und Buddha wählte mit Bedacht neue Ordensbrüder nach ihren geistigen Fähigkeiten aus. Der Sangha kann ohne Laien nicht existieren. Er soll sich vollständig auf sein Heilsziel konzentrieren, während sich die Laien Verdienste im Hinblick auf das kommende Leben erwerben können, indem sie ihn mit Unterkünften, Nahrung und Kleidung unterstützen. Diese Ungleichheit der Chancen, das Nirwana zu erreichen, haben Mönche früh kritisiert. Zusammen mit anderen strittigen Punkten führte dies zu Spaltungen im Orden. Bereits vor 2000 Jahren setzte sich die Auffassung des *Mahayana*- ("Großes Fahrzeug") Buddhismus durch, der sich nach Zentral- und Ostasien ausbreitete: Der Buddha wurde zum Gott. Er und zahlreiche Heilige (Bodhisattvas), die zwar die Buddhaschaft erreicht haben, aber noch solange auf das Nir-

RELIGION

wana verzichten, bis auch der Rest der Menschheit es erreichen kann, werden angebetet. In Südostasien, in Myanmar, Thailand, Kambodscha und Laos sowie in Sri Lanka, ist weiterhin die orthodoxe Richtung des Buddhismus vertreten, das *Theravada*, die „Lehre der Älteren" (die synonyme Bezeichnung *Hinayana*, „Kleines Fahrzeug", wird eher als abwertend empfunden).

Doch auch in Sri Lanka war die buddhistische Lehre bis zum Konzil von 1160 unter Parakrama Bahu I. stark von den Ideen des Mahayana geprägt. Die Inhalte der kuppelförmigen *Dagobas* (Reliquienkammern), Prachtentfaltung in der Kunst der Klöster und gigantische Skulpturen drücken dies aus. Der Niedergang der klassischen singhalesischen Kultur ging einher mit zunehmendem Einfluss vom hinduistischen Festland. Er hinterließ seine Spuren in der Kunst und der Architektur buddhistischer Tempel. Auch verehrte man hinduistische oder lokale Götter; für diese schuf man *Devales*, Götterschreine.

Im 18. Jh. beginnt im Kandy-Königreich die Neuorganisation des Sangha mit Hilfe thailändischer Mönche, aber auch durch engagierte singhalesische Ordensbrüder wie Velivita Saranankara. Ende des 19. Jh. bringt der Amerikaner Henry S. Olcott, Mitgründer der Theosophischen Gesellschaft, neuen Aufschwung durch die Stiftung buddhistischer Schulen, bewusst als Gegengewicht zu den katholischen Einrichtungen. Sein Sekretär, Anagarika Dharmapala, schürt erfolgreich nationalistisch-buddhistische Gefühle. Im 20. Jh. wächst der Einfluss der Buddhisten auf die Politik. Über 35 000 Mitglieder hat der Sangha heutzutage.

In sri-lankischen buddhistischen Tempeln fällt die oft schneeweiße glocken- oder halbkugelförmige Reliquienkammer ins Auge, singhalesisch *dagäba* genannt, eingedeutscht: Dagoba. In ihrem Inneren ist ein meist steinerner *Garbhagrha*, eine Art Setzkasten für Reliquien und kostbare heilige Gegenstände, eingemauert. Sie selbst be-

Oben: Die Ruvanveliseya ist eine der größten Dagobas im Land. Rechts: „Nataraja" – Shiva tanzt (Museum von Anuradhapura).

steht in der Regel vollkommen aus vermauerten Ziegeln, die abschließend mit einer Putzschicht überzogen wurden. Über dem Scheitel der Kuppel erhebt sich das *Harmika*, das Haus der Götter, das von einem *Chattra*, symbolischen Schirm, gekrönt wird. Die Gläubigen umrunden die Dagoba im Uhrzeigersinn und legen auf den Altären, die an den Vorbauten der vier Kardinalrichtungen (*Vahalkada*) stehen, auf Blumentischen oder den *Pesava*, den in der Regel drei Terrassen, die die Basis der Kuppel umgeben, ihre Gaben ab. Eine weitere sri-lankische Besonderheit sind so genannte Mondsteine, die in der klassischen Zeit wie halbkreisförmige „Fußmatten" vor den Eingängen wichtiger Gebäude liegen. Ihre vielfältige Symbolik erfährt bis in die Kandy-Zeit zahlreiche Wandlungen.

Vollmondtage sind die Zeit, um in den Tempel zu gehen, sich zu versenken, die heiligen Geschichten zu lesen, Blumenopfer und andere Spenden zu bringen. An solchen Tagen werden keine alkoholischen Getränke verkauft oder ausgeschenkt. Einen Höhepunkt stellt der buddhistische Monat *Vesak*, Mai, dar: Es ist der Monat, in dem der Buddha geboren wurde, seine Erleuchtung erlebte und starb. Diese bedeutungsvollen Ereignisse feiert man zwei Tage lang und verschickt Vesak-Glückwunschkarten mit wunderschönen, alljährlich neu gestalteten Briefmarken.

Hinduismus

In vier Jahrtausenden sind die hinduistischen Kulte und Gesellschaftsordnungen in Indien gewachsen, viele Völker haben sie mit ihren oft konträren Vorstellungen geprägt und tolerant verschmolzen, und so ist es kein Wunder, dass sich der Hinduismus in verwirrender Fülle präsentiert. Wie ein Symbol seiner schier unübersehbaren religiösen Welt ragt der *Gopuram* genannte Torturm vor dem *Kovil*, dem hinduistischen Tempel, auf: Mit

Foto: Konrad Helbig (Mainbild)

Göttern, Geistwesen, Tieren, bedeutungsvollen Gegenständen in üppiger Fülle und schriller Buntheit übersät, ruft dieser Kosmos zu Gebet und Opfergabe im Tempelinneren auf, besitzt zudem soviel Kraft, schon aus der Ferne Segen zu spenden. Den in dem Kovil hauptsächlich verehrten Gott findet man am Gopuram über dem Eingang. Die wichtigsten Gottheiten und ihre Darstellungsweisen sind Folgende: *Shiva* (auch: Ishvara) ist für die Mehrzahl der Hindus in Sri Lanka der Hauptgott. Er hat ein drittes Auge auf der Stirn, das sowohl Weisheit als auch erschaffende und vernichtende Feuerstrahlen aussenden kann. Mit drei Aschestrichen auf ihrer Stirn symbolisieren die Shivaiten diese drei Augen. Der Shiva-Lingam, sein Phallus, dargestellt als Steinsäule, steht im Zentrum des Allerheiligsten des Tempels. Sein *Vahana*, symbolisches Reittier, ist der Nandi-Stier (mit Buckel). Shiva kann in unzähligen Formen auftreten, von denen der *Nataraja*, der tanzende Gott (oft im Flammenkranz), eine der bekanntesten ist.

RELIGION

Parvati (Uma) ist die Gemahlin von Shiva und wird als reich geschmückte, gütige Mutter dargestellt; als Reittier dienen Tiger oder Löwe.

Ganesha (Pillaiyar) ist beider Sohn, leicht erkennbar an seinem Elefantenkopf und dicken Bauch, Gott der Klugheit, des Wohlstands, der glücklichen Reise. Er reitet auf einer Ratte.

Skanda (auch: Kandaswamy, Subrahmaniya, Murugan, Karttikeya, Kataragama), Ganeshas Bruder, trägt als mächtiger Kriegsgott den *Vel*, Speer, oder eine Kriegsflagge mit Hahn. Er reitet auf einem Pfau, der nach der Legende ein besiegter Dämon ist.

Vishnu ist, wie Shiva, einer der hinduistischen Hochgötter und tritt in einer Vielzahl von Verkörperungen auf. Seine Anhänger tragen als Aschemal ein U mit einem senkrechten Mittelstrich darin auf der Stirn. Es erinnert an jene Begebenheit, als Vishnu in drei Schritten den Kosmos durchmaß und

Oben: Katholische Marienprozession in Colombo. Rechts: Die muslimischen Moors sind Nachfahren arabischer Kaufleute.

dabei von Zwergengestalt zum Riesen wuchs. Für Sri Lanka bedeutend ist seine Inkarnation als Rama, der den auf der Insel Lanka hausenden Dämonenfürsten Ravana tötete und dabei seine von diesem entführte Frau Sita rettete (weitere Verkörperungen u. a. Krishna und Buddha). Seine blaue Hautfarbe macht ihn leicht erkenntlich. Er reitet auf dem Sonnenadler Garuda.

Lakshmi ist Vishnus Gemahlin und verkörpert Schönheit, Glück, Reichtum und Licht.

Hinduistische Feiertage sind *Thai Pongal*, das Erntedankfest, im Januar; *Maha Shivarathri*, die Vereinigung von Shiva und Parvati mit nächtlichen Zeremonien in den Kovils im Februar; *Dipavali*, das Lichterfest, ein fröhliches, festliches Auskehren und Aufräumen im Haus zu Ehren der Göttin Lakshmi im November.

Zu den wichtigsten Pilgerorten zählen Kataragama (Juli/August), Chilaw (Munneswaram, August/September, Oktober), und Nallur (Juli/August). Großartige Festumzüge mit riesigen, geschmückten Wagen, aber auch die

RELIGION

täglichen Poya-Zeremonien der Brahmanen in den Kovils geben eine Ahnung von der tief verwurzelten Gläubigkeit der Hindus.

Srilankische Buddhisten verehren auch hinduistische Götter und fügen *Pattini*, die Göttin der Fruchtbarkeit, *Saman*, Beschützer des Adam's Peak und der Insel, *Vibishana* (Bruder des Dämonen Ravana) und viele weitere Lokalgötter hinzu. Die drei genannten Gottheiten gelten in Sri Lanka als Beschützer des Buddhismus.

Christentum

Die Papstbesuche in Sri Lanka 1995 und 2015 waren große Ereignisse für die über eine Million Katholiken. Der nachhaltige Missionserfolg der Portugiesen im 16. Jh. drückt sich in der Häufung katholischer Kirchen im Gebiet der mittleren und nördlichen Westküste aus. Die Kirchenpatrone sind nicht selten Märtyrer, deren dramatisches Leben und Sterben sowie deren Barmherzigkeit und Standfestigkeit einen tiefen Eindruck in den Herzen der hiesigen armen Bevölkerung, oft Fischer, hinterlassen haben. Als Standbild an Wegkreuzen findet man häufig St. Sebastian mit pfeildurchbohrtem Körper oder St. Anton in Franziskanerkutte mit dem Jesuskind auf dem Arm, aber auch viele Marienbildnisse.

An die Katholikenverfolgung während der niederländischen Kolonialzeit erinnert die Abgeschiedenheit der beiden wichtigsten Wallfahrtsziele der Katholiken: Talawila auf der Halbinsel Kalpitiya mit der Kirche St. Anna (Fest am 26. Juli) und Madhu im Dschungel des Mannar-Distrikts mit der Kirche der Heiligen Jungfrau (zweiwöchiges Fest um den 2. Juli). Die Niederländer brachten die protestantische Reformierte Kirche ins Land, in britischer und nachkolonialer Zeit kamen die anglikanische und weitere protestantische Glaubensrichtungen hinzu, die heute vor allem in den Städten vertreten sind.

Foto: Robert Riethmüller

Islam

9 % der Sri Lanker sind Muslime. Die Ausschmückung ihrer Moscheen ist dezent, denn der im 7. Jh. vom Propheten Mohammed in Arabien gegründete Islam lehnt bildhafte Darstellungen ab, man begnügt sich mit abstrakten Ornamenten und arabischer Schriftkunst in den Gebetshäusern. Freitags gegen Mittag begeben sich Moors und Malaien dorthin. Nichtgläubige werden im Allgemeinen nicht zugelassen. Strenggläubige Muslime beten fünfmal täglich in Richtung Mekka. In Sri Lanka sind drei muslimische Festtage, die sich nach dem Mondkalender richten, auch Feiertage: *Id-Ul-Fitr*, das Ende der einmonatigen Fastenzeit *Ramazan*, *Milad-Un-Nabi*, der Geburtstag des Propheten. Am *Id-Ul-Alha*, dem Hadj-Fest, reisen die Pilger nach Mekka ab. Beliebtes Pilgerziel innerhalb Sri Lankas ist das Heiligtum von Kuragala (Distrikt Ratnapura). Im Jahr 2013 kam es, nach Jahrhunderten friedlichen Zusammenlebens, zu mehr als 20 Angriffen von Buddhisten auf Moscheen.

COLOMBO

COLOMBO

COLOMBO UND DIE MITTLERE WESTKÜSTE

**COLOMBO
GALLE ROAD
KOTTE / SITAVAKA
KELANIYA / NEGOMBO
KALPITIYA
DAMBADENIYA**

**COLOMBO

Auf der Höhe der heutigen Millionenstadt ****Colombo** zeigten schon vor vielen Jahrhunderten ein paar grauschwarze Felsen arabischen Seefahrern den Weg in eine kleine, aber vor Südwestwinden einigermaßen geschützte Bucht. Im 21. Jh. ist sie hinter gewaltigen künstlichen Kaianlagen versteckt, in deren Schutz riesige Containerschiffe ankern. Die Araber bevorzugten damals zum Anlegen die Mündung des **Kelani Ganga** in den Indischen Ozean, 4 km nördlich, da der breite Fluss ihnen Zugang zum Hinterland gewährte.

Der arabische Weltreisende Ibn Battuta kam im 14. Jh. hierher und spricht von *Calenbou* in seinen Reisebeschreibungen. Das üppig grüne Küstenland besaß damals mangrovenbewachsene Lagunen und ausgedehnte Sümpfe zwischen Gruppen niedriger, von tropischer Vegetation überwucherter Hügel.

Auch wenn Colombos Hafen derzeit künstlich in das Meer hinaus erweitert wird, kann man die einstige Landschaft noch erahnen: die Küstenfelsen, den Bogen der Bucht, die Flussschleifen, das Sumpfland und die Hügel. Obwohl sich hier heute ein verstädtertes Gebiet

Vorherige Seiten: Colombo – zwischen Kolonialzeit und Moderne. Links: Traditionsreich – das Galle Face Hotel.

von 60 km Länge und 15 km Breite mit einer Bevölkerung von gut drei Millionen ausdehnt, kann man Colombo dennoch als grüne Stadt bezeichnen.

Wachsende Stadt

Was machte diese Gegend so attraktiv? Wenig beachtet war sie während der klassischen Singhalesenzeit (bis in das 12. Jh.), danach aber wurde die Provinz Malayarata, zu der auch dieser Küstenstreifen gehörte, zum wichtigsten Siedlungsgebiet der Inselbevölkerung. Im 15. Jh. erbaute der König seine Hauptstadt (Sri Jayewardenepura) nur 7 km von der Küste entfernt. 1517 errichteten die Portugiesen an der Bucht eine Handelsstation und sicherten sie durch eine Festung auf den Felsen und der kleinen Anhöhe südlich davon. Dort befindet sich noch heute das **Fort** genannte Innenstadtviertel. Der hochprofitable Zimthandel an der Küste blühte und weckte den Neid der Holländer, die die lusitanische Festung 1656 eroberten.

Für die Erschließung der Zimtgärten verbanden die Niederländer in den folgenden Jahrzehnten Lagunen, küstennahe Sümpfe und Seen mit Kanälen. Außer im Festungsareal siedelten sie sich vor allem in den östlich anschließenden Vierteln Wolfendahl, Hultsdorf und Mutwal an.

» Stadtplan S. 52-53, Info S. 75-77

COLOMBO

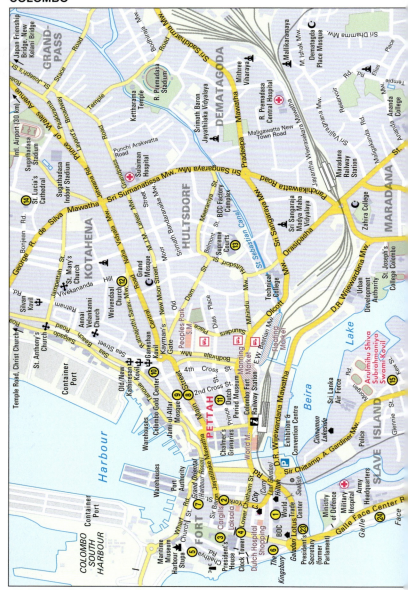

COLOMBO

Ab 1796 prägte die Kolonialmacht Großbritannien die heutige Stadt. Colombo wurde zum wichtigsten Wirtschaftsstandort der Insel: Die Straße Colombo-Kandy erschloss seit 1827 das Bergland auf direktem Weg. Die Eisenbahnlinien des Landes bilden bis heute kein Netz, sondern haben Colombo als Ursprung. Nach der Eröffnung des Suezkanals Mitte des 19. Jh. schützte man Colombos Hafen mit einer Mole gegen Westen für einen sicheren und attraktiven Stopp des Schiffsverkehrs zwischen Europa und Ostasien. Der weitere Hafenausbau Ende des 19. Jh. ließ den vorher wichtigsten Ausfuhrhafen Galle in einen Dornröschenschlaf verfallen, seither besitzt Colombo eindeutig die Vorrangstellung.

Fort

Das **Fort**, das heutige **Stadtzentrum** von Colombo, bietet eine aufregende Mischung von altehrwürdigen bis verkommenen, vielfach kolonialzeitlichen Häusern neben supermodernen Bauten. Es ist, in direkter Nachbarschaft zum Hafen, immer noch Brennpunkt des Handelslebens mit Reisebüros, Banken und einigen modernen und alten Hotels. Auch blüht Neues in alten Mauern, wie das nette Einkaufszentrum **Dutch Hospital Shopping Precinct** im Schatten des **World Trade Center** ①, dessen 152 m hohe Zwillingsbürotürme mit 40 Stockwerken 1997 Sri Lankas Anschluss an die globalisierte Welt markierten. Zu beiden Seiten erheben sich die ebenfalls sachlich-strengen Hochhäuser des **Hilton Hotel** und der **Bank of Ceylon**. Zusammen mit weiteren Neubauten bilden sie den südlichen Abschluss des 1 km² großen ehemaligen Festungsareals der Kolonialzeit.

Etwas weiter nördlich wirkt das Fort keineswegs mehr so jung und schick. Die Kaufhäuser **Laksala** und **Cargill's** (1906 erbaut) in der verkehrsreichen **York Street** ② zeigen eher musealen Charakter. Im nordwestlichen Fort sind mehrere Nebenstraßen und die **Janadhipathi Mawatha** aus Sicherheits-

Oben: Bummeln auf der Promenade am Fort, Colombo.

COLOMBO

gründen für jeglichen Verkehr gesperrt, die Hauptpost (G.P.O.) wurde in die Bristol Street verlegt, denn jenseits der Janadhipathi-Straße liegt hinter hohen Bäumen und durch Wachtposten abgeschirmt das **Haus des Präsidenten** ③, eine prachtvolle Villa, an der Stelle, wo einst holländische, später britische Gouverneure residierten.

An der Kreuzung York und Chatham Street steht noch der ursprünglich als Leuchtturm genutzte **Clocktower** ④ (Uhrturm) von 1857. Er bekam 100 Jahre später, als die Häuser im Fort in die Höhe wuchsen, einen Nachfolger auf den Felsen am Meer an der **Chaithya Road** ⑤; von hier blickt man auf den neuen Süd-Hafen.

Besser noch überschaut man den im 21. Jh. enorm voranschreitenden Hafenausbau von der Sky Lounge des Hotels **Kingsbury** ⑥. Nach Süden ist von hier der Blick frei auf die gesamte 11 km lange Strandlinie bis zum markanten Felsvorsprung von Mount Lavinia mit seinem kolonialen Hotelbau.

Der **Hafen** nördlich des Forts ist der Öffentlichkeit nicht zugänglich. Das **Maritime Museum** vermittelt aber historische und aktuelle Informationen zur srilankischen Seefahrt. Es steht neben der nicht zu übersehenden, auf Stelzen gebauten **Harbour Stupa** (Sambodhi Chaithya), sie bietet ein prächtiges Hafenpanorama von ihrer Aussichtsplattform. Guten Hafenblick gewährt auch das berühmte koloniale **Grand Oriental Hotel** ⑦ (Church Street).

*Pettah – draußen vor den Mauern

Die Festungsmauer ist längst abgerissen, dennoch sieht man sofort, dass das nach Osten anschließende Viertel, das *****Pettah** genannt wird, eine andere Welt ist. Tamil *pettai*, Singhalesisch *pita* heißt „draußen": Außerhalb des Viertels der Europäer hatten hier die einheimischen Händler ihren Markt. In diesem Quartier sind viele der Ladenbesitzer Moors und Tamilen. So verwirrend es hier während der Geschäftszeiten zuzugehen scheint, besitzt dieses Quartier dennoch eine erkennbare Ordnung in seinem rechtwinkligen Straßennetz: Die Hauptachse von West nach Ost, **Main Street** ⑧, beherrschen **Textilienhändler**, in anderen Straßen dominieren Gewürze, Eisenwaren, Juwelen oder andere Handelsgüter. Am östlichen Ende kauft man Lebensmittel, besonders Obst und Gemüse, in und nahe dem ehemaligen Rathaus des Viertels.

Die hiesige muslimische Bevölkerung nutzt in der **2nd Cross Street** die auffällig rot-weiß gestreifte **Jami-ul-Alfar Moschee** ⑨. Statt Fisch im einstigen Central Market glänzt heute Schmuck in den 80 Läden des eleganten **Colombo Gold Center** ⑩. In der **Sea Street** ein paar Schritte östlich, der traditionellen Straße der **Goldhändler**, reihen sich drei hinduistische Kovils mit bunten Gopurams, Tortürmen: Der **Alte** und der **Neue Kathiresan** und der **Ganesha Tempel**. Südlich der Main Street gibt in der **Prince Street** das **Dutch Period Museum** ⑪ eine Vorstellung von Architektur und Einrichtung zur niederländischen Kolonialzeit.

Vielfalt bis zum Kelani Ganga

In den nach Osten und Norden anschließenden Stadtvierteln mit ihren niederländischen Namen bietet auch die reformierte **Kirche von Wolfendahl** ⑫ (Wolvendaal) von 1750 einen Blick in die Vergangenheit – einige holländische Gouverneure sind darin bestattet. Im Süden des dicht bebauten Viertels **Hultsdorf** (auch: Hulftsdorp) fallen die modernen, wie Riesenpavillons wirkenden **Gerichtsgebäude** ⑬ auf, oberhalb des **St. Sebastian Canal**.

Häuser drängen sich an den Hügeln entlang der Hafenbucht. Auf einem leuchten schon von fern die hellen Kuppeln der von einem italienischen Baumeister entworfenen, imposanten **St. Lucia's Cathedral** ⑭ (1906) in

» Stadtplan S. 52-53, Info S. 75-77

COLOMBO

Kotahena. Weniger Beachtung findet die **Christ Church**, wegen ihrer dunklen Steinquader auch *Galpalliye*, „Steinkirche" genannt, einst Kirche der Diözese Colombo, im Norden von **Mutwal**. Dicht besiedelt und doch erstaunlich grün ist dieses Gebiet östlich der modernen Hafenanlagen.

Stille Oasen direkt am Strand, weiter nördlich in **Modera** an der **Temple Road**, sind zwei Kovils, einer **Shiva**, der andere **Kali** geweiht.

Die Kelani-Ebene im Osten, jenseits der Hügelkette, nimmt eine moderne **Schwimmhalle** und ein **Stadion** auf, ein Teil der Niederung heißt **Grandpass** – nach dem *paso grande*, der Pontonbrücke, mit der die Portugiesen den breiten Fluss überquerten. **Japan Friendship Bridge** (Victoria Bridge) und **New Kelani Bridge** bemühen sich, den unermüdlichen Verkehrsstrom über den Kelani Ganga zu bewältigen.

Sklaveninsel

Südlich vom Fort lag auf einer langgezogenen Insel das Nachtquartier der afrikanischen Sklaven der Portugiesen, **Slave Island**. Die Sklaverei wurde 1845 abgeschafft.

Umgeben von dem, was vom ehemals größeren **Beira Lake** übrig geblieben ist, setzte in den 1990er-Jahren eine rasante Entwicklung in diesem kaum mehr als Insel erkennbaren Gelände ein: Elegante Büro- und Geschäftshäuser breiten sich aus. Zugleich ist Platz für staatliche Einrichtungen, von der Finanzbehörde bis zur Luftwaffe, für ein Wohnquartier mit überwiegend Moors, für den Hindutempel **★Arulmihu Shiva Subrahmaniya Swami Kovil** ⑮ mit seinem fotogenen **Torturm** von 1993 in der Kew Street. Moscheen, Slums, Kirchen, Hotels, der bedeutende buddhistische **★Gangaramaya Tempel** ⑯ von 1885 mit seinem etwas kuriosen Museum runden das verwirrende Bild ab. Zum Tempel gehört die stille Meditationsinsel **★Sima Malaka** ⑰ im Beira Lake, die der zeitgenössische sri-lankische Architekt Geoffrey Bawa (1919-2003) gestaltete. Thailändische **Buddhastatuen** zieren die schlichte Tempelanlage.

Cinnamon Gardens

Cinnamon Gardens („Zimtgärten") heißt heute noch das zentrumsnahe Gebiet, wo zur Kolonialzeit die wertvollen Zimtbäume wuchsen. Die Gärten wichen nach und nach weitläufigen Villengrundstücken: Der Bezirk *Colombo 7* ist Inbegriff der High Society. Noch immer macht dieses Viertel einen prachtvoll grünen Eindruck, obwohl es inzwischen von breiten, verkehrsreichen Straßen durchzogen und zunehmend von spiegelverglasten Büros, schicken Läden und verschiedenen Institutionen unterwandert wird.

Seinem grünen Herzen, dem **Vihara Maha Devi Park** (Victoria Park), steht das prunkvolle **★Alte Rathaus** ⑱ mit weißer zentraler Kuppel (erbaut 1929) gegenüber. Am Westrand des Parks verschwindet fast hinter hohen Bäumen die moderne öffentliche **Bibliothek**.

Südlich des Parks stehen zwei Museen Rücken an Rücken: Das **Naturhistorische Museum** gibt einen Einblick in Geologie, Tier- und Pflanzenwelt sowie die moderne Landnutzung und Bewässerung. Der imposante Bau des **★Nationalmuseums** ⑲ entstand schon in der Mitte des 19. Jh. Es bietet einen informativen Rundgang durch Archäologie, Geschichte und Volkskunde Sri Lankas und besitzt eine Bibliothek. Daneben steht die **Nationalgalerie**, wenige Schritte entfernt das **Mahaweli Centre** mit einer informativen Ausstellung zum wichtigsten Bewässerungs- und Hydroenergieprojekt des Landes.

Auch die ehrwürdige Anlage der **Unabhängigkeitshalle** ⑳ – Versuch einer Nachbildung der Ratshalle des letz-

Rechts: Torturm des Skanda-Tempels auf der Sklaveninsel.

ten Königs von Kandy, ein Geschenk Großbritanniens an Sri Lanka – und die 1973 von China errichtete **Kongresshalle (BMICH)** ㉑, gegenüber der chinesischen Botschaft und benannt nach dem 1959 ermordeten Premierminister Bandaranaike, machen die ehemaligen Zimtgärten zu einem ansprechenden Kernstück der Stadt. Außerdem befinden sich die **Universität** ㉒, Behörden, Botschaften, Privatschulen sowie **Radio- und Fernsehstationen** in Cinnamon Gardens.

Galle Road

Das **Alte Parlament** ㉓ am Südrand des Forts wendet seinen kurz nach 1929 errichteten Säuleneingang majestätisch dem Meer zu. Von der großen Freitreppe schaut man auf die 1200 m lange und gut 100 m schmale Grünfläche die **Galle Face Green** ㉔, das sich Abend für Abend bei angenehm kühlender Meerbrise in einen Treffpunkt von vielen Leuten, besonders gern von Familien mit Kindern, verwandelt. Zu diesem bunten Treiben bilden die großen Hotels **Taj Samudra** und das koloniale ★**Galle Face** ㉕ mit seiner beliebten Terrasse einen feinen Rahmen. Dort beginnt die Straße, die auf den folgenden 115 km denselben Namen trägt, bis sie ihr Ziel, die Stadt Galle im Süden der Insel, erreicht: **Galle Road**. Auf den 7,5 km, die sie durch das Stadtgebiet von Colombo führt, bildet sie eine schnurgerade Linie, die manchen Autofahrer zum Verzweifeln bringen könnte; für den zähflüssigen Verkehr gibt es nur unzureichende Ausweichmöglichkeiten.

Der **Indische Hochkommissar** ist der Nachbar des Galle Face Hotels, es muss sich gegenüber den **Crescat** ㉖ -Wohn- und Büroturm mit Supermarkt (1996) vor dem Hotel **Cinnamon Grand** auf der anderen Straßenseite behaupten. Über die Straße erreicht man die **Tourismusbehörde**. Die **Botschaft der Vereinigten Staaten** arbeitet gegenüber der feinsten Adresse: **Temple Trees** ㉗, der offiziellen Residenz des Premierministers.

Wer östlich in die **Dharmapala Mawatha** einbiegt, hat es beim großen

COLOMBO / MOUNT LAVINIA

Einkaufszentrum **Liberty Plaza** ㉘ eventuell leichter, einen Parkplatz zu bekommen als vor den Geschäften in der Galle Road. Neuer, schicker, höher: Rasant verändern sich ihre Fassaden zu Beginn des 3. Jahrtausends. Die von der Galle Road in Richtung Küste zurückversetzte Villa **Mumtaz Mahal** ㉙, eine Zeitlang Sitz des sri-lankischen Konstitutionsrates, erinnert für einen kurzen Augenblick an die Gelassenheit der Kolonialzeit, ist aber derzeit recht baufällig. **Sri Lanka Tea Board, Sri Lanka Cashew Corporation** und eine größere Anzahl von Juwelenhändlern bieten dann bis zur Kreuzung an der Bauddhaloka Mawatha, der Grenze zwischen den Stadtteilen Kollupitiya (Colombo 3) und Bambalapitiya (Colombo 4), ihre Produkte an. Immer wieder setzen großzügig verglaste Neubauten wie das Einkaufszentrum **Majestic City** ㉚ oder Bürohäuser moderne Akzente.

Oben: Blick durch das Dewatagaha-Moscheegelände auf die Kuppel des alten Rathauses aus der Kolonialzeit (1927).

MOUNT LAVINIA – KALUTARA NORTH

Es ist nicht zu spüren, dass südlich von **Wellawatte**, an der Brücke über den **Dehiwala-Kanal**, die Stadtgrenze von Colombo erreicht ist. Ununterbrochen setzt sich die Bebauung entlang der oft hoffnungslos verstopften Straße fort. Die Stadt **Dehiwala-Mount Lavinia** ❶ hat über 200 000 Einwohner. Im leicht hügeligen Mount Lavinia führt die **Hotel Road** Richtung **Sandstrand** (viel besucht und nicht sehr sauber), zum stilvollen **★Mt. Lavinia Hotel** – einst Gouverneursresidenz –, zu weiteren Hotels und zum Bahnhof.

In **Ratmalana** grenzt der regionale Flughafen für In- und seit 2012 auch Auslandsflüge an die **Galle Road**. Es folgt **Moratuwa**, eine Industriestadt mit gut 200 000 Einwohnern. Auf der 7 km langen Schnellstraße parallel zu Küste, Eisenbahn und den niedrigen Siedlungen von Fischern und Tischlern fließt der Verkehr endlich flott.

Am südlichen Ortsausgang von **Panadura** ist die städtische Welt um Colombo fühlbar zu Ende. Auf das nächste verstädterte Gebiet trifft man im 14 km weiter südlich gelegenen Kalutara North. Küste, Eisenbahn und Straße verlaufen nahezu parallel im Abstand von wenigen Hundert Metern, aber Kokoshaine, Hausgärten, Fischerhütten und Pandanusgebüsch dazwischen bilden eine dichte Kulisse. Darin verbergen sich entlang der **Strände** zwischen **Wadduwa** ❷ und **Kalutara North** Hotels bis zur Fünf-Sterne-Kategorie.

Der etwa 10 km landeinwärts an einer Straßenkurve auf einem Hügel errichtete **Tempel** von **Galapatha** ❸ lädt zum Betrachten der liebevoll gepflegten Devales für Natha, Skanda, Saman, Pattini und zahlreiche Lokalgötter ein.

Durchs Hinterland zieht sich seit 2011 der mautpflichtige **Southern Expressway**, Sri Lankas erste Autobahn. Abwechslungsreiche Landschaften fliegen vorüber: Kokoshaine, Reisniederungen, Zimtgärten, Gummibaumplantagen. Bis Matara ist die als E 01 bezeichnete Straße bereits komplett mit zehn Auffahrten; die Erweiterung nach Hambantota ist in Gang.

Die nördliche Expressway-Fortsetzung, der *Outer Circular Highway*, soll Colombo ab 2017 östlich umrunden; fährt man jedoch auf Landstraßen, trifft man auf **Ziegeleien** oder **Kautschukplantagen**, wo man dem Absammeln der Latexmilch und der Gummiverarbeitung zuschauen kann.

KOTTE (SRI JAYEWARDENEPURA)

Den für Ausländer so schwer auszusprechenden Namen der offiziellen Landeshauptstadt **Sri Jayewardenepura** ❹ ersetzen freundlicherweise auch die Einheimischen gern durch **Kotte**, mit langem O. Er bezeichnet die befestigte Hauptstadt, die Parakramabahu VI. (1412-1467) hier 1415 erbauen ließ, der letzte singhalesische König, dem es gelang, das Reich zu vereinigen. Bis zum Tod des von den Portugiesen völlig abhängigen singhalesischen Königs Don Juan Dharmapala (1551-1597) galt Kotte als Hauptstadt des Landes, obwohl 1565 seine Gegenspieler aus Sitavaka sie dem Erdboden fast gleichgemacht hatten. Die Portugiesen waren eher am küstennahen Fort von Colombo interessiert und überließen den Königssitz im Hinterland seinem Schicksal. Daher ist heute von der alten Hauptstadt nichts Spektakuläres mehr sichtbar.

Wer ein wenig Zeit opfert, um den Standort der alten Stadt Kotte ausfindig zu machen, kommt zugleich in den Genuss, das 1973 dort auf einer Insel erbaute **Parlamentsgebäude** (Architekt: Geoffrey Bawa) aus einer ungewöhnlichen Perspektive zu sehen. Hierher, außerhalb des dichten Verkehrs in den zentralen Teilen der Stadt, sind wichtige staatliche Institutionen wie Ministerien und Behörden verlegt worden.

Um das alte Kotte zu erreichen, biegt man auf dem Weg von Colombo zum neuen Parlament von der Sri Jayewardenepura Mawatha-Allee südwärts nach Kotte oder Pita Kotte ab. Zwischen den Straßen **Rampart Road** und **Beddegana Road** liegt ein hügeliges Gelände, heute ein angenehm durchgrüntes Wohngebiet, das nach Osten bis an den See **Diyawanna Lake** führt. Geschützt durch das Sumpfland ringsum, lag in diesen Hügeln die alte Stadt. Am Seeufer kommt man hier dem modernen, streng bewachten Parlamentskomplex näher als von der Hauptstraße.

Dennoch lohnt sich auch ein Blick auf die Parlamentsinsel vom offiziellen Zugang auf der Nordseite: Das attraktive Bauwerk ist ein architektonisches Juwel auf dem Inselchen mitten im See. Am Ostufer des Sees schaut man im Kunstgewerbedorf **Janakala Kendraya** Handwerkern und Künstlern über die Schulter, wie sie typisch Srilankisches fertigen, das man vor Ort auch kaufen kann.

Der Stadtteil **Battaramulla** östlich und nördlich des Parlaments entwi-

MITTLERE WESTKÜSTE

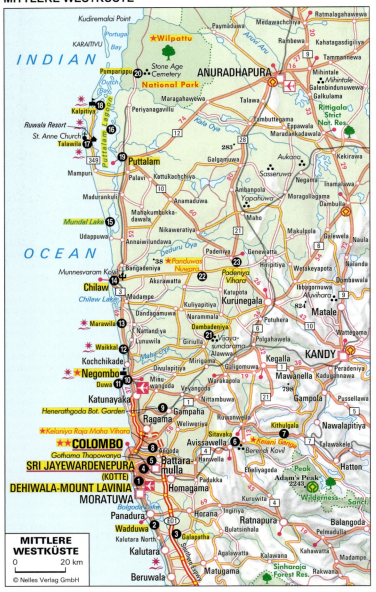

KOTTE

ckelte sich mit der Ansiedlung von Verwaltungen und einer wohlhabenden Einwohnerschaft zu einem der feinsten Viertel Colombos.

Östlich schließt sich das parkartige Villengebiet von **Talangama** an. Das in den 1970er-Jahren großzügig bebaute Stadtrandareal wuchs in die Reisfelder hinein, und so stellt es sich heute noch dar: eine Kette kleiner Seen, anschließend Einzelhäuser in gepflegtem Gartenland und Nassreisfelder.

In dieser wasserreichen Natur zwischen städtischer und ländlicher Bebauung bieten die **Talangama Wetlands** einer umfangreichen Flora und Fauna ein so ansprechendes Habitat, dass sogar Zugvögel, wie die Schwarzdommel aus Indien, hier ihre Winterrast verbringen. Über 100 Vogelarten hat man hier schon gesichtet, dazu herrliche Schmetterlinge und Libellen. Eine luxuriöse Bleibe, die **Villa Talangama**, steht auch Touristen zur Verfügung.

Oben: Täglich wird die Latexmilch gesammelt; die Kautschukproduktion ist noch mit viel Handarbeit verbunden.

Kloster Gothama Thapowanaya

Viele der flachen Hügel und Sümpfe im Hinterland des Magneten Colombo wachsen immer dichter mit kleinen Häusern zu, dennoch ist es hier üppig grün und voller bunter Blüten: Die Bewohner wetteifern darin, Nutzpflanzen und besonders schöne Zierpflanzen in ihren Hausgärten gedeihen zu lassen.

Nördlich von Kotte und dem feinen Battaramulla liegt abseits der Koswatta Road, in der Umgebung grüner Neubaugebiete, ganz zurückgezogen ein buddhistisches Kloster in einem parkähnlichen Gelände: **Gothama Thapowanaya** ❺ („Waldkloster"). Hier ist nicht nur Platz für 38 Mönche, eine Vielzahl von Novizen und entsprechende Schulungs- und Unterkunftsstätten, sondern hier sind auch ausländische Gäste gern eingeladen, für längere oder kürzere Zeit sich den Klosterregeln zu unterwerfen und in der Stille des üppigen Parks zu meditieren. Zum Kloster gehört ein Waisenhaus für 40 Jungen, die hier eine handwerkliche Ausbildung erhalten können.

» Karte S. 60, Info S. 75–77

SITAVAKA

SITAVAKA

3 km nördlich des Klosters erreicht man über **Angoda** die Straße AB10 nach Avissawella. Sie quert die Trasse des Outer Circular Highway und verläuft am linken Ufer des Kelani Ganga ostwärts. Dabei berührt die AB10 einige der früheren Flussquerungen wie **Kaduwella** oder **Hanwella**

Avissawella ist ein geschäftiges Zentrum für die umliegende Plantagenlandschaft, in der Kautschuk gewonnen wird, sowie Verkehrsknotenpunkt für die sehr gut ausgebaute A 4 von Colombo nach Ratnapura. Von Avissawella führt auch die A 7 auf besonders malerischer Strecke ins Hochland (nach Nuwara Eliya; in Hatton Abzweig zum Adam's Peak) und quert 1 km östlich des Stadtzentrums den meist rasch dahinfließenden Sitavaka-Fluss.

Im Namen von Avissawellas Vorort **Sitavaka** ❻ (auch: Seethawaka) am Westufer steckt „Sita", die Frau des Helden Rama, die nach dem Ramayana-Epos angeblich hier von dem Ungeheuer Ravana festgehalten wurde.

Dafür gibt es keine Beweise, sichtbar dagegen sind die Reste von **Festungswall** und **Palast** des Königs Rajasinha I. (1581-1593): Man fährt 200 m vor der Sitavaka-Brücke ab der A 7 auf der Straße Maligawa Mawatha ca. 500 m. Mit dieser Anlage unweit des Flusses trat er in Konkurrenz zum König von Kotte, der nur noch eine Marionette der Portugiesen war. Rajasinha I. war einer der schärfsten Gegner der Kolonialherren und setzte ihnen bei Belagerungen des Forts von Colombo beträchtlich zu.

Der von ihm errichtete und möglicherweise nie fertig gestellte **Berendi Kovil** jenseits des Sitavaka-Flusses (mit „Brande Kovil" östlich der Brücke an der A 7 ausgeschildert, dann 350 m) beweist seine Vorliebe für den Hinduismus. Im üppigen Dschungel liegen die spärlichen Grundmauern dieses Shiva-Tempels; sie sind kunstvoll mit Tiersymbolen verziert und tragen eine von vier Seiten zugängliche Plattform.

Oben: Der Elefant – als Arbeitstier noch immer geschätzt. Rechts: Kelaniya, eine der wichtigsten Pilgerstätten Sri Lankas.

KELANIYA

KITHULGALA   ***KELANIYA**

Kithulgala ❼, gut 30 Kilometer östlich von Avissawela an der A7, liegt am hier tief eingeschnittenen *****Kelani Ganga** mit üppig grünen Uferzonen, beliebt für Wochenendausflüge zum Baden. Die Stromschnelle ist ideal für **Rafting** und Kanutouren verschiedener Schwierigkeitsgrade. Der Bergwald ringsum lockt mit Abenteuersport wie *Waterfall Abseiling*, Übernachten in spannenden Urwaldcamps oder mit seiner besonders artenreichen Vogelwelt.

Bekannt geworden ist die malerische Flusslandschaft seit 1957 als Drehort für den mit einem Oscar ausgezeichneten Film „Die Brücke am Kwai". Die artenreiche Vogelwelt hier zieht viele Ornithologen an.

Der Kelani Ganga ist mit 145 km der viertlängste Fluss des Landes. Die Reservoire im Hochland reichen als Wasserspeicher oft nicht aus; Deiche schützen das Hinterland in Küstennähe, doch oft wird es bei Starkregen überflutet, besonders, wenn der Südwestmonsun den Ablauf ins Meer bremst.

Ungefähr 10 km landeinwärts von der Mündung des Flusses in den Indischen Ozean liegt eine der 16 wichtigsten Pilgerstätten Sri Lankas, der *****Kelaniya Raja Maha Vihara** ❽. Gemäß der Großen Chronik soll Buddha im achten Jahr nach seiner Erleuchtung, am zweiten Tag im Monat Vesak, Mai, mit 500 Jüngern hierher gelangt sein. Eingeladen haben soll ihn der örtliche Fürst Maniakkhika, der ihn bei einem seiner beiden früheren Besuche bewundern gelernt hatte. Von einem prachtvollen Thron aus, so heißt es, predigte der Erleuchtete, exakt an der Stelle, wo heute die weiße **Dagoba** steht.

2500 Jahre Tradition?

Im Mittelalter hatte sich Kelaniya zu einem Brennpunkt buddhistischer Verehrung entwickelt, den die portugiesischen Kolonialherren in ihrem Missionseifer zerstörten und die Niederländer nicht wieder aufleben ließen. Erst die Restauration des Buddhismus

» Karte S. 60, Info S. 75-77

KELANIYA

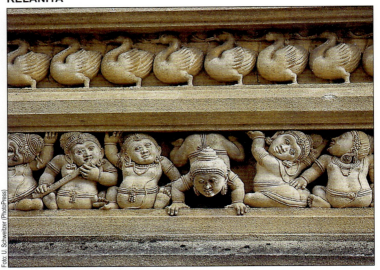

seit Kirti Sri Rajasinha (1747-1782) und die liberalere Haltung der Briten in Glaubensdingen ermöglichen einen Neubeginn für Kloster und Pilgerstätte.

Ein bedeutendes, reiches Kloster offenbar: Die Dagoba wird fast bedrängt von dem im 20. Jh. mit Gänse-, Zwergen- und Elefantenfriesen einfallsreich, fast spielerisch verzierten *Statuenhaus. Über Mondsteine betritt man das Gebäude von Osten. Die Eingangshalle und der rechts anschließende nördliche Raum sind das Statuenhaus des 18. Jh. Mitten an der Nordwand der Halle steht der Gastgeber für Buddha und sein Gefolge: Naga-König Maniakkhika. *Makara-* (Fabelwesen-) Bögen wölben sich über ihn und die beiden Eingänge zum anschließenden Raum mit der liegenden Buddhastatue. Am Fußende des Erleuchteten ist noch Platz für einen mit buddhistischen Flaggen verhängten Vishnu-Devale. Den oberen Bereich der Wände zieren Fresken der 500 Begleiter des Buddha, den unteren Bilder der wichtigsten auch von sri-lankischen Buddhisten verehrten Hindugötter.

Die übrigen Teile des Statuenhauses stammen aus dem frühen 20. Jh. Im Reliquienraum auf der Südseite zeigen Soliyas Mendis' (1897-1975) eindrucksvolle Großdarstellungen die drei angeblichen Besuche Buddhas in Sri Lanka. Auch die entsetzliche Zerstörung des Tempels während der Portugiesenzeit malte der Künstler sowie die Vertreibung der Mönche, die sich und die kostbarsten Reliquien über eine Pontonbrücke auf die gegenüberliegende Seite des Kelani-Flusses retten. Kleinere Bilder aus Legenden und Geschichte füllen lückenlos alle Wände aus.

Im hinteren Teil des Statuenhauses sitzt vor dem Panorama der verschneiten Himalayaberge ein Meditationsbuddha. Auch hier erinnern die Bilder an den Wänden an wichtige Ereignisse aus Buddhas Leben und die Geschichte des Buddhismus in Sri Lanka: z. B. die Überfahrt eines Ablegers vom Heiligen Bo-Baum auf einem (europäisch an-

Oben: Fries mit Gänsen und Zwergen am Statuenhaus von Kelaniya. Rechts: Opfergabe am gewaltigen Bo-Baum in Kelaniya.

KELANIYA / GAMPAHA

mutenden) Schiff von Indien nach Sri Lanka, begleitet von Sanghamitta, oder der heimliche Transport der Heiligen Zahnreliquie in der hoch aufgetürmten Frisur der Prinzessin Hemamale.

Das heutige Kloster

Eine besondere Zierde des Klosterareals ist der gewaltige **Bo-Baum** neben dem Statuenhaus. Er steht etwas erhöht und ist von einem goldglänzenden Gitter und einem umlaufenden Altar zur Ablage der kunstvollen Blumenopfer umgeben. Zahllose bunte Gelübdefähnchen flattern an Gittern und Ästen.

Es ist ein besonderes Erlebnis, den Tempel an einem Sonn- oder Poyatag (Vollmondtag) zu besuchen. Weiß gekleidete Kinder und Pilger lauschen einem Vorleser oder Vorbeter an einem schattigen Platz oder in der großen, offenen Predigthalle. Hunderte Öllämpchen flackern in langen Reihen eiserner Ständer. Die Betenden knien am Boden und lassen sich durch herumstreunende Hunde, eilig Vorübergehende oder schreiende Kinder nicht ablenken.

Großartig sind an zwei Tagen im Januar die eindrucksvollen Umzüge der *Duruthu Perahera*, die mit geschmückten Elefanten, Musik, Artisten und Umzugswagen die Menge begeistern.

Selbst an einem stillen Tag verfehlt der heilige Ort seine Wirkung nicht. Schon vom Deich des Kelani-Flusses sieht man am Ende einer Treppenflucht die weiß gekalkten Schmuckbögen des Südtors (der deutsche Tierparkgründer Hagenbeck nahm sie als Vorbild für das Portal seines Zoos in Hamburg). Eifrige Studenten der *Pirivena*, der dem Kloster angeschlossenen Hochschule, streben ihren Klassenräumen zu. Die schneeweiße Dagoba mit der seltenen Reishaufenform gleißt rätselhaft in der Sonne und gibt das Geheimnis um den angeblich darin eingemauerten juwelenbesetzten Thron nicht preis, von dem herab Buddha vor zweieinhalb Jahrtausenden gepredigt haben soll.

Foto: Robert Riethmüller

GAMPAHA

Weniger die im Dunstkreis der Hauptstadt Colombo stark angewachsene Distrikthauptstadt **Gampaha** ❾ selbst, sondern eher der **Botanische Garten von Henerathgoda** ist hier der Anziehungspunkt, 2 km nordwestlich des Ortszentrums. Während er heute ein beliebtes Ausflugsziel der Einheimischen ist, erfüllte er im vorigen Jahrhundert einen wichtigen anderen Zweck: Hierher brachte man im Jahr 1876 an die 2000 Keimlinge der aus Brasilien geschmuggelten Samen des Kautschukbaums (*Hevea brasiliensis*), schon vorgekeimt im Botanischen Garten von London, Kew Gardens. Sie entwickelten sich in dieser tropischen Umgebung so prächtig wie in ihrem Herkunftsgebiet Südamerika und waren der Grundstock für die heute in Süd- und Südostasien verbreiteten Kautschukkulturen. Einige der Veteranen dieser ersten außerhalb Brasiliens gezogenen Bäume stehen noch im Park von Henerathgoda, und die Gärtner zeigen sie mit großem Stolz.

» Karte S. 60, Info S. 75-77

NEGOMBO

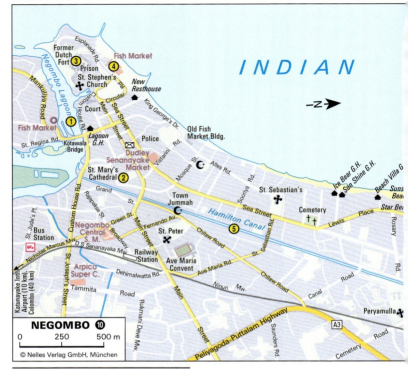

*NEGOMBO

Der schnellste Weg zum Strand: Von **Katunayake**, dem **Internationalen Flughafen**, sind es nur etwa 10 km nach *Negombo ❿. Die Lage des Ortes am Eingang der von kleinen, modernen Fischereifahrzeugen geprägten, 15 km langen **Negombo-Lagune** ① prädestiniert es zur Hafenstadt. Die 8 km lange Sandküste und die Airport-Nähe machen Negombo zum beliebten Ferienziel, das mit guten **Fischlokalen** lockt. Sehenswert ist der große morgendliche **Fischmarkt** südlich der **Kotawala Bridge**.

Die fast 150 000 Bewohner – mehrheitlich Christen, was Kirchen wie die große barocke **Marienkathedrale** ② belegen – leben von Fischfang und Tourismus oder pendeln mit Bus oder Bahn ins 40 km entfernte Colombo.

Zur Sicherung der Hafeneinfahrt bauten Portugiesen und Holländer am Nordausgang der Lagune ein kleines **Fort** ③, von dem nur noch das **Tor** von 1678 und Mauern erhalten und zu besichtigen sind. Dahinter liegt das **Gefängnis**, vor dem meist Angehörige und Besucher der Inhaftierten warten.

Östlich davon erstreckt sich bis zum 1 km entfernten Bahnhof die lebendige Innenstadt. Nördlich davon beginnt der viele Kilometer lange Strand, den am südlichen und nördlichen Ende Fischer dominieren. Manche stechen noch per **Auslegerboot** mit braunen Segeln in See. Ein kleinerer **Fischmarkt** ④ fin-

NEGOMBO

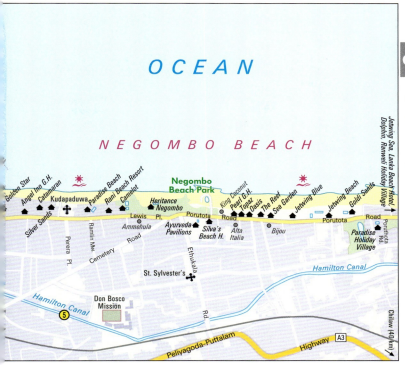

det täglich vormittags nahe dem Fort statt. In Zentrumsnähe findet man viele kleine, preiswerte Pensionen und Hotels, nordwärts breiten sich am **Strand** einige größere Hotelkomplexe aus; auf einer Strecke von über 3 km prägen **Badehotels** bis zur 5-Sterne-Kategorie die Szenerie. Weiter im Norden haben dann wieder die Fischer die Oberhand.

Holländischer Kanal am Meer

Negombo war für die portugiesischen und holländischen Kolonialherren ein idealer Ausfuhrhafen für Zimt. Anfangs beutete man nur die Wildpflanze im Urwald aus, später gelang die Kultivierung. Unter den Holländern konzentrierten sich die Zimtplantagen im Küstengebiet. Im Hinterland entstand die küstenparallele Wasserstraße **Dutch Canal** vom Kelani Ganga zur Lagune von Negombo und weiter nordwärts nach Puttalam; der küstennähere Nachfolger **Hamilton Canal** ⑤ wurde dem alten Kanalsystem hinzugefügt.

Dieses über 100 km lange Wasserstraßennetz erschloss die Zimtgärten und machte den Schiffsverkehr während der Stürme des Südwestmonsuns sicherer. Frachtschiffe nutzen die Kanäle kaum mehr: heute kann man per **Leihrad** oder mit **Ausflugsbooten** die Wasserwege und ihre Ufer erkunden. Touristen- und Sportboote passieren auf den stillen Gewässern Kokoshaine, üppige Hausgärten, Sumpfwiesen und eine reiche Vogelwelt.

NEGOMBO

Im Gebiet südlich von Negombo breiten sich durchgrünte Wohnviertel rund um die Lagune und den Hamilton Kanal aus. Weiter östlich reist man seit 2013 auf dem 25 km langen *Colombo-Katunayake Expressway* E 03 vom Flughafen rasch zur New Kelani Bridge. Die von den Chinesen erbaute Autobahn verläuft streckenweise in der Nähe alter Kanalabschnitte.

Wer Zeit hat, dem sei als alternativer Verkehrsweg von Negombo zum Kelani River die stille Straße direkt an der Küste oder, soweit möglich, am Kanal entlang empfohlen. Radfahrer genießen hier die üppig grüne vorstädtische Landschaft und gelangen hie und da an die Meeresküste. Auf den 20 km Kanalstrecke zwischen Fluss und Negombo-Lagune verkehren Ausflugsboote.

Das vogelreiche Brackwasserareal **Muthurajawela Marsh** südlich der Lagune hat in Pamunugama ein Besucherzentrum, es organisiert Bootstrips.

Oben: Beim Fischfang vor Negombo werden noch die traditionellen Oruwa-Boote verwendet. Rechts: Am Hamilton-Kanal.

Kirchen an der Küste

In Negombo und vielen anderen Küstenorten nördlich des Kelani Ganga fällt die Vielzahl christlicher **Kirchen** auf, die meisten sind katholisch. Ein erheblicher Teil der Fischer aus der niederen Kaste der *Karavas* konvertierte in der Portugiesenzeit zum Christentum und entkam so dem Kastenzwang.

Kirchenfeste kennzeichnen die örtliche Kultur. Das erste Fest im Jahr gilt dem heiligen **Sebastian** am 20. Januar. An jedem Ort mit Sebastianskirche richtet die Gemeinde einen geschmückten Flaggenmast auf – wie bei hinduistischen Festen – und veranstaltet lebhafte, bunte Umzüge und die Verteilung eines Almosen-Essens, was an buddhistische Bräuche erinnert.

Berühmt sind die **Passionsspiele** von **Duwa** ⓫, der Fischergemeinde am äußersten Ende der Nehrung, gegenüber dem Fort von Negombo. Alljährlich am Karfreitag gestalten die Ortsbewohner die Aufführung bei ihrer **Kirche** am Meer und in Negombo vor Tausenden von Besuchern.

CHILAW

NACH CHILAW

Die bestens asphaltierte Straße A 3 führt nach Norden über den Fluss **Maha Oya**, wo in **Waikkal** ⓬ ein prächtiger weißer **Sandstrand** und weitere Hotels nahe schönen kolonialzeitlichen Villen warten, eine attraktive und fast ebenso flughafennahe Alternative zum langgestreckten Touristenstrand von Negombo. 15 km nördlich hat sich an **Strand** und der **Lagune** von **Marawila** ⓭ ebenfalls eine Ferienanlage entwickelt.

Eine Reiseebene unterbricht kurz vor **Madampe** Kokosplantagen und Hausgärten. Den nötigen Bewässerungsteich schuf ein lokaler Fürst, nach dem der **Tanniya Vallabahu Devale** seinen Namen erhielt. Vor dem Tempel mahnt das Standbild eines sich aufbäumenden Pferdes: Wer hier achtlos vorbeireist, dem wird ein Unglück zustoßen wie dem Reiter dieses Pferdes: Es warf ihn ab, als er ohne Tempelspende vorüber reiten wollte.

Nordwärts geht es weiter durch ein Meer von Kokospalmen. In **Chilaw** ⓮ ist die Nordspitze des „Kokosdreiecks" erreicht. Die anderen beiden Eckpunkte sind Colombo im Süden und Matale 85 km landeinwärts. In diesem Bereich findet fast die Hälfte der Kokosproduktion des Landes statt, seit 1929 hat das **Coconut Research Institute** seinen Platz in **Lunuwila** nördlich von Negombo.

Chilaw liegt am Ausgang einer Lagune, dem **Chilaw Lake**, und besitzt hier einen kleinen, malerischen **Fischereihafen** mit **Fischmarkt**. Eine Brücke führt zum langen **Sandstrand** der Nehrung. An der Stelle der früheren holländischen Festung befindet sich das renovierte **Rest House**. In neuester Zeit hat es Konkurrenz durch modernere Hotels bekommen: So punktet das 500 m entfernte **Chilaw City Hotel** nicht nur mit fortschrittlicherer Ausstattung, sondern auch mit seiner hervorragenden Lage zwischen Meer und Lagune.

Im Februar und zwischen August und Oktober gibt es anlässlich mehrerer Feste Grund für Hindus, zum **Munnesvaram Kovil** (3 km östlich Chilaw auf der Straße B 79 Richtung Kurune-

KALPITIYA

gala) zu pilgern. Sein Standort gilt als der des ältesten Shiva-Tempels in Sri Lanka. Die Gläubigen halten ihn für die Stelle, an der Rama, der Held des Ramayana-Epos, ein Opfer vollzog, bevor er mit seiner befreiten Gattin Sita nach Indien zurückkehrte. Die Portugiesen zerstörten das Heiligtum 1578 vollständig, erst 1753 begann man mit dem Wiederaufbau, An- und Umbauten erfolgten bis zum 20. Jahrhundert. Verboten wurden erst 2013 die dort vollzogenen Tieropfer.

3 km nördlich von Chilaw quert man am **Deduru Oya** die historische Grenze zwischen den alten singhalesischen Landesteilen Malayarata (Feuchtregion, westliches Bergland) und Rajarata (bewässerte nördliche Trockenzone).

Die gut ausgebaute A 3 führt nach Norden fast schnurgerade parallel zur Eisenbahn an dem flachen **Mundal Lake** ⓯ mit seinen Garnelenzuchten entlang.

Oben: Kokosmilch wird überall als Erfrischung angeboten. Rechts: Manchmal braucht der Linienbus ein wenig Starthilfe.

HALBINSEL KALPITIYA

Biegt man von der A 3 in **Palavi** nach Westen in die B 349 ein, quert man die Sumpflandschaft, die nordwärts zur **Puttalam Lagune** ⓰ überleitet. Die rechteckigen Becken am Südrand der Lagune künden von der Trockenheit dieser Gegend: Hier wird **Salz** gewonnen.

Die verkehrsarme Nebenstraße führt auf die über 50 km lange **Nehrung**, die nach dem im Norden gelegenen Hauptort Kalpitiya als **Kalpitiya Peninsula** (Halbinsel) bezeichnet wird. Der südliche Teil der B 349 ist gut asphaltiert, was wohl auch mit dem neuen **Kohlekraftwerk** von Norocholai und seinem kleinen Versorgungshafen zusammenhängt.

Am Meer entlang breiten sich spärlich bewachsene **Sanddünen** aus, die gelegentlich **villu**, Seen, einschließen. Diese Landschaft bietet sich für Gäste an, die Wassersport und Naturbeobachtung miteinander verbinden möchten: Nördlich des Kraftwerks, entlang einer bildschönen, ungestörten Strandpartie

TALAIVILLU

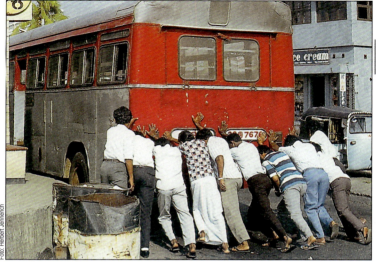

der Gemeinde **Etalai**, sind eine Reihe kleiner und sehr geschmackvoll gestalteter Hotels entstanden. Wassersport von Tauchen über Seekajakfahren bis Kitesurfen ist möglich; das Equipment kann man sich ausleihen.

In dieser kargen Landschaft, schön gelegen nahe dem Meer, ragt in **Talaivillu** ❼ (auch: Talawila) die prachtvolle katholische **St. Anne Church** auf, wo einem Portugiesen einst die heilige Anna erschien. Ein großer Park mit Kreuzwegstationen und ausgedehnte Pilgerunterkünfte gehören dazu. Tausende von Katholiken, aber auch Muslime, beleben am 26. Juli die sonst so stille, öde Landschaft.

Ganz anders die üppige Haffseite der Kalpitiya-Halbinsel: Sie ist vom Grün der Hausgärten und Kokoswälder bestimmt, ihre flachen Ufer sind im Winter Rastplatz unzähliger Zugvögel, und daher auch ein Eldorado für Ornithologen. Das kleine **Ruwala Resort** direkt an der **Puttalam-Lagune** ist auf Naturfreunde bestens eingestellt.

Durch ausgedehntes Marschland im nördlichen Teil der Halbinsel gelangt man in das Städtchen **Kalpitiya** ❽ mit seinen Moscheen und Kirchen. Es besitzt einen geschützten Hafen am Nordausgang der Lagune, der **Dutch Bay** genannt wird. Nachdem die Holländer die portugiesischen Jesuiten, die hier intensive Kolonisationsarbeit geleistet hatten, 1644 vertrieben hatten, versahen sie den Ort mit rechtwinkligem Straßennetz und sicherten ihn durch ein kleines **Fort**, das heute von der Marine besetzt ist, und bauten eine reformierte **Kirche**.

Einsame Inseln, attraktive Tauchspots und die Nähe zu einigen Hauptsehenswürdigkeiten Sri Lankas, wie den alten Königsstädten der Trockenzone oder dem Wilpattu-Nationalpark (s.u.), ließen bei Sri Lankas Tourismusplanern im Norden der Halbinsel sowie auf der sich nördlich fortsetzenden schmalen **Insel Karaitivu**, den Inseln der Dutch Bay und **Portugal Bay** schon seit Jahren neue Hotelzonen im Geiste entstehen. Hier, wo seit undenklichen Generationen bis heute Fischer ihrem harten Beruf nachgehen, sollen künftig Luxushotels sprießen. Für die

DAMBADENIYA

PUTTALAM / *WILPATTU N.P.

Die Distrikthauptstadt **Puttalam** ⓵⓽ hat ca. 45 000, überwiegend muslimische Einwohner. Die Hauptstraße A 3 endet hier und findet ihre Fortsetzung in der gut ausgebauten A 12.

Wenige Kilometer nördlich der Stadt liegen Dschungel, aber auch wiederbelebte historische Stauteiche und neues Reisland – das historische Gebiet der singhalesischen Bewässerungszivilisation. Die Geschichte dieses heute so dünn besiedelten Landes reicht aber noch weiter zurück: **Pomparippu** ⓶⓪, 35 km nördlich von Puttalam über schlechte Wege zu erreichen, birgt ein steinzeitliches **Gräberfeld**. Weitere 25 km nach Norden, wo die Küste ein markantes Kap bildet und nach Osten zurückspringt, muss der Hafen des einstigen **Kudiremalai** gelegen haben, den frühe Seefahrer aus Indien und Arabien genutzt haben mögen.

Diese beiden Stätten liegen im trockenen Teil des 1938 geschaffenen ***Wilpattu-Nationalparks**. Seine berühmte **Tierwelt** (darunter Leopard, Elefant und Lippenbär) kann nach langjähriger Sperrung (aus militärischen Gründen) nun wieder bewundert werden, die dezimierte Fauna erholt sich zusehends. Von der A 12, an der Wilpattu Junction ca. 35 km vor Anuradhapura, kommt man zum **Parkeingang**, von dort fahren Jeeps in den Park; der Fahrer fungiert als Führer.

DAMBADENIYA

Zu den schrecklichsten Zeiten der Geschichte Sri Lankas gehörte das Regime von Magha aus Kalinga im östlichen Indien: 1215 riss er die Herrschaft über die Insel an sich, erst mit seinen Tod 1236 war sie beendet. Während die Singhalesen sich aus dem Rajarata zurückzogen und Rettung in den Bergen und dem undurchdringlichen, feuchten Südwesten der Insel suchten, hielten Mönche den Heiligen Zahn, das

Verwirklichung dieser Zukunftsvisionen rückt nur zögerlich näher: Am weißen **Strand** der südlichen Kalpitiya-Lagune eröffnete 2011 ein kleines Luxushotel, ein paar nette Öko- und Sporthotels gibt es ebenfalls, aber für die 5000 geplanten Hotelbetten lässt vor allem die nötige Infrastruktur zu wünschen übrig.

Die herrlichen Strände und traumhaften Inseln der Dutch Bay bleiben solange noch für große Touristenströme verschlossen, wie die Straße nach Kalpitiya eher einer Piste ähnelt. Davon lassen sich jedoch die Kitesurfer nicht beirren: Sie nutzen begeistert die zuverlässigen Winde, die an den Stränden von Kalpitiya von Mai bis Oktober herrschen. Aber auch von Dezember bis März kann man oft günstige Windverhältnisse erwarten. Die Surfschule **Kitesurf Lanka** (Kandakuliya Beach Road, östlich von Kalpitiya) erschließt dieses Paradies für Wassersportler.

Oben: Einer der seltenen Leoparden im Wilpattu-Nationalpark. Rechts: Im Tal des Maha Oya vor dem nächsten Regenguss.

PANDUWAS NUWARA

Symbol des rechtmäßigen Königs, in Kotmale, im weit entfernten und unzugänglichen Hochland verborgen. 1232, also noch vor Maghas Tod, bestieg Vijayabahu III. den Thron. Er brachte die Reliquie von Kotmale in die neue Hauptstadt **Dambadeniya** ㉑, 35 km von der Westküste entfernt, 5 km nördlich des Flusses **Maha Oya** (über B 27/308, auf halbem Weg zwischen Negombo und Kurunegala).

Die alte Hauptstadt Polonnaruwa war ihm versperrt; auch traute er sich nicht, die Heilige Zahnreliquie ständig in der Nähe seines neuen Palastes aufzubewahren. Für sie ließ er 25 km südöstlich eigens einen Zahnpalast auf dem in der Wildnis aufragenden Felsen Beligala errichten (siehe Seite 123).

Auch für seinen Königssitz hatte er sich vorsichtshalber einen mächtigen Felshügel ausgesucht, von dem aus die Umgebung gut überschaubar war. Erst sein Sohn und Nachfolger, Parakramabahu II. (1236-1270), holte den Zahn nach Dambadeniya und baute ihm den **Vijayasundarama-Tempel** am Fuß des Hügels, wo sich noch heute ein größeres Kloster befindet. Der doppelstöckige **Zahntempel** trägt Malereien aus späterer Zeit. Die **Festungsmauer** wurde teilweise wiederhergestellt. Zu dem in malerischer Landschaft gelegenen **Festungshügel** führen 300 Stufen, von den **Palastanlagen** ragen hier und da Fundamente aus dem üppigen Bewuchs. Unvergleichlich ist die **Aussicht** vom Gipfel, der ein beliebter Meditationsplatz der Mönche des heutigen Klosters ist.

*PANDUWAS NUWARA

Bevor Parakramabahu I. (1153-1186) zu einem der bedeutendsten Singhalesenkönige wurde, erbte er von seinem Onkel die Herrschaft über Dakkhinadesa, die Provinz südwestlich von Rajarata. Obwohl es keine eindeutigen Beweise dafür gibt, nimmt man an, dass er *Panduwas Nuwara ㉒ zu seiner Hauptstadt machte (an der B 79, auf halbem Weg zwischen Kurunegala und Chilaw, jeweils ca. 35 km).

Die Anlagen aus dem 12. Jh. sind noch nicht vollständig untersucht. Der

PANDUWAS NUWARA

von einem Graben geschützte, mehrere Meter breite Wall der **Zitadelle** fasst eine Fläche von 300 x 285 m ein und besitzt nur einen Zugang von Osten. Der **Palast** im Inneren besteht aus einem Zentralbau (30 x 27 m) mit mächtigen Backsteinwänden, die weitere Geschosse aus Holz tragen konnten, und einer ihn umgebenden Galerie. Er erinnert stark an Parakramabahus Palast in Polonnaruwa (s. S. 193). Wie dort, so gibt es auch hier über den Zweck der einzelnen Räumlichkeiten nur Mutmaßungen. Durch eine Inschrift im ersten Saal auf der Südseite weiß man von einem Besuch des Königs Nissanka Malla an dieser Stelle: Er schaute sich hier Tanzdarbietungen an. Dem fürstlichen Freizeitvergnügen dienten vermutlich auch Teiche und Brunnen im weiteren Bereich der Zitadelle.

Außerhalb befinden sich auf ausgedehntem Gelände zahlreiche Dagobas, Statuenhäuser und weitere Einrichtungen, die auf Tempel und Klöster schließen lassen. Über älteren Ruinen befindet sich auch ein modernes Kloster, beliebtes Ziel von Pilgertouristen, die die Überreste des Turmes bestaunen, in dem König Panduwasudewa im 5. Jahrhundert v. Chr. seine Tochter Ummani Chitra wegen ihrer unheilvollen Prophezeiungen festhielt. Er soll dort begraben sein.

Ein kleines, noch ausbaufähiges **Museum** liegt am Eingang zum Ruinenbezirk; direkt an der Hauptstraße, etwas weiter östlich, ein **Kotavehera** genannter, in den Fundamenten restaurierter Tempel mit ungewöhnlich tief gelegenem Zentralraum.

Wer auf dem Weg von Kurunegala nach Anuradhapura einen stillen Tempel aufsuchen möchte, sollte am **Padeniya Vihara** ㉓ (A 28, 25 km ab Kurunegala) Halt machen. Er besitzt ein kandyzeitliches **Statuenhaus** auf geschnitzten Pfeilern. Man schaut von dem erhöhten Platz auf einen malerischen Lotosteich. Herumliegende Wächterstelen und einige Steinsäulen erinnern daran, dass dieses Gebiet zum klassischen Singhalesenreich gehörte.

Oben: Wer so pfiffig lächelt, bleibt nicht auf seinen Blumen sitzen...

COLOMBO

AVISSAWELLA (☎ 036)

BUS: Häufige Abfahrten Richtung Colombo, Ratnapura, Nuwara Eliya.

Sitawaka Maligawa (ein Neubau der Verwaltung des Cultural Triangle steht auf dem Gelände). Sie erreichen ab A7 über Seitenstraße westlich der Brücke am östlichen Ortsausgang. **Berendi Kovil** über Seitenweg östlich derselben Brücke; beide sind frei zugänglich.

COLOMBO (☎ 011)

 Sri Lanka Tourism, 80, Galle Road, Colombo 3, Mo-Fr 9-17 Uhr, Tel. 242 6900, Hotline 1912; www.srilanka.travel, www.sltda.gov.lk. Büro im Internationalen Flughafen in Katunayake 24 Std. geöffnet, Tel. 225 2411.

Alle **Hotels der Luxusklasse** bieten in ihren Restaurants internationale, aber auch begrenzt einheimische Küche.
Restaurants mit besonders gutem Ausblick auf die Stadt bieten das **Kingsbury Hotel**, etwas eingeschränkt das Galadari Hotel mit dem **California Grill**.
Mit Ausblick auf den Hafen: **Harbour Room** im Grand Oriental Hotel, 2, York Street, Colombo 1.
The Curry Leaf Garden Restaurant im Colombo Hilton befindet sich in einem Pavillon im Garten des Hotels: Beste sri-lankische Küche in einer grünen Oase mitten im Zentrum.
Ministry of Crab, ganz frische Krabben von klein bis riesig, Garnelen, Fisch – immer tagesfrisch, Chicken ist auch zu haben; Ambiente: schlicht-modern im ältesten Gebäude des Forts: Dutch Hospital Shopping Precinct, 18-23 Uhr, Canal Row, Tel. 2342722.
Palmyrah Restaurant, im Hotel Renuka, bekannt für sehr gute nord-sri-lankische (Jaffna) Küche, 328 Colombo 3, Tel. 257 3598.
Cricket Club Café, beliebtes Lokal in Kolonialvilla mit Garten. Nicht nur Cricket-Fans fühlen sich in entspannter Atmosphäre zwischen Fanartikeln wohl – beim Lunch, Dinner oder Cocktail am Abend. V.a. westliche Küche. Queens Rd 34, Colombo 3, Tel. 250 1384.

The Gallery Cafe – Paradise Road, feines Café und Restaurant, naturnahes, modernes Design in stillem Innenhof, 2, Alfred House Rd. off Alfred House Gardens, Colombo 3, Tel. 258 2162.
Seafish Restaurant, sehr gutes traditionelles Fischrestaurant, 15, Sir Chittampalam A. Gardiner Mw., Colombo 2, Tel. 232 6915.
Sea Spray Restaurant, Fisch, Meeresfrüchte, ein schöner Platz für einen Tee oder Kleinigkeiten ist auch die zum Meer gewandte Terrasse des Galle Face Hotels, 2, Galle Road, Colombo 3, Tel. 254 1072.
Wenn *rice and curry* nicht mehr schmecken: **Pizza Hut**, 321 A, Union Place, Colombo 2, Bestell-Hotline Tel. 272 9729; **KFC** am Einkaufszentrum Majestic City oder **McDonald's**, 498, Galle Rd., Colombo 3.

FLUG: Internationaler Flughafen **Bandaranaike International Airport**, Katunayake, 35 km nördlich Colombo-Fort. **Sri Lankan Airlines**: Tel. 077 777 1979 (24-Std.-Hotline), 19733-5555 (Reservierung, Fluginformation), www.srilankan.lk.
Inlandflüge: **Nationaler Flughafen Ratmalana**, 12 km südlich von Colombo-Fort.
BAHN: Colombo-Fort: wichtigster Bahnhof des Landes, alle Orte mit Bahnanschluss können von hier erreicht werden. Alle Fahrpläne, Preise und Infos: www.railway.gov.lk.
Radjhani Express, Sonderfahrten mit historischen Nostalgiezügen, Ticketcounter im Bahnhof Colombo Fort, Tel. 071 132 9448, www.rajadhani.lk.
BUS: Der zentrale Busbahnhof (*Central Bus Stand*) liegt östlich des Bahnhofs Colombo-Fort an der Olcott Mw. und in den Seitenstraßen ringsum, bes. Bastian Street; Auskünfte SLTB Tel. 011-755 5555.
TAXI: Kilometer-Preis ist eigentlich festgelegt, trotzdem den Fahrpreis vorher klären.
DREIRADTAXI (*threewheeler, tuk-tuk*): Preiswert und schnell für Kurzstrecken, Preise aushandeln.
STADTRUNDFAHRTEN PER BUS: In historischen englischen Doppeldeckerbussen Fr, Sa, So, drei Tourvarianten, 2 1/2 oder 4 Std., ab Dutch Hospital Shopping Precinct und Beginn ab bestimmten Hotels, s. www.colombo-citytours.com, Tel. 281 4700, 077 759 9963.

COLOMBO / MITTLERE WESTKÜSTE

National Museum Colombo, tgl. außer Fei 9-18 Uhr, Sir Marcus Fernando Mawatha, Col. 7. Auf der Gebäuderückseite: **National Museum of Natural History**, tgl. außer Fei 9-18 Uhr; 106, Ananda Coomaraswamy Mw. nebenan:
National Art Gallery, Wechselausstellungen
Mahaweli Centre, Erläuterungen zum Bewässerungsprojekt Mahaweli Programme; 96, Ananda Coomaraswamy Mw., Mo-Fr 9-16 Uhr.
Dutch Museum, 95, Prince Str., Pettah, Di-Sa 9-17 Uhr, Fei geschlossen.
Maritime Museum, Church St, neben Sambodhi Chaitiya am Hafen, tgl. 10-19 Uhr.
Janakala Kendraya, Sunil Mw. (östl. v. Parlament), tägl. außer an Feiertagen 9-20 Uhr.

Geldwechselstuben sind besonders zahlreich in der südlichen York Street.

EINKAUFSZENTREN: **House of Fashion**, Outlet-Shopping für die ganze Familie. Keine großen Marken, aber modische Ware von Zara etc. Schnäppchenpreise. 28, De Mel Mawatha/Visak Rd, Colombo 4. **Liberty Plaza**, R. A. De Mel Mw./ Ecke Dharmapala Mw., Colombo 3. **Majestic City** und **Unity Plaza**, Galle Road/ Ecke Station Rd. Bambalapitiya, Colombo 4. **Crescat Boulevard**, 75, Galle Road, neben Cinnamon Grand Hotel, gegenüber der Touristinfo.
BÜCHER: **Lakehouse Bookshop**, im Liberty Plaza Einkaufszentrum. **Vijitha Yapa** mehrere Filialen, u. a. gegenüber Majestic City EKZ. **Buddhist Cultural Centre**, 125, Anderson Road, Nedimala, Dehiwala (buddhist. Bücher). **Barefoot**, in diesem Kunstgewerbegeschäft auch große Auswahl Kunst- und Sri-Lanka-Literatur , 704, Galle Rd., Colombo 3.
LANDKARTEN: **Mihikata Map Center**, Min. of Land and Land Developm., Land Secretariat, 1200/6, Rajamalwatta Mw., Battaramulla.
STOFFE, KLEIDUNG, KUNSTGEWERBE, ANTIQUITÄTEN: **Barefoot**, handgewebte Stoffe, daraus gefertigte Kleidung und Heimtextilien; Kunstgewerbe, 704, Galle Road, Colombo 3, Tel. 258 9305. **Odel**, mehrere Filialen; modische Kleidung, 5, Alexandra Place, Colombo 7, Tel. 267 0840. **Raux Brothers**, ausgesuchte Antiquitäten, 137 Bullers Rd. Colombo 4, Tel. 259 4494. **Paradise Road**, 213, Dharmapala Mw., Colombo 7, Tel. 268 6043, einige weitere Filialen im Zentrum; umfangreiche Auswahl an Heimtextilien und Kleinmöbeln, bes. im **Paradise Road Studio**, 12, Alfred House Gardens, Tel. 250 6844. **Rithihi**, exquisite Saris, 19, Alfred House Gardens, Tel. 258 1988. **Lak Salu Sala**, handgewebte Stoffe, 93, Jawatte Mw., Col. 5, Tel. 257 5940. **Cotton Collection**, Baumwollsachen, Filiale u.a. Liberty Plaza.
TEE: **Sri Lanka Tea Board, Tea Sales Center**, 574/1 Galle Rd, Col. 3, Mo-Sa 9-17 Uhr.

Nawaloka Hospital, 23 Dharmadasa Mw., Colombo 2, Tel. 254 4444.

CHILAW (☎ 032)

BAHN: Mehrmals täglich Colombo und Puttalam.
BUS: Häufig nach Colombo, mehrm. tägl. nach Puttalam, Anuradhapura, Kurunegala.

Munneswaram Kovil und Ausgrabungsgelände **Panduwas Nuwara**, an der Strecke Chilaw-Kurunegala. **Museum Panduwas Nuwara**, tägl. außer Di 8-17 Uhr.

GAMPAHA (☎ 033)

BAHN: Häufige Verbindungen nach Colombo, Halt der meisten Züge nach Kandy und Anuradhapura.
BUS: Viele Busse nach Colombo, häufige Abfahrten nach Kandy und Kurunegala.

Botanischer Garten Henerathgoda, geöffnet täglich 8-17.30 Uhr, Autos sind auf einigen Wegen des Parks zugelassen, Bootstouren.

KALPITIYA (☎ 032)

WASSERSPORT, WESTKÜSTE: **Makara Resorts**, Elanthadiya, Norochcholai, Tel. 077-772 32 72, www.dolphinbeach.lk.
NORDKÜSTE: **Kitesurfing Lanka (KSL)**, Surfschule, Kite-Ausflüge zu Inseln der Dutch Bay, Kiteshop; Kandakuliya Beach Rd, Kalpitiya, www.kitesurfinglanka.com.

MITTLERE WESTKÜSTE

KATUNAYAKE (☎ 011)

BUS: Shuttlebus ab Flughafengebäude alle 15 Min zur Busstation Katunayake, dort Abfahrten nach Colombo, Kandy u.a.
TAXI: Ständig einsatzbereit, derzeit vorgeschriebene Preise s. www.airport.lk.

KITHULGALA (☎ 036)

Ausgangspunkt für Wanderungen, Vogelbeobachtungen, Rafting auf dem Kelani River etc. Organisation u. a. durch **The Plantation Hotel**, an der A 7 (Avissavella-Nuwara Eliya) Tel. 228 7575, mit Restaurant.

MARAWILA (☎ 032)

BUS: Häufige Verbindungen nach Colombo und nach Chilaw.

AYURVEDISCHE BEHANDLUNGEN: Hotel **Club Palm Bay**, beim All-inclusive-Aufenthalt, Thalawila Wella, Thoduwawa, Marawila, Tel. 0845-1546218 www.club-palm-bay-hotel-marawila-sri-lanka.en.ww.lk.

MORATUWA (☎ 011)

BUS: Sehr häufige Abfahrten Richtung Colombo und Galle.
FLUG: Flughafen für Inlandflüge Ratmalana s.o. Colombo, Inlandflüge.

MOUNT LAVINIA-DEHIWELA (☎ 011)

Buba Beach Seafood Restaurant, Fischgerichte in Hütten, im Süden v. Mount Lavinia; Ende der Station Rd. links, Tel. 273 2190, www.bubabeach.com.
Boat House Café (Haus Chandra), der Gast wählt seinen Fisch selbst, der dann bestens zubereitet wird, 37, Beach Rd., Mt. Lavinia, Tel. 273 0236.
Casserole, modernes, preiswertes Familienrestaurant im ersten Stock des Family Super Complex an der Hauptstraße, 253, Galle Rd., Mt. Lavinia, Tel. 273 3333.
Steam Boat, gute Portionen und preiswert, fein zubereiteter Fisch u. a., auch Lieferdienst, 43, 8A, Beach Road, Mt. Lavinia, Tel. 280 7380:
Loon Tao, Strandrestaurant in rustikalem Holzhaus mit chinesischen, sri-lankischen und Thai-Gerichten, 43/12 College Ave. Tel. 272 2723.
Seafood Cove (Mt. Lavinia Hotel), hier trifft sich, um mal richtig fein auszugehen und den grandiosen Blick aufs Meer zu genießen, 100, Hotel Road, Tel. 271 1711.

BUS: Von/nach Colombo in Minutenabständen.

WELLNESS: CocoSpa, im Mount Lavinia Hotel, 100, Hotel Road, Tel. 271 1711.

NEGOMBO / WAIKKAL (☎ 031)

Restaurants mit westlicher Küche nahe oder in den Strandhotels. Empfehlenswerte lokale Küche in Negombo: **Pearl**, 13 Porutota Road, Tel. 492 7744, www.pearl-negombo.com, prachtvoller Meerblick und ausgezeichnetes Seafood. Schöne Aussicht bei einem Sundowner oder Abendessen auch nebenan im beliebten **King Coconut**.

AYURVEDISCHE BEHANDLUNGEN: Hotel **Ayurveda Pavilions**, klein, überschaubar, ortsnah: von Einzelanwendungen bis zu mehrwöchig. Kuren, Ethukala, Tel. 227 6719, www.jetwingayurvedapavillions.com.

BAHN: Alle 2 Std. Richtung Colombo.
BUS: Alle 10 Minuten nach Colombo.
TAXI: Günstige Fahrten zum Flughafen.

PANADURA (☎ 038)

BUS: Terminal an der Kreuzung A 2/ A 8 (Richting Ratnapura): ständige Abfahrten in Richtung Colombo und Galle; Ratnapura ca. ein-/zweistündlich.

WADDUWA (☎ 038)

AYURVEDA: Siddhalepa Ayurveda Health Resort, Samanthara Rd, Pothupitiya, www.ayurvedaresort.com.

BERUWALA

KALUTARA

DIE SÜDWESTKÜSTE

Ein tropisches Paradies

**KALUTARA
BERUWALA
BENTOTA / AMBALANGODA
HIKKADUWA
GALLE**

DIE SÜDWESTKÜSTE

Seit 2011 ist der **Southern Expressway** im Hinterland die rasche Alternative gegenüber der 115 km langen Küstenstraße **A 2** zwischen Colombo und Galle. Doch dank vieler Ortsdurchfahrten und bezaubernder Meeresausblicke ist man auf der A 2 Land und Leuten ganz nahe – wenigstens einmal sollte man auf ihr entlangfahren.

*KALUTARA

Nur 129 km lang ist der **Kalu Ganga** (Schwarzer Fluss), bildet aber eine sehr breite Mündung am Meer bei der Distrikthauptstadt *Kalutara ❶. Seine Schiffbarkeit ab Ratnapura, ermöglicht durch Zuflüsse aus der Gegend des regenreichen Adam's Peak und des Sinharaja-Walds, wurde bis weit ins 20. Jh. genutzt: „Kaffeeboote" transportierten Hochlandprodukte zur Küste und brauchten je nach Wasserstand bis zu vier Tagen. Heute lädt der Fluss zu **Kanu- und Schlauchboottouren** ein.

Mit der breiten Hauptstraße gibt sich Kalutara (40 000 EW) fast großstädtisch. Der Tempel *Gangatilaka Vihara** am südlichen Flussufer prägt die Stadteinfahrt. Während der kleine alte Tempel, an dem die vorbeireisenden Gläubigen für gute Fahrt beten, auf der Westseite der Hauptstraße liegt, glänzt schon von fern an der Ostseite eine riesige weiße Dagoba. Ein rundum laufendes Band von Fenstern an der Basis der Kuppel verrät die moderne Konstruktion: Man kann sie betreten. Sie erweist sich als Dach für eine kreisrunde Halle mit einer kleinen, weißen Dagoba darin: der eigentliche Reliquienschrein. Über den Fenstern zeigt ein gemalter Fries Buddhalegenden. Der Blick nach Nordosten schweift über das undurchdringliche Grün der Flussniederung und die Plantagen der westlichen **Sabaragamuwa-Berge** bis zum dunklen Hochlandmassiv; an klaren Tagen schaut der Kegel des Adam's Peak hervor. Eine Unterführung nahe dem Flussufer verbindet beide Teile der großen Tempel- und Klosteranlage. Die Straße ist so verbreitert, dass die Fahrer aus beiden Richtungen problemlos halten können, um ihr Gebet zu verrichten und ihren Obolus in die kleinen Opferstöcke zu werfen.

Zur Kolonialzeit lag das Hauptgeschäft der Stadt im Zimthandel. Zwar wachsen immer noch zahlreiche Zimtbäume im Hinterland, aber vor allem fallen hier Kokoswälder, Gummiplantagen, Reisniederungen und tropische Obstgärten auf.

Vorherige Seiten: Im Südwesten locken Traumstrände wie der von Hikkaduwa. Links: Beim Fischmarkt in Beruwala.

» Karte S. 82, Info S. 93-95

SÜDWESTKÜSTE

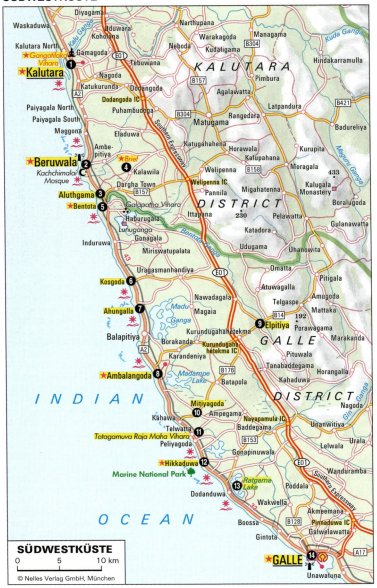

BERUWALA

Die 3 km lange **Nehrung** von **Kalutara-Süd** bietet Platz für weitläufig angelegte **Strandhotels**. Weiter südlich wird es eng für Straße und Bahn: Sie drängen sich näher und näher an den Strand, bis sich beide in **Paiyagala** kreuzen, unweit der Kirche und dem **Denkmal** für den 2015 anlässlich des Papstbesuchs heilig gesprochenen portugiesischen Missionar **Pater Joseph Vaz** (1651-1711). Wer auf der A 2 fährt, hat zwischen **Maggona** und **Beruwala** immer wieder Aussicht auf den malerischen, palmengesäumten **Sandstrand**. Am Küstenstreifen wächst ein dichtes Gebüsch aus Pandanusbäumen (Schraubenpalmen), deren Wurzeln wie Stelzen aus dem Boden ragen.

*BERUWALA

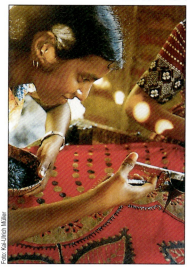

Foto: Kai-Ulrich Müller

Die gut asphaltierte breite Hauptstraße durchquert *Beruwala ❷. Wer an der Küste bleiben will, fährt in Richtung Westen auf einer schmaleren Straße. Das unerwartet weite Rund der Bucht schließt mit einer kleinen, erhöhten Landspitze ab. Kräftig umspült das Meer den Felssporn von der Westseite, doch die liebevoll verzierte schneeweiße **Kachchimalai Moschee** trotzt den Winden und steht sicher auf dem Hügel (*malai*). Sie ist nicht so alt wie die Geschichte der Moors in Sri Lanka, dem islamischen Teil der Bevölkerung, aber eine der ältesten. Sie erinnert daran, dass diese geschützte Bucht der erste Landeplatz der Muslime auf der Insel ist. Ursprünglich aus dem arabischen Raum stammend, hatten im 7. Jh. einige an Indiens Küsten Fuß gefasst. Von diesen setzten etliche etwa im 8. Jh. nach Sri Lanka über und blieben. Viele weitere Glaubensgenossen sollten ihnen folgen. In Beruwala leben auch heute noch mehrheitlich Moors, die hier besonders mit Fischfang und Edelsteinhandel beschäftigt sind.

Oben: Batik – ein zeitaufwändiges Kunsthandwerk.

In einem Gedenkraum auf der Ostseite der Moschee steht der Sarkophag von Scheich Ashraff. Für ihn wird etwa Anfang November, am Ende eines *bohari mulu* genannten 30-tägigen Rezitationsgottesdienstes, eine große Gedenkfeier veranstaltet. Die Gemeinde bereitet ein reichhaltiges Festmahl, in den Straßen rund um die Moschee reihen sich bunte Verkaufsbuden, die festtäglich gekleideten Familien präsentieren sich. Wie überall in muslimischen Gemeinden des Landes wird auch hier das Ende des Fastenmonats Ramadan festlich begangen.

Malu – Fisch!

Eine **Steinmole** östlich der Moschee schützt viele bunte Fischerboote. Die größeren von ihnen sind hochseetüchtig und laufen mit meist vier Mann Besatzung für etwa einwöchige Törns die über 400 Seemeilen (740 km) entfernten Fischgründe der Malediven an. Die kleineren Boote, Einbäume mit hoher Bordwand und Ausleger, gehen in Küstennähe oft nachts auf Fang.

BERUWALA / BRIEF

Zur **Fischauktion** in der **Markthalle** am Strand kommen morgens Einzelhändler per Auto, Moped oder Fahrrad, besorgen sich ein wenig zerschlagenes Eis von einem Lastwagen der Eisfabrik und verpacken die erhandelten Fische in Kisten für den Weiterverkauf.

Natürliche Wellenbrecher

Der Küste von Beruwala sind einige felsige Palmeninselchen wie Wellenbrecher vorgelagert. Von einem blitzt nachts ein Leuchtturm in die Runde, seine Lichtstrahlen sind bei klarer Sicht sogar vom Adam's Peak, dem heiligen Berg im Hochland zu erkennen..

Am südlichen Strandabschnitt, wo Korallenriffe Schutz bieten, verbergen sich zwischen üppig blühenden Bäumen und Blumen viele größere und einige kleinere Hotels, alle mit einem dichten Zaun umgeben, die großen von Sicherheitspersonal bewacht.

Oben: Im verwunschenen Garten der Villa Brief des Bildhauers Bevis Bawa. Rechts: Mangrovenlandschaft bei Bentota.

*Brief – Paradies eines Künstlers

Auf den 6 km der A 2 zwischen Beruwala und **Aluthgama** ❸ am Bentota-Fluss machen sich die in den Palmenhainen an der Küste versteckten Hotels meist durch Schilder bemerkbar. Auch Souvenirläden und Juweliere sind untrügliche Hinweise auf die Scharen potenzieller Käufer an den blauen Hotelpools am hellen **Aluthgama Beach**.

Da verwundert es um so mehr, wie unverfälscht sri-lankisch sich das lebhafte Treiben in den Straßen von Aluthgama abspielt (Montagsmarkt) und dass auf dem Weg nach **Dharga Town** (im Zentrum von Aluthgama nach Osten auf der B 157, Zubringer zum Expressway) vom Tourismus nicht mehr viel spürbar ist. Diese Nebenstraße säumen einige gut erhaltene Villen im Kolonialstil. Hier im Hinterland hat man an die Aktiv-Urlauber gedacht und schon hier am Anfang eines Fahrradwegnetzes angelegt und ausgeschildert.

Wer *Brief ❹ sucht, bekommt ab Dharga Town (im Zentrum nordostwärts abbiegen, 5 km; die asphaltierten Sträßchen hier sind angenehm für Radler) freundlich Auskunft: Die einsame **Villa** mit **Garten** des Bildhauers Bevis Bawa (1909-1992) liegt still am Hang zwischen Kokoswäldern und Reisland und ist das Ergebnis von jahrzehntelanger liebevoller Planung und Pflege durch den Künstler und seine Freunde. Interessierte Besucher erhalten Zutritt zu diesem Paradiesgarten und dem geschmackvollen, schlichten Haus.

*BENTOTA

Der **Bentota Ganga** vollführt einen großen Bogen nach Süden, bevor er nordwärts in den Indischen Ozean mündet. Dadurch entstand die schmale, 2000 m lange **Halbinsel** „Paradise Island", eine märchenhafte Lage für Hotels. Einige sind nur per Boot erreichbar; nördlich vom Ort *Bentota ❺, auf dem stellenweise keine hundert Meter

BENTOTA

breiten Sandstreifen zwischen Fluss und Meer, dem **Bentota Beach**, ist für eine Straße kein Platz. Der fehlende Landzugang erweist sich als romantisch für den neu angekommenen Gast: Nach langem Flug und Landtransfer tuckert er mit einer kleinen, bequemen Fähre durch üppiges Tropengrün zum ersehnten Ziel seiner Urlaubswünsche.

Dank des Southern Expressway lässt sich der Feriengenuss recht flott erreichen, ganz Eilige fliegen über den Flugplatz Aluthgama ein. Mehrere neue Luxushotels und Ayurveda-Zentren liegen zwischen Hauptstraße und Strand. Der stille küstennahe **Dedduwa Lake** wird als zukünftiger Hotelstandort angesehen. Auf der Ostseite des Sees ist das einstige Anwesen **Lunuganga** des bekannten sri-lankischen Architekten Geoffrey Bawa (Bruder von Bevis, s.o.) eine luxuriöse Bleibe mit sechs Suiten und einem bezaubernden Park.

Der breite Bentota-Fluss, in dem u.a. **Krokodile** leben, und seine Lagune laden zu **Bootsausflügen** ein. Ein interessantes Ziel ist das Kloster **Galapatha Vihara**; ein steinerner Türrahmen stammt aus dem 12. Jh., ansonsten kann man hier einen modernen, bunt ausgemalten Tempel besichtigen.

Alkohol-Rekord

Von Induruwa nach Kosgoda verläuft die A2 wieder nahe dem Strand; zwischen Kokospalmen erhascht man erfrischende Aussichten aufs Meer. Wer in die Kronen der **Palmen** hinaufblickt, findet viele von ihnen mit parallelen Kokosseilen verbunden. Darauf balancieren morgens und abends **Toddy Tapper**, Palmweinzapfer, um den leicht säuerlichen, milchig-trüben Palmsaft aus den über die Blüte gestülpten runden Krügen abzusammeln. Sie schneiden den Blütenstumpf erneut an, damit der Saft weiterhin herausläuft. Das leicht berauschende Getränk wird ab frühmorgens an die hiesige Männerwelt verkauft oder per Ochsenkarren zu den *Arrack*-Brennereien (Branntwein aus *toddy*) geschafft. In Sri Lanka dürfen hochprozentige alkoholische Getränke nur in lizenzierten Läden verkauft werden.

KOSGODA

KOSGODA

Im Fischerdorf **Kosgoda** ❻, wo die Straße Abstand zum **Sandstrand** hält, finden sich hübsche Hotels. In Strandnähe kümmert man sich – u.a. im **Kosgoda Sea Turtle Conservation Project** – um die Rettung bedrohter **Meeresschildkröten**. Fünf Arten leben an Sri Lankas Küsten. Hauptursache ihrer Ausrottung ist das Absammeln der essbaren, tischtennisballgroßen Eier, die die z. T. riesigen Tiere – ihr Panzer kann einen Durchmesser von über 1m haben – einfach im Küstensand ablegen. Naturschützer zahlen den Küstenbewohnern ein paar Rupien für die Eier, die in abgezäunten Arealen vergraben und von natürlicher Wärme erbrütet werden. Sind die kleinen Schildkröten geschlüpft, bewahrt man sie drei Tage in Wasserbecken auf, dann entlässt man sie ins Meer. Touristen lernen Wissenswertes über Schildkröten, dürfen die

Oben: Toddy tappers (Palmweinzapfer).
Rechts: Eiablage einer Riesenschildkröte bei Kosgoda, bewacht von Naturschützern.

Kleinen am Meer aussetzen und eine Spende hinterlassen.

AHUNGALLA

Entlang der Westküste versetzen Meereswogen und Südwestwinde den Sand nordwärts; Strandwälle und Nehrungen bilden sich am Küstensaum und den Flussmündungen. **Ahungalla** ❼ besitzt einen hellen, langen (allerdings strömungsreichen!) **Sandstrand** mit einem großen, 1981 von Stararchitekt Geoffrey Bawa designten Komforthotel: dem **Heritance Ahungalla**; romantisch: Candlelightdinner am Strand oder Pool.

*AMBALANGODA

Südlich des bedeutenden Fischereizentrums **Balapitiya** berührt die Straße wieder stellenweise das Meer. Der **Sandstrand** ist an vielen Stellen in anmutige kleinere Buchten gegliedert.

***Ambalangoda** ❽ hat überregionale Bedeutung als Fischerei- und Marktort. Es ist Zentrum der leben-

AMBALANGODA

digen Volkskultur der Südwestküste: **Maskenschnitzerei** und **Tanz**; beides gehört zusammen. Im *****Maskenmuseum** und der **Maskenwerkstatt** erhält man einen Einblick in Herstellung und Verwendung der Masken. Die Masken- und Tanzexperten der Familie Wijesooriya haben erkannt, dass die traditionellen Maskenspiele immer weniger gepflegt werden und das Wissen darüber verloren zu gehen droht. Mit **Tanzschule** (dem Museum gegenüber, Proben meist nachmittags an Wochentagen) und Werkstatt bemühen sie sich erfolgreich, die alten Kenntnisse und Künste zu bewahren.

Zwei grundverschiedene Arten von Tänzen kennt diese Gegend: *Kolam* zur Erbauung und Belehrung, und das exorzistische Heilritual *Sanni yakuma*. Zu den Kolam-Spielen sind immer die Figuren von König und Königin nötig, weil ihnen die Erfindung des Maskenspiels nachgesagt wird; sie tragen besonders aufwendige, hohe Masken. Das Sanni yakuma gehört streng genommen zur traditionellen Medizin. Wird ein Kranker nicht gesund, mag es an den Dämonen liegen, die das Verhältnis zwischen dem Kranken und seiner sozialen Umgebung stören und daher Krankheit hervorrufen. Das Ritual, bei dem verschiedene Tänze, aber auch Reinigungszeremonien eine wichtige Rolle spielen, besteht im Anlocken, Besänftigen (Bezahlen!) und schließlich Fortschicken der Dämonen. Der Anführer der 18 *Sanniya* genannten Krankheitsdämonen heißt *Maha Kola*. Sein Maskengesicht ist zum Fürchten und enthält auch die 18 Sanniyas, je neun links und rechts, die jeweils für ein Krankheitsbild zuständig sind. Zusätzlich hat jeder einzelne Sanniya seine eigene charakteristische Maske.

Im Museum erhält man ein aufschlussreiches Büchlein über Masken und Tänze; im Verkaufsraum und auch in weiteren Geschäften des Ortes werden reichlich Souvenirs angeboten.

Um die Bushaltestelle in der Ortsmitte pulsiert sri-lankisches Geschäftsleben. Die kleinen Gästehäuser des Ortes sind etwas für Individualreisende, die Lokalkolorit suchen. Der Ort hat einen aktiven Fischereihafen und ist

AMBALANGODA

wichtiger Knotenpunkt für den Handel mit dem dicht besiedelten Hinterland.

In den Dörfern entlang der B 14 Richtung Osten nach **Elpitiya** ❾ geht es seit Eröffnung des Southern Expressway lebhafter zu; doch weiter ostwärts, in den Ausläufern des **Sabaragamuwa-Berglands**, kehrt Ruhe ein.

MITIYAGODA

Im Vergleich zur Küstenstraße A 2 und der Autobahn E01, die ca. 10 km von der Küste entfernt verläuft, bleibt die grüne Natur des Hinterlands fast ungestört, wie der mangrovengesäumte **Lake Madampe**, den man am besten mit Booten erreicht. Das Meeresufer weiter südwärts bietet einen ständigen Wechsel von dunklen, aufgetürmten Felsen und bezaubernden Sandbuchten.

Auf den folgenden 12 km nach Süden bietet die Fahrt wieder wundervolle Ausblicke auf den Indischen Ozean. In **Kahawa** zweigt eine Nebenstraße nach **Mitiyagoda** ❿ ab (ca. 4 km).

Oben: In der Tanzschule von Ambalangoda.

Moonstone-Schilder weisen auf den hier abgebauten **Mondstein** hin. Das ist zwar nur Feldspat, ein häufiges, recht weiches Mineral und eigentlich kein Edelstein; hier jedoch zeigt es eine einmalige zart bläuliche Tönung, und man kann es durch Cabochon-Schliff in mondfarben schimmernde Schmuckstücke verwandeln. Wer der harten Arbeit der Bergleute zuschauen möchte, kann sich zu den **Gruben** in der sumpfigen Niederung führen lassen.

Biegt man von der A 2 in **Telwatta** in die Straße ein, die am Bahnhof vorbeiführt, erreicht man ca. 200 m weiter bei einer Straßenkreuzung das Kloster **Totagamuva Raja Maha Vihara** ⓫. Seine Geschichte spiegelt beispielhaft das Schicksal buddhistischer Tempel im südwestlichen Landesteil wider. Es gilt als sicher, dass zur Zeit des Königs Vijayabahu (1055-1110) der Tempel längst existierte. Totagamuva Vijayabahu Pirivena war eine bedeutende Einrichtung zur Zeit von Totagamuva Sri Rahula, der hier um die Mitte des 15. Jh. Abt und der herausragendste Gelehrte seiner Zeit war. Er gilt als

HIKKADUWA

Lehrer des Königs Parakramabahu VI. (1412-1467). 1580 soll das Kloster während des marodierenden Missionsfeldzugs des portugiesischen Feldherrn de Souza, bei dem auch das berühmte Heiligtum Devundara (Kap Dondra) fiel, zerstört worden sein.

Der tropische Dschungel wuchs darüber, aber um 1765 wurde die Stelle des berühmten Tempels wiederentdeckt. Es war die Zeit der Wiedererweckung des buddhistischen Glaubens unter König Kirti Sri Rajasinha (1747-1782). Hier entstand ein neues **Kloster** mit Statuenhäusern, Dagoba, Kapitelhaus, Predigthalle, Mönchsquartieren, Glockenturm und zwei Devales. Auch die **Wandmalereien** stammen aus dem 18. und 19. Jh., ausgeführt von *Sittara*, örtlichen, tief gläubigen Künstlern. Sie malten Legenden über das vorbildliche Leben Buddhas (*charitha*) und die beispielhaften Taten seiner früheren Existenzen (*jataka*). An den Wänden der Statuenhäuser erkennt man diese Geschichten wieder, vielleicht auch mit Hilfe der Erklärungen eines Mönchs.

Das Küstendorf **Seenigama** erlangte traurige Berühmtheit durch die Flutwelle 2004: Die meisten der einfachen Häuser wurden fortgespült, hunderte Bewohner mussten ihr Leben lassen. Aber auch das Hinterland wurde betroffen: Die gewaltige Woge ergriff einen Zug und tötete 1500 Passagiere. Einige **Waggons** blieben als **Mahnmal** an der Unglücksstelle. An der Küstenstraße markiert eine segnende **Buddhastatue** den Ort des schrecklichen Unglücks.

*HIKKADUWA

Der Nachbarort *Hikkaduwa ⓬ zieht sich kilometerlang an der Küste hin. Mit bemerkenswertem Elan ging in dieser Hochburg des Küstentourismus der Wiederaufbau nach dem Tsunami 2004 vonstatten, nur an wenigen Stellen erinnern Ruinen an die Flut.

Die Meinungen über Hikkaduwa schwanken zwischen „Tropenparadies"

und „touristischem Alptraum". Beide haben ihre Berechtigung: Herrlichen Strand bietet der südliche Abschnitt; das klare Wasser lädt zum Baden, Tauchen, Surfen und Kitesurfen ein. Hikkaduwas berühmte **Korallenbänke** haben durch Besucher und eine kurzzeitige Meereserwärmung etwas gelitten, sind aber sehenswert und als **Meeres-Nationalpark** geschützt. Östlich der Hauptstraße ist das stille Hinterland mit seinen Palmenhainen und blühenden Hausgärten sehr reizvoll.

Kein anderer Badeort Sri Lankas hat eine solche Auswahl an Hotels – es gibt nur wenige große und fast ausschließlich solche aus dem mittleren bis unteren Preissegment –, Pensionen, Restaurants und Souvenirläden.

Die Vielzahl ausländischer Gäste hat dazu geführt, dass findige Einheimische und ausländische Zugereiste es den Touristen so heimisch wie möglich machen wollen. Die Gäste stammen aus allen Kontinenten und zahllosen Ländern; in allen möglichen Sprachen kann man hier unkompliziert bedient werden, muss weder auf *spaghetti carbonara* noch auf deutschen Käsekuchen verzichten. Viele, die Hikkaduwa immer wieder als Ferienziel wählen und sich dort fast wie zu Hause fühlen, wissen die Vielfalt des touristischen Angebots bei moderaten Preisen und die professionelle Erledigung ihrer Wünsche sehr zu schätzen. Viele Hoteleigner haben auch die Zeichen der Zeit erkannt und ihre Häuser modernisiert und den heutigen Ansprüchen angepasst.

Meditationsinseln im Ratgama Lake

Ganz still ist es bei einer Bootsfahrt auf dem **Ratgama Lake** ⓭ (6 km südlich von Hikkaduwa, im Dorf **Dodanduwa**, entweder beim Tempel **Kumara Raja Maha Vihara** nahe dem Bahnhof oder bei der folgenden Nebenstraße ins Binnenland abbiegen).

» Karte S. 82, Stadtplan S. 90, Info S. 93-95

HIKKADUWA

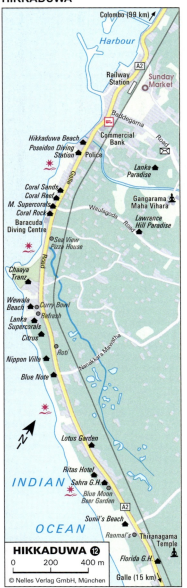

Ein Weg führt bis ans Ufer, wo meist Einbäume mit Auslegern bereitliegen. Auf den Querbalken sitzend, lässt man sich, etwa zwei Stunden lang, an den mangrovenbestandenen Ufern entlang und um die Inseln des Sees rudern, beobachtet Eisvögel, Kormorane, Krokodile und Warane, genießt die Stille. Die beiden Inseln **Parappaduwa** und **Polgasduwa** dürfen nur auf Einladung betreten werden; sie sind Meditationsklöster für Mönche, unter ihnen einige Ausländer. Gern gesehen sind Gäste im **Gangarama-Tempel** am Westufer: Ein Klosterschüler schließt das Statuenhaus auf, die Besucher dürfen dann Standbildgruppen bestaunen, die sehr drastisch von dramatischen Situationen aus grausigen Legenden erzählen.

★GALLE

Während der Southern Expressway 5 km nördlich von ★**Galle** ⑭ durchs Hinterland verläuft, verlässt die A 2 hier die Küste nicht. Eine nach Süden vorkragende Halbinsel schützt die große Bucht von Galle vor dem Südwestmonsun, aber Korallenriffe und Untiefen erschweren den Schiffen die Einfahrt. Ende des 19. Jh. beendete Colombos Hafenausbau Galles Funktion als wichtigste Hafenstadt der Insel. Heute ist es Provinzhauptstadt, Sitz vieler Handelsfirmen (meist von Moors), Industriestadt und mit 100 000 Einwohnern der Hauptort von Sri Lankas Südwesten.

Viele Besucher der Stadt schlagen zielstrebig den Weg zum ★★**Fort** ein. Während die tief liegenden Teile der Innenstadt 2004 vom Tsunami hart getroffen wurden, blieb die befestigte Altstadt, UNESCO-Welterbe seit 1988, fast verschont: Die hoch aufragende, jahrhundertealte **Festungsmauer** mit neun see- und drei landseitigen Bastionen bot Schutz – ein Werk der Holländer, nach der Eroberung des vormals portugiesischen Forts 1640. Innerhalb der Mauern bauten sie eine Siedlung mit rechtwinkligem Straßennetz. Der

GALLE

einzige Zugang lag östlich der drei Hauptbastionen am Hafen, wo sich auch heute noch ein kleinerer Torweg, das **Old Gate** ①, öffnet. Das Torhaus aus der Holländerzeit mit dem Wappen der Vereinigten Ostindischen Kompanie beheimatet das **Nationale Meeresmuseum**. Dieser enge Durchlass in die Altstadt ist beim Tsunami-Unglück 2004 von hereinstürzenden Wassermassen beschädigt, aber längst erneuert worden, sodass auch das Museum wieder seine umfangreichen Exponate der Unterwasserarchäologie präsentiert.

1796 begann die Herrschaft der Engländer. Sie brachen eine neue Öffnung, das **New Gate** ②, in den mehrere Meter dicken landseitigen Wall, durch die auch heute der hauptsächliche Verkehr in die Festung führt. Nicht weit davon markiert der **Clocktower** von 1883 in etwa die Stelle, wo man einen guten Blick von der **Mauer** auf die Esplanade mit Cricket-Stadion und Busbahnhof

Oben: Galle hat viel von seiner kolonialen Bausubstanz bewahrt (Meeran-Moschee, vormals portugiesische Kirche).

und die Großstadt dahinter hat.

Schöne Aussichten aufs Meer bieten sich von der am weitesten südlich gelegenen Bastion, am **Flag Rock** ③, oder dem **Leuchtturm** ④ (Bild S. 34). Unterhalb von ihm verfällt ein Gebäude, das die Holländer seit 1782 als **Pulvermagazin** bauten. Gegenüber glänzt die doppeltürmige weiße **Meeran-Moschee** (eine alte portugiesische Kirche), die an den hohen Anteil muslimischer Fort-Bewohner erinnert.

Viele Gebäude stammen aus der Kolonialzeit; 2014 wurde das **Old Dutch Hospital** ⑤ in der Hospital Street als Ladenpassage mit mehreren Restaurants exquisit restauriert; den lang gestreckten doppelstöckigen Arkadenbau errichteten die Holländer im 17. Jh. Er bietet damals wie heute erfrischende Aussichten auf die Hafenbucht.

Eine beschauliche Welt für sich ist in der Leyn Baan Street 31-39 das seit vielen Jahren in einem alten Kolonialhaus eingerichtete private Museum **Historical Mansion** ⑥ mit Shops.

Einige koloniale Bauten dienen als Unterkunft: Eine ehemalige Druckerei

» Stadtplan S. 92, Info S. 93-95

GALLE

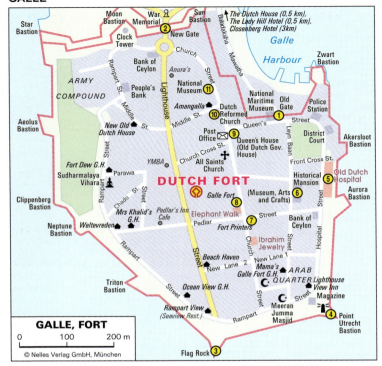

wandelte sich zum Boutiquehotel **Fort Printers** ⑦. Die Luxusherberge **Galle Fort Hotel** ⑧ war einstmals ein Kaufmannshaus.

Durch die Queen's Street, vorbei am **Queen's House** ⑨ einst Sitz des englischen Gouverneurs, flutet in dieser ansonsten stillen Stadt stärkerer Verkehr – zu den Gerichten und Verwaltungen.

Die kreuzförmig angelegte **Holländische Reformierte Kirche** ⑩ von 1754 in der Church Street steht vis à vis dem eleganten Luxushotel **Amangalla** (vormals New Oriental Hotel). Es wurde 1684 als Verwaltungsgebäude errichtet und dient schon seit 1863 als Hotel. Das **Nationalmuseum** ⑪ nebenan präsentiert, eher bescheiden, ebenfalls die Welt der Kolonialzeit.

Westlich außerhalb des Forts, im gepflegten **Dharmapala Park** am Meer, erholen sich zumeist Einheimische, er hat hübsche Plätzchen für ein Picknick.

Eine Halbinsel flankiert auch die Ostseite der Hafenbucht, wo ein moderner **Jachthafen** entsteht. An der Spitze des Landrückens leuchtet eine weiße Dagoba. Ein gewisser Captain Bailey baute Ende des 19. Jh. auf die Halbinsel seine Luxusvilla mit Meeresblick, heute das stilvolle, von Grün umgebene **Closenberg Hotel**.

Luxuriöse Kolonialhotels sind auch das **Dutch House** oberhalb des Zentrums und nahebei das restaurierte und exquisit eingerichtete **Sun House**; unübertroffen ist die Aussicht vom **Lady Hill Hotel** an höchster Stelle der Stadt.

SÜDWESTKÜSTE

AHUNGALLA (☎ 091)

BAHN und **BUS** entlang der Strecke Colombo – Galle; Busse verkehren in häufiger Folge.

Elefantenritte, Ballonfahrten u.a. organisiert Hotel Heritance Ahungalla, Galle Rd, Tel. 555 5000. **Bootstouren** ab Madu-Brücke, ca. 4 km südl. Ahungalla, buchbar durch Hotels, auf dem Madu Ganga (Fluss) und der angeschlossenen Lagune.

Ausflugsziele: siehe Hinweise unter Aluthgama, Ambalangoda, Bentota, Beruwala, Dodanduwa, Galle, Hikkaduwa, Kosgoda.

AKURALA / AMBALANGODA (☎ 091)

Sumudu Tourist Guest House, seit Jahrzehnten gute sri-lankische Küche, familiäres Ambiente in kolonialer Villa, Reservierung erbeten, 418, Main St., Patabendimulla, nahe Maskenmuseum, Tel. 225 8832.

BAHN: Ambalangoda ist Haltestelle für Schnellzüge Colombo-Galle.
BUS: Häufige Verbindungen zwischen Galle und Colombo und ins Hinterland. Expressbus nach Maharagama/Colombo 2x tägl. ab Elpitiya.

Maskenmuseum, tägl. ca. 8-18 Uhr, angeschlossen sind Werkstatt für die Herstellung von Masken und ein Verkaufsraum, 426, Patabendimulla (direkt an der scharfen Kurve der A 2 am nördlichen Ortseingang), Ambalangoda.
Schule für traditionellen Tanz, gegenüber dem Maskenmuseum, Übungsstunden in der Regel Mo-Fr 14-17 Uhr; Tanzunterricht möglich, Tel. 225 8948.

ALUTHGAMA (☎ 034)

Pier 88 Restaurant, Familienrestaurant hinter dem Nebula-Supermarkt am Bentota-Fluss, schöne Lage für einfachen Lunch, gute Desserts, Tel. 077 7899710.

Hemadan, am Bentota-Fluss, sportliche Atmosphäre, Fischgerichte, 25 River Ave., Tel. 227 5320.
Muthumuni River Resort, srilankische Ayurveda- und intern. Küche, Blick auf die Lagune, 16 Galle Rd., Moragalla, Tel. 227 6766.
Singharaja, Bäckerei und Restaurant, an d. Hauptstraße, 120 Galle Rd, Kaluwamodara.
Terrena Lodge, sympathisches Gartenrestaurant unter österreichischer Leitung am Bentota-Fluss, River Ave., Tel. 428 9015.

BAHN: Schnellzughalt der Strecke Colombo – Galle.
BUS: Wichtiger Busbahnhof auf halber Strecke zwischen Colombo und Galle, da hier zahlreiche Verbindungen ins Hinterland. beginnen.

Preise für Dienstleistungen oder Hotels sind stark **saisonabhängig** und meist verhandelbar. Da der Bentota-Fluss zum Baden weniger geeignet ist, bieten die am Fluss gelegenen Hotels in der Regel kostenlose **Bootstransfers**, z. T. auch Tuk-Tuk-Fahrten an die nahe Meeresküste.

Auf dem Fluss ist **Wassersport** sehr beliebt, z. B. Wasserski, Windsurfen, angeboten u. a. beim Hotel Ganga Garden, 126/27 Galle Road, Kaluwamodara, Tel. 227 1770, www.ganga-garden.com. Der Shop und Verleih für Wassersportausrüstung Sunshine Watersports Center, River Ave., Tel. 428 9379, führt auch **Schnorcheltouren** und **Surfkurse** durch.
Rad fahren im Hinterland: Ein **Fahrradwegenetz** ist stellenweise ausgeschildert; z. B. zur Villa des Künstlers Bevis Bava, Brief, s.u.

Brief Garden, Villa und artenreicher, parkähnlicher Garten des 1992 verstorbenen Bildhauers Bevis Bawa, tägl. 8-17 Uhr, Eintritt ca. 1000 Rs, falls geschlossen, klingeln, Tel. 567 6298.

Geschäfte und Marktstände für die Einheimischen im Zentrum, Lokalkolorit ist garantiert; sri-lankische Gewürze können hier deutlich preiswerter sein als in „Touristengeschäften".

SÜDWESTKÜSTE

BENTOTA (☎ 034)

Restaurants in allen größeren Hotels, schöner noch in **Susantha Garden**, Resort Rd., Pitaramba, Tel. 227 5324, www.hotelsusanthagarden.com, mit schönem Garten und gepflegter internationaler und srilankischer Küche im Freien.
Die Küche des **Ayubowan**, 171 Galle Road, Tel. 227 5913, www.ayubowan.ch, macht einen interessanten Spagat zwischen Italien, der Schweiz und Sri Lanka.
Kleinere Restaurants im Süden von Bentota, wie **Golden Grill**, Tel. 227 5455, servieren chinesische Delikatessen, v.a. Seafood.

BAHN: Viele Züge zwischen Colombo und Galle halten hier, aber nicht alle Schnellzüge.
BUS: Ständig Verbindungen Richtung Colombo und Galle.

AUSFLÜGE: Die meisten Hotels bieten Bootsfahrten auf dem Fluss an, oft mit Motorbooten. Durch den Lärm werden allerdings die Tiere verscheucht. Auf Auslegerbooten, die gerudert werden, erlebt man die stillen Mangrovenlagunen und ihre Tierwelt besser. **Schildkrötenfarm**: weiter südl. in Kosgoda an der Galle Rd. ausgeschildert.
AYURVEDISCHE KUREN:
Sri Budhasa Ayurveda Resort, in den Hotels **Paradise Island**, und **SunSea Villa**, www.sribudhasa.com.

Vom Fluss, z. B. per Bootstour,, aber auch auf dem Landweg erreichbar: Kloster **Galapatha Vihara**, 4 km östlich der A 2, täglich geöffnet.

Der **Club Bentota**, Tel. 227 5167/68-71, bietet Jetski, Wasserski, Surfen, Tennis, Squash, Volleyball und weitere Sportarten, www.clubbentota.com.

BERUWALA (☎ 034)

Alle Hotels haben eigene Restaurants; in deren Umgebung findet man zahlreiche kleine Restaurants mit überwiegend westlicher Kost; in der Nähe des Ortszentrums gibt es eine Anzahl einheimischer Restaurants.

BAHN: Der Bahnhof von Bentota ist mehrere Kilometer von den Hotels entfernt, meist ist der Bahnhof von Aluthgama die günstigere Alternative, dort halten auch die Schnellzüge Colombo-Galle.
BUS: Busstation im Ortszentrum. Privat- und Kleinbusse halten auf Wunsch bei den Zufahrtsstraßen zu den Hotels.

Fischmarkt täglich nach Sonnenaufgang direkt an der geschützten Hafenbucht.

Die **Kachchimalai Moschee** am äußersten Ende der Hafenbucht ist nur von außen zu besichtigen. Feste finden in den umgebenden Straßen statt.

AYURVEDISCHE KUREN: **Barberyn Reef Ayurvedic Resort**, ein Pionier des Ayurveda-Tourismus, authentische Kuren (ab 2 Wochen) seit 1984, Moragalla, Tel. 227 6036, www.barberynresorts.com.
Lanka Princess Hotel, Kaluwamodara, Tel. 227 6711, www.lankaprincess.com.

DODANDUWA (☎ 091)

BAHN: Halt für Personenzüge der Strecke Colombo-Galle.
BUS: Ständige Abfahrten entlang der A 2 Richtung Galle und Colombo.

Gangarama-Tempel, freier Zugang vom See und vom Ort. Besuch der **internationalen buddhistischen Klöster** auf den Inseln Polgasduwa (Mönche) und Parappaduwa (Nonnen) nur nach Voranmeldung.
Kumarakanda-Tempel nahe dem Bahnhof, freier Zugang.

Fahrten mit **Auslegerboot** auf dem stillen **Ratgama Lake**, für Tierbeobachtungen (Warane, diverse Wasservögel) besonders am frühen Morgen oder späten Nachmittag geeignet; ca. 3-4 Personen passen in ein Boot, Kopfbedeckung nicht vergessen!

SÜDWESTKÜSTE

GALLE (☎ 091)

Lighthouse Hotel, moderne, exquisite sri-lankische Küche mit sagenhaftem Ausblick aufs Meer, Galle Rd., im Luxushotel am westl. Ortseingang, Tel. 222 3744.
Lady Hill Hotel, aufgestockte Kolonialvilla mit bester Fernsicht, angesehenes sri-lankisches Restaurant, 29, Upper Dickson Rd., Tel. 224 4322, www.ladyhillsl.com. Die innovative Küche des kolonialen Boutique-Hotels **Galle Fort Hotel**, 28 Church Street, Tel. 223 2870, beglückt Gourmets.

BAHN: Bahnhof nahe dem Fort, Schnellzug-Halt.
BUS: Busstation vor dem Fort; alle Richtungen. Expressbus nach Colombo ab 6 Uhr ca. alle 2 Std., Preise u. Zeiten: http://southern-expressbus.blogspot.com.

Fort, Rundgang ca. eine Stunde. **National Museum**, Church Street (neben Amangalla Hotel) und **Maritime Museum**, Old Gate, Di-Sa 9-17 Uhr.

Naturführungen erfragen im Lighthouse Hotel, Tel. 222 3744.

Historical Mansion, Museum, Kunstgalerie u.Verkaufsräume, täglich 8-18 Uhr, 31-39, Leyn Baan St., Tel. 438 0172.

HIKKADUWA (☎ 091)

Restaurants in Hotels u. an der Galle Road. Beliebt ist die gelassene Atmosphäre von Narigama im Süden des Orts.
Beliebte Treffpunkte: **Ranjith's**, **Ranmal's**, **Rita's** oder **Neela's**.
Internation. und Sri Lanka-Küche im neu gestylten **Citrus**, Galle Rd. 400, Tel. 438 3243

BAHN: Station im Norden des kilometerlangen Orts.
BUS: Ständig Busse Richtung Colombo und Galle, mehrmals tägl. direkt zum Flughafen Katunayake.
FAHRZEUGVERLEIH: PKW, Motorräder und Fahrräder an zahlreichen Stellen entleihbar. Vor Vertragsabschluss testen!

AUSFLUG: Beruwalage Moon Stone Mine, Domanvila, Mitiyagoda, Tel. 225 8162, Besichtigung von Mine und Schleiferei während der Arbeitszeit, tägl. Ausstellung, Verkauf; zwei weitere Minen im Ort.
AYURVEDISCHE BEHANDLUNGEN: In den Hotels **Citrus**, Tel. 438 3243, **Chaaya Tranz**, Tel. 227 8000.
AYURVEDA-KUREN: **Lawrence Hill Paradise**, 47, Waulagoda, Tel. 227 7544.

INDURUWA / KOSGODA (☎ 034)

BAHN: Personenzüge der Strecke Colombo-Galle.
BUS: Häufige Verbindungen nach Colombo und Galle.

Kosgoda Beach Resort, gutes Restaurant und Roof Top Bar in dem neu errichteten und aufgewerteten Hotelareal.

Schildkrötenfarmen (*turtle hatchery*) zu besichtigen, ausgeschildert entlang der A 2, Geldspenden sind immer höchst willkommen.

KALUTARA (☎ 034)

(siehe auch WADDUWA, S. 77)

BAHN: Personen- und Schnellzüge der Strecke Colombo-Galle.
BUS: Ständige Verbindungen nach Colombo und Galle.

Gangatilaka Vihara, direkt am Kalu Ganga und an der A 2, freier Zugang; Fußgängerunterführung unter der Hauptstraßenbrücke verbindet beide Tempelareale.

AYURVEDISCHE BEHANDLUNGEN: **Plantation Villa**, Wattalaya Watta, Nehinna, Dodangoda, versteckte Lage in ehemaliger Plantage, Tel. 077 738 2337, www.srimalplantation.com.
Avani Kalutara Resort (ehemals Kani Lanka), unvergleichlich schöne Lage an einer einsamen Landspitze zwischen Lagune und Meer, St. Sebastian's Road, Katukurunda, Tel. 429 7700, www.avanihotels.com.

UNAWATUNA

UNAWATUNA / WELIGAMA

SÜDKÜSTE

Pilgerstraße und Traumküste

UNAWATUNA
WELIGAMA
MATARA
DONDRA
TANGALLE

SÜDKÜSTE

Sri Lankas Süden profitiert sehr vom neuen **Southern Expressway** E 01: Der einst stundenlange Weg auf der A 2 über die Küstenorte von Colombo bis Galle oder Matara reduziert sich auf 60 bis 90 Minuten – die Südküste erwacht aus ihrem Dornröschenschlaf.

*UNAWATUNA

Östlich von Galle umrahmen oft Felsen die Buchten. *Unawatuna ❶ ist ein überschaubares Badeparadies, die meist kleineren Hotels liegen strandnah und schön im Grünen; der neue Wellenbrecher veränderte jedoch Korallenriff und Strömungen der Bucht. Botanische Lehrpfade locken im **Kottawa Conservation Forest**, ca. 15 km nördlich.

In **Talpe** ❷ und **Koggala** ❸ bieten moderne, große Hotels (darunter eine professionelle Ayurveda-Klinik), Meer, Palmen und Komfort. Koggala besitzt einen Flugplatz und eine Freihandelszone mit Industriepark. Hier, in der Heimat des Schriftstellers Martin Wickramasinghe (1890-1976), erfährt man auf seinem Anwesen im **Folk Art Museum** Wissenswertes zur Region.

Vorherige Seiten: Am Strand von Unawatuna. Links: Ein Trinkkokosnussverkäufer auf der Suche nach Kundschaft.

WELIGAMA

Ahangama ❹ ist mit dem anschließenden **Midigama** ein anspruchsloses, preiswertes Surferparadies. Im Hinterland wurde im 19. Jh. der Tempel von **Kataluwa** eindrucksvoll ausgemalt. Ahangamas Fischer holen ihren Fang traditionell ohne Boote und die Gefahren der Brandung ein: Im seichten Küstensaum hocken sie wie ein Vogel auf einem Ast auf in den Sand gerammten Stelzen und werfen die Angel aus – die Hauptattraktion an diesen bildschönen Strandabschnitten. Allerdings warten die **Stelzenfischer** heute eher auf fotografierende Touristen als auf Fische.

Auch **Weligama** ❺ ist berühmt wegen seiner **Stelzenfischer**. Zwei Felsblöcke nahe der Bahnlinie sind Teil eines **Natha Devale**: Aus dem größeren Felsen ist eine 4 m hohe, reich verzierte Statue herausgeschlagen. Die turmartige Haartracht zieren Medaillons mit Samadhi-(Meditations-) Buddhas. Die Figur ist wie ein reicher Prinz gekleidet und erhebt beide Hände, die rechte in *vitarka mudra* (Lehrgeste). Unter dem vorübergehenden Einfluss des Mahayana-Buddhismus im 8. bis 10. Jh. entstanden in Sri Lanka solche Bodhisattvas. Auch wenn unklar ist, wen die Figur darstellt, weist die im Volksmund gebräuchliche Bezeichnung **Kustaraja** (Leprakönig) auf einen Helfer gegen

» Karte S. 102-103, Info S. 105

MATARA

MATARA

Die abwechslungsreiche Route der Küstenstraße A 2 durch Palmenwälder, im Grün versteckte Dörfer und malerische Uferpartien führt in die Bezirkshauptstadt **Matara** ❼ – ein wichtiger Verkehrsknoten. Seit 2014 verbindet der Southern Expressway Matara mit Colombo und wird ostwärts nach Hambantota erweitert. Noch ist Matara Endstation der Züge aus Colombo, aber von der Fortsetzung ostwärts Richtung Kataragama ist die Strecke bis Beliatta mit chinesischer Hilfe in Arbeit.

Als Hafenstadt an der Mündung des **Nilwala Ganga** verlor Matara seine Bedeutung an Galle. Aber der Fluss bestimmt die Straßenführung ins nördliche Hinterland. Die Hauptstraße A 24, die sich südlich von Akuressa mit der A 17 vereinigt, begleitet ihn in sein Quellgebiet, die Berge von Sabaragamuwa. Am Randsaum der Berge, nur ein paar Kilometer nördlich von Matara, trifft man in den sanften Hügeln schon auf Tee- und Gummibaumplantagen.

Krankheiten hin; die Deutung als Bodhisattva Avalokiteshvara (mitleidsvoller Weltenherrscher) liegt nahe.

Weligama (24 000 Einw.) ist betriebsamer Hauptort für seine ländliche Umgebung. Zauberhaft ist das winzige historische **Luxushotel** auf dem Inselchen **Taprobane** (Bild S. 19) nahe Sandstrand und Straße – Paul Bowles verfasste hier in den 1950ern einen seiner Marokko-Romane und Peggy Guggenheim besuchte ihn hier.

Urlauber, die Stille wünschen, lieben die kleineren Hotels und Gästehäuser am Westende der weiten Bucht, wo die A 2 weiter weg vom Strand verläuft. Auch ein Ayurveda-Kurhotel nutzt diese Ruhezone.

Auch **Mirissa** ❻, an der Ostseite der Bucht, jenseits der Brücke über den Polwatta Ganga, garantiert Abgeschiedenheit, meist in gemütlichen, kleinen Gästehäusern im schattigen Wald.

Oben: Stelzenfischer sind seit alters her die Attraktion von Weligama. Rechts: Die moderne Dagoba in Weligama ist nach traditionellem Vorbild erbaut.

Matara hat über 100 000 Einwohner, im Zentrum mehren sich spiegelverglaste klimatisierte Geschäfte. Über die breite Brücke des Nilwala flutet dichter Verkehr, und am östlichen Stadtrand setzt der Campus der **Ruhuna Universität** eindrucksvolle Akzente.

Den einstigen Hafenplatz an der Nilwala-Mündung haben schon die Portugiesen benutzt und die Holländer mit den typischen Befestigungen des 18. Jahrhunderts gesichert. Mauern und ein enges Tor schließen die Landzunge zwischen dem Nilwala-Fluss und der Meeresküste ab. Das Gemäuer des **Holländischen Forts** wirkt massig, der moderne zentrale Busbahnhof daneben scheint trotz Erweiterung schon aus den Nähten zu platzen, und alles überragt der alte **Clock Tower** (Uhrturm) hinter den Festungsmauern. In diesem Fort liegen heute außer Villen, Schulen und dem Gefängnis die alte **Holländische Kirche**, auch einige Pensionen.

MATARA

Zu einem Schmuckstück wurde das wiederaufgebaute **Rest House** direkt am Meer; seinen Vorgänger hatte der Tsunami 2004 zerstört.

Sichtbare Spuren der Flutwelle sind am **Star Fort** nicht mehr auszumachen. Die Holländer erbauten 1765 die kleine, aber imponierende Sternschanze auf der Nordseite des Flusses; sie war durch einen Graben geschützt. Man betritt sie durch ein wappenverziertes Tor. Dahinter liegt um einen Innenhof ein fünfseitiges niedriges Gebäude mit Wehrumgang, darin ein Sammelsurium des Archäologischen Amts. Der Wachmann zeigt den Besuchern gern sein Quartier – eine frühere Gefängniszelle.

Ein imposanter Buddha

Weniger künstlerisch wertvoll, dafür aber gigantisch und für große Pilgergruppen geeignet ist die gut ausgeschilderte Klosteranlage des **Purvarama Maha Raja Vihara** in **Veherahena** ❽, 3 km östlich von Matara. Der im Freien sitzende, bemalte **Samadhi-Buddha** ist 39 m hoch, rückwärtig von einem fünfstöckigen Bilderhaus umrahmt, das sich in den Kellerräumen und unter dem Lotosteich des Vorplatzes fortsetzt. An die 20 000 Wandmalereien schmücken das Labyrinth der Räume, Treppenhäuser und Gänge. Dargestellt sind Episoden aus dem Leben Buddhas und Legenden aus seinen früheren Existenzen. Auch Porträts von Personen, die dem Tempel größere Geldsummen gespendet haben, bedecken die Wände; Name und Betrag sind deutlich zu lesen. Der Ausblick vom oberen Stockwerk der Anlage zeigt das Reisland der Nilwala-Niederung und die umgebende Palmen- und Gartenlandschaft.

Dondra

Dieser und noch ein zweiter Tempel mit gigantischer Buddhastatue (s. S. 101) sind nur wenige Kilometer von der Hauptstraße entfernt, auf der der Pilgerstrom im Juli/August ostwärts nach Kataragama zieht. Direkt am Pilgerweg liegt der buddhistische **Devinuvara Tempel** in **Dondra** ❾, dem südlichsten Ort des Landes. Ein auf-

SÜDKÜSTE

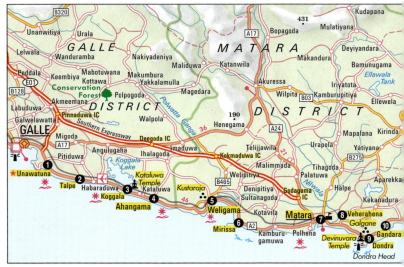

fälliger zweistöckiger **Vishnu Devale** und ein stehender **Kolossal-Buddha** beherrschen fast das Gelände, aber auch Shiva und weitere hinduistische und buddhistische Götter können hier verehrt werden. So kommen die nach Kataragama pilgernden Hindus und Buddhisten gleichermaßen zu ihrem Recht. Für viele Pilger ist bereits Dondra das Wallfahrtsziel, wenn hier im Juli/August die zehntägige Perahera stattfindet, eine prachtvolle Prozession.

Es muss im Mittelalter einen reichen, berühmten Upulvan- oder Vishnutempel am Südkap der Insel gegeben haben. Die Portugiesen zerstörten ihn im 16. Jh., sein Standort ist nicht bekannt. Ob der kleine, schlichte Quaderbau, den man ins 7. Jh. datiert und der ein paar Schritte nördlich des Tempels von **Galgane** steht, zu dieser verschwundenen Upulvan-Anlage gehört oder nicht, ist ungewiss (kleine Straße direkt nördlich vom Uhrturm Dondra, 1 km).

Sri Lankas südlichster Punkt ist am **Leuchtturm** von **Dondra Head**, gut 1 km vom Zentrum. Zur Migrationszeit im April und Dezember lassen sich von hier oben sogar **Wale** beobachten. Man kann aber auch von verschiedenen Häfen der Südküste mit Booten hinausfahren und ist dann näher dran.

Die A 2 durchquert **Gandara** ❿, 3 km östlich von Dondra. Mit dem Enthusiasmus der örtlichen Mönche, viel *shramadana*, unbezahlter, gemeinschaftlicher Arbeit der Gemeindemitglieder, und dem Know-how des Archäologischen Dienstes ist der Gemeindetempel renoviert worden. Der **Purana Maha Vihara** liegt auf einer kleinen Anhöhe direkt südlich der Straße im lichten Wald, besitzt ein Statuenhaus mit Malereien aus der Kandy-Zeit und ist eine hübsche Anlage mit bunter Blumenzier. Auch die Sozialstation des Ortes hat hier ihr Büro.

Buddha-Gigant bei Dickwella

Bis **Dickwella** ⓫ schlängelt sich die A 2 an malerischen Stränden entlang, und noch vor dem Ortszentrum hat man schon einige Hotels und die Abzweigung der breiten Straße nach Beliatta passiert. Weiterhin schieben sich viele

SÜDKÜSTE

kleine Felsgruppen ins Meer hinein; die Straße muss bis kurz vor Tangalle streckenweise wieder ins Hinterland ausweichen. Zu den Fischerdörfern an den versteckten Buchten führen kleine Stichstraßen.

Wie ein Konkurrenzunternehmen zu Veherahena erscheint der **Buduraja-Tempel** von **Wewurukannala** bei Dickwella. Hier ist der 1975 errichtete *Samadhi-Buddha 50 m hoch, und statt eines leicht verblassenden Farbanstrichs bekam er eine pflegeleichte Oberfläche aus Mosaiksteinen. Auch hier stützt ein Gebäude den sitzenden Buddha, aber es bleibt bis zur Aussichtsplattform weitgehend zwischen den Kokospalmen verborgen. Tempel und Klosteranlage bilden eine seit Jahrhunderten gewachsene Einheit: Dagoba und Bo-Baum auf erhöhter Terrasse, ein 350 Jahre altes kleines und ein barock verziertes großes Statuenhaus aus der Mitte des 19. Jahrhunderts. Komplettiert wird die Anlage durch ein Versammlungshaus und Mönchsunterkünfte, die sich um einen großen Platz gruppieren.

Nach **Kudawella** ⑫ mit seinen schmucken Fischerbooten zweigt man zwischen den Kilometersteinen 185 und 186 nach Süden ab (Hinweisschild „Peoples Bank"). Am äußersten Zipfel der Bucht, nur zu Fuß erreichbar, bieten die durchlöcherten Felsen bei starker Brandung während des Südwestmonsuns ein Naturschauspiel: Die Wassermassen pressen sich unter großem Druck in die Felsspalten und spritzen daraus in hoher Fontäne und unter unheimlichem Dröhnen in die Höhe. Die Dorfbewohner sehen es den im verzweigten Wegenetz der Siedlung umherirrenden Besuchern an, dass sie das **Blow Hole** *(hummanya)* suchen, und helfen gegen einen Obolus gern weiter; lohnend ist der Abstecher aber nur bei stürmischer See.

*TANGALLE

Vor dem Ort Tangalle fällt das **Tangalla Bay Hotel** auf. Der sri-lankische Architekt Valentin Gunasekera setzte es in schlichter Architektur wie ein stilisiertes Schiff auf die Küstenklippen

MULKIRIGALA

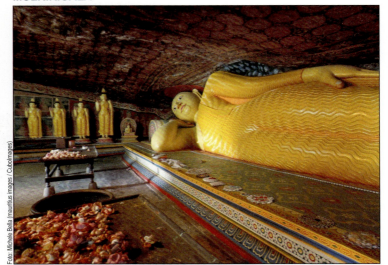

– die Gäste haben von dort einen fantastischen Rundumblick.

Auf dem zentralen Hügel des Orts *Tangalle ⓭ liegen Post, Polizei, Marinebasis, Krankenhaus und Rest House. Lebhaft ist der **Markt** im Zentrum. Nach der Katastrophe von 2004 ist nun alles neu am **Strand** von **Medaketiya**: Barfuß- und Ökohotels am schier endlosen Ufer östlich, bis zur Lagune **Rekawa**, für Gäste mit Lust auf Beachparty oder Robinsonade, Faulenzen, Vogel- oder **Schildkrötenbeobachtung** (Turtle Watch Rekawa).

*MULKIRIGALA

Durch Palmenhaine und Reisfelder gelangt man zum 211 m hohen Felsbuckel *Mulkirigala ⓮ (Mulgirigala). Von den modernen Mönchsunterkünften unten führen Treppen zu **Höhlen**, wo sich vor über 2000 Jahren Mönche mit besonders behauenen Felsüberhängen vor Regen schützten. Vorbauten

Oben: Liegender Buddha in einem der Höhlentempel von Mulkirigala.

sichern jetzt sieben ausgemalte und mit vielen Buddhaskulpturen ausgestattete Höhlen auf verschiedenen Stockwerken des Felsens. Die Kunstwerke sind jünger als die Klosteranlage, die meisten Malereien stammen aus dem 19. Jh. und stellen zumeist Buddhalegenden dar. In der bedeutenden **Klosterbibliothek** fand der Gelehrte und Kolonialbeamte George Turnour 1827 einen wichtigen Kommentar zum Mahavamsa.

Auf dem Gipfel steht eine leuchtend weiße **Dagoba**. Unvergleichlich ist die **Aussicht**: Im Süden glitzert das 15 km entfernte Meer, im Norden ragen die gezackten Hochland-Berge auf, und im Osten kann man den Dschungel der Trockenzone erahnen.

KALAMETIYA LAGOON

Gut betuchte Naturfreunde, die frühmorgens die für ihren Vogelreichtum berühmte **Kalametiya Lagoon ⓯** besuchen wollen, können in der Nähe, im Dorf **Kalametiya**, stilvoll in der feinen kleinen Landvilla **The Hide** (mit nur drei Zimmern) übernachten.

SÜDKÜSTE

AHANGAMA (☎ 091)

Kataluwa Tempel, in Ahangama die Bahnlinie überqueren, danach links.

DICKWELLA (☎ 041)

BUS: Täglich mehrmals Galle/Colombo und Hambantota/Tissamaharama.

Gute Küche im stimmungsvollen **Dickwella Resort**, Tel. 225 5271.

Wewurukannala-Buddha, 2 km nördl. A 2, Landstraße B 56 Richtung Beliatta.

Über Beliatta nach **Mulkirigala**, als Radtour zu empfehlen.

KOGGALA (☎ 091)

BAHN: Stationen Koggala, Ahangama und Talpe.
BUS: Galle/Colombo, Matara/Hambantota.

Martin Wickramasinghe Folk Art Museum, Zufahrt neben Polizei; tägl. 9-17 Uhr, www.martinwickramasinghe.org.

MATARA (☎ 041)

BAHN: Bahn-Endstation, Erweiterung nach Beliatta im Bau. Mehrmals tägl. Colombo-Fort u. Maradana, je einmal täglich nach Anuradhapura, Trincomalee, Kandy.
BUS: Busbahnhof am Fort/Clocktower, 1 km südlich vom Bahnhof. Häufig nach Galle/Colombo; tägl. Ratnapura, Hambantota.

Star Fort, freier Zugang, tägl. geöffnet, außer an Feiertagen. **Veherahena Buddha** nördl. der Stadt, ausgeschildert; freier Zutritt, gute Plätze für die Perahera am Tempelgründungstag im Dezember kosten ab 1000 Rs.

TALPE (☎ 091)

AYURVEDISCHE KUREN: **Hotel Paragon**, reines Kurhotel, 1002, Galle-Matara Road, www.ayurvedaparagon.com.

TANGALLE (☎ 047)

Bayview Restaurant, das Café ist ein beliebter Treff, schöner Blick über die Bucht, 330 Matara Rd., Tel. 224 2431.

BUS: Häufig Galle/Colombo und Südküste. Lokale Busse ins Hinterland nach Beliatta und Wiraketiya (für Mulkirigala).

NATURBEOBACHTUNG: **Rekawa-Lagune**: Schildkröten, **Kalametiya-Lagune**: Vögel, u.a., Organsation: Sri Lanka Expeditions: www.srilankanexpeditions.com.

TEMPEL: **Mulkirigala** (15 km, über Beliatta). **Naigala** und **Kasagala** an der Straße Wiraketiya-Ranna.

UNAWATUNA (☎ 091)

Happy Banana, schickes Ambiente, Seafood in schönster Strandlage, Tel. 225 0252. **Pavilion Garden Restaur. / Villa Hotel**, große Karte, internat., lokal, direkt am Strand, Tel. 224 7253, www.villa-unawatuna.com. **Wijaya Beach Café**, Gäste u. Einheimische relaxen hier: Blick auf Meer und Sonnenuntergang, Dalawella, Tel. 0777-903431.

BAHN: Station 2 km v. Strand, nur Personenzüge.
BUS: Häufig Galle/Colombo und gesamte Südküste.

Unawatuna Diving Centre, Mitte Okt.-30. April; 296 Matara Rd. Peellagoda, Tel. 224 4693, www.unawatunadiving.com.

WELIGAMA (☎ 041)

BUS: Häufige Verbindungen Richtung Galle/Colombo und nach Osten entlang der Südküste.

WALBEOBACHTUNG: Fahrten mit Fischern vom Hafen, Preis aushandeln!

Wassersport, Walbeobachtung: Mirissa Watersports, am Hafen, Tel. 077-359 7731, www.mirissawatersports.com..

YALA NATIONAL PARK

DER SÜDOSTEN

Wallfahrtsziele und Safariparks

HAMBANTOTA
BUNDALA NATIONAL PARK
YALA NATIONAL PARK
TISSAMAHARAMA
KATARAGAMA

SÜDOSTEN

*HAMBANTOTA

Auf dem Weg zur Distrikthauptstadt Hambantota durcheilt man den kleinen Ort **Ambalantota** (s. Karte S. 103). Der heute überbrückte Fluss **Walawe Ganga** unterbrach einst die Reise der Pilger; ein *Ambalama*, Pilgerherberge, gab dem Ort den Namen. Die Friese im **Girihandu Vihara**, dem alten Kloster westlich der Brücke, zeigen Szenen aus dem Leben Buddhas im Amaravati-Stil des 2.-4. Jh. n. Chr. (Anmeldung nötig).

Ca. 15 km nördlich entsteht bei **Ridiyagama** ein **Safaripark**.

*Hambantota ❶, einst bekannt für die bunten *Fischerboote muslimisch-malaiischer Fischer in der traditionellen Hafenbucht, besitzt dank chinesischer Hilfe seit 2011 westlich der Stadt den Hafen **Magampura Port** und seit 2013 den **Mattala International Airport** 25 km nördlich. Das **Mahinda Rajapaksa International Stadium** für 35 000 Zuschauer 40 km nördlich diente 2011 dem Cricket World Cup – der frühere Präsident Rajapaksa setzte in seiner Amtszeit (2005-2015) viel durch für seine Heimatgemeinde Hambantota.

Vorherige Seiten: Der Indische Nimmersatt auf Nahrungssuche im Yala-Nationalpark.
Links: Einstauben dient der Körperpflege.

Nach den schweren Tsunami-Schäden erhielt das alte Ortszentrum einen molenbewehrten **Fischereihafen** und eine ansprechende Ufergestaltung. Die alte Hafenbucht überblickt man vom **Rest House**. Weitere Verwaltungsgebäude konzentrieren sich auf diesem Hügel, ungefähr an der Stelle des kleinen Forts, das die Engländer Anfang des 19. Jh. errichtet hatten. 1908 bis 1911 erforschte hier der junge Leonhard Woolf (später Ehemann der Dichterin Virginia Woolf) seinen Bezirk. Die tiefen Einblicke in das Leben in der ceylonesischen Wildnis vermittelt er in dem Roman *Das Dorf im Dschungel*.

Dieser Teil Sri Lankas ist einige Monate im Jahr ohne Regen. Ein wichtiger Erwerbszweig ist hier die Salzgewinnung. In den *Lewaya* genannten küstennahen Lagunen verdunstet das Meerwasser, so dass die zentimeterdicke Salzkruste nur noch abgeschürft zu werden braucht – doch das ist Schwerstarbeit. **Salzgärten** sieht, wer Hambantota ostwärts auf der Nebenstraße B 251 (Lewaya Road) verlässt. Zu Beginn der Trockenzeiten bitten die Salzarbeiter Gott Kataragama, dass es während der Saison Januar/Februar und Juni bis September nicht regnen möge. Jeder Niederschlag verwässert die Konzentration der Salzlake in den Verdunstungsbecken und würde die 1200 Saisonarbeiter, unter ihnen viele Frauen, arbeitslos machen.

» Karte S. 111, Info S. 119

HAMBANTOTA

Das alte Ruhuna

Hätte einer der alten singhalesischen Könige der klassischen Zeit die Chance, heute seine Provinz Ruhuna (auch *Rohana, Ruhunu* oder andere Schreibweisen) zu besuchen, würde er sich erstaunt die Augen reiben über die weiten Flächen neu gewonnenen Reislandes. Heute versuchen größere Stauseen, wie das **Lunugamvehera Reservoir** oder der **Badagiriya Tank**, mit mehr oder weniger Erfolg die Nachteile der jährlichen Trockenperioden auszugleichen.

Das Ackerland sah im Mittelalter anders aus: Ruhuna wurde zwar schon vor über 1000 Jahren, ebenso wie das klassische Bewässerungsland von Rajarata im Norden, mittels Tankbewässerung bewirtschaftet, doch hier im Süden, so scheint es, fiel alles eine Nummer kleiner aus. Die Reservoire konnten sich mit den Großtanks des Nordens nicht messen, die Verbindungskanäle waren kürzer, die Fläche der Reisfelder war entsprechend geringer.

Auch die Siedlungen nahmen sich bescheidener aus. Die Provinzhauptstädte des Südens, Mahanagahula, eine Ruinenstadt etwa an der Stelle des heutigen Klosters **Ramba Vihara**, ca. 25 km nordwestlich von Hambantota, oder Tissamaharama (s. S. 116) kamen an die Größe von Anuradhapura oder Polonnaruwa nicht heran.

Dennoch spielte Ruhuna eine bedeutende Rolle. Es war häufig Zuflucht für aus dem Rajarata vor den Südindern geflohene Könige, die hier Kräfte und Verbündete sammeln konnten, um die Eindringlinge wieder auf das Festland zurückzutreiben. Als aber im 12. Jh. die Südinder die Bewässerungskultur vernichteten und die singhalesische Bevölkerung in das Bergland und den Südwesten der Insel vertrieben, verödete auch Ruhuna.

Daher würde jenem mittelalterlichen Singhalesenkönig heutzutage eine weitere Sache fremd vorkommen: Ganz in der Südostecke seines Reiches, wo zu seiner Zeit unterhalb kleiner Tanks

Oben: Sie leistet Schwerstarbeit unter glühender Sonne – Arbeiterin in den Salzgärten von Hambantota.

SÜDOSTKÜSTE

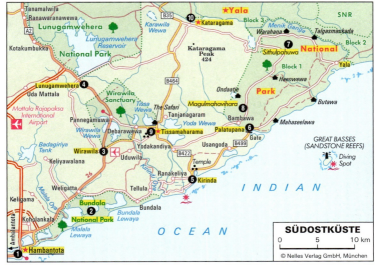

Reisanbau betrieben wurde und wo viele Klöster über das Land verteilt lagen, da haben heutzutage natürliche Flora und Fauna Besitz vom Land ergriffen, und die modernen Menschen unterstützen diesen Prozess der „Verwilderung" auch noch.

BUNDALA NATIONAL PARK

Östlich der Salzgärten von Hambantota setzen sich die Lewayas fort. Hier aber dienen sie nicht den Menschen, sondern sind Tummelplatz für unzählige Wasservögel, ganz besonders während der Winterzeit, wenn hier die Zugvögel vom asiatischen Festland rasten. Dies ist zwangsläufig ihre Endstation, denn weiter südlich erstreckt sich über Tausende von Kilometern nur noch der Indische Ozean.

In der Savanne des **Bundala National Park** ❷ finden außerdem Elefantenherden genügend Lebensraum, und in der Nähe von Siedlungen fühlen sich auch Wasserbüffel und Rinder wohl. Am Eingang (südlich der A 2, ausgeschildert) dieses ersten sri-lankischen Ramsar-Feuchtgebietes zahlt man Eintrittsgebühren und engagiert den obligatorischen Guide. Hotels bieten die nahen Orte Hambantota, Tissamaharama und Kirinda (Yala).

Die Lewayas von Bundala sind nur ein Teil der langen Kette von Lagunen für rastende Vögel; legendär für ihren Vogelreichtum sind z. B. auch die **Kalametiya Lagoon** (s. S. 104) östlich von Tangalle oder der seit 2006 als **Kumana-Nationalpark** bezeichnete frühere Nationalpark Yala East (s. S. 210).

Weitere hervorragende Vogelreviere sind landeinwärts u. a. die großen **Stauseen** von **Wirawila** ❸ und **Lunugamvehera** ❹.

Am Ostrand des Bundala-Nationalparks schlängelt sich der **Kirindi Oya**, nachdem er mehrere Reservoire gespeist hat, südwärts dem Meer zu. Nahe seinem Unterlauf zeigen die Ruinen von **Tellula** und **Nediganvila**, dass der Fluss schon in frühester historischer Zeit eine wichtige Lebensader von Ruhuna darstellte.

Wenige Kilometer östlich seiner Mündung ragt unmittelbar an der Küs-

» Karte S. 111, Info S. 119

YALA NATIONAL PARK

te die bizarre, dunkle **Felsgruppe** von **Kirinda** ❺ auf, einem kleinen Hafenort mit weitem Blick auf den einsamen Küstenstreifen.

Sie ist wie geschaffen, der Legende der Viharamahadevi Glauben zu schenken: An dieser Stelle ereignete sich die glückliche Errettung dieser bildschönen Fürstentochter. Ihr Vater hatte sie in Kelaniya, in der Gegend nördlich des heutigen Colombo, dem Meeresgott geopfert und auf einem steuerlosen Boot ausgesetzt. Wunderbarerweise strandete es genau hier an der Südküste.

Kavantissa, Herrscher von Ruhuna im 2. Jh. v. Chr., nahm die schiffbrüchige Schönheit zur Frau. Sie gebar ihm den Nationalhelden Dutthagamani, den ersten Einiger des Singhalesenreichs, und seinen Bruder und Nachfolger Sadhatissa. Der **Tempelfelsen** mit einer Statue von Viharamahadevi und einer kleinen weißen **Dagoba** direkt am Meer ist Ziel vieler Pilger.

Oben: Wilde Wasserbüffel im Yala National Park. Rechts: Die reiche Insektenwelt bietet dem Chamäleon viele Leckerbissen.

★YALA NATIONAL PARK

Nur 2-3 km landeinwärts von Kirinda zweigt die viel befahrene Straße B 499 zum Eingang des größten Naturreservats von Sri Lanka ab, zum ★**Yala (Ruhunu) National Park**. Beachtliche 1572 km^2 umfasst das Naturschutzareal zusammen mit Kumana-Park und Pufferzonen. Besuchern zugänglich ist nur ein beschränktes Gebiet, im wesentlichen die 139 km^2 des **Yala Block I**.

Wer im Park übernachten möchte, kann beim Department of Wildlife Conservation einen der sieben schlichten Bungalows (für je ca. 10 Personen) buchen, die an malerischen Plätzen im Reservat liegen, aber nach Sonnenuntergang nicht verlassen werden dürfen. Darüber hinaus gibt es zwei Zeltplätze. Größere und kleinere Hotels liegen in der Nähe des Parkeingangs, außerhalb des Schutzgebietes.

Zahlreich sind die Tagesbesucher im von 5.30 bis 18.30 Uhr geöffneten Park. Am Eingang **Palatupana** ❻ werden die üblichen Gebühren für Besucher und Fahrzeuge entrichtet und

YALA NATIONAL PARK

die Lizenz des obligatorischen Guides geprüft. Hier finden Interessierte während der Parköffnungszeiten eine informative **Ausstellung** über Flora und Fauna des Parks. Er ist zeitweise stark besucht und die Verhaltensregeln sind streng: Das Verlassen der Fahrzeuge ist nicht gestattet, außer am Rastplatz Patanangala; offene Fahrzeuge sind nicht zugelassen; beim Fotografieren darf kein Blitzlicht verwendet werden.

Tiere des Yala-Parks

Die Fahrer-Guides sind gut mit den Standorten der Tiere vertraut, aber man sieht auf einer Autosafari von nur wenigen Stunden nicht die ganze Bandbreite der Tierwelt des Parks. In den frühen Morgenstunden sind die Tiere munterer als während der Tageshitze, am Abend belebt sich die Szene geringfügig.

Folgende Tierarten bevölkern den Yala National Park in größerer Zahl: **Elefanten** (*Elephas maximus*) bilden die Hauptattraktion, daneben: **Wilder Wasserbüffel** (*Bubalus bubalis*); **Sambarhirsch** (*Cervus unicolor*); **Axishirsch** (*Axis axis ceylonensis*, engl. *spotted deer*), leicht zu erkennen an seiner gefleckten Decke. Die ca. 30 **Leoparden** (*Panthera pardus*) des Parks sieht man auch mal bei Tage, obwohl sie im allgemeinen nachtaktiv sind. Das Lieblingsfutter des **Lippenbären** (*Melursus ursinus*, engl. *sloth bear*) sind Termiten. **Hutaffen** (*Macaca sinica*, engl. *toque monkey*) haben eine perückenartige „Frisur", **Hulmanaffen** (*Presbytis entellus*, engl. *grey langur*) graues Fell, schwarzes Gesicht und einen sehr langen Schwanz. Oft sieht man Spuren von **Wildschweinen** (*Sus scrofa*), **Streifen-Mungos** kreuzen den Weg (*Herpestes vitticollis*), seltener in **Goldschakal** (*Canis aureus*), **Bengalenwaran** (*Varanus bengalensis*; engl. *monitor lizard*) oder eine **Pythonschlange** (*Python molorus*). **Sumpfkrokodile** sind häufig (*Crocodylus palustris*).

Auffällige Vögel sind: **Pfau** (*Pavo cristatus*); **Malabar-Spitzhornvogel** (*Anthracoceros coronatus*); **Ceylonhuhn** (*Gallus lafayetti*); Storcharten wie **Klaffschnabel** (*Anastomus os-*

YALA NATIONAL PARK

citans) oder **Nimmersatt** (*Mycteria leucocephala*). Von September bis Mai sind überwinternde Zugvögel aus Asien, sogar aus Europa zu beobachten.

Nachttiere und nur selten zu sehen sind: **Roter Schlanklori** (*Loris tardigradus*, ein nur 25 cm großer schwanzloser Feuchtnasenaffe); **Pangolin** (*Manis crassicaudata*); **Stachelschwein** (*Hystrix cristata*).

Zwei Zahlen verdeutlichen die Vielfalt der Tierwelt von Yala: Dort leben 32 verschiedene Säugetierarten; 220 Vogelarten wurden bisher gesichtet, darunter sechs endemische.

Landschaften des Parks

Die Landschaft des Yala-Gebiets ist keineswegs einheitlich: Der Küstenstreifen mit seinen Dünenbarrieren und mangrovenbewachsenen Lagunen ist ein Paradies für Wassertiere, besonders

Oben: Lippenbären ernähren sich zwar überwiegend von Termiten, sind aber nicht ungefährlich (Yala-Park). Rechts: Historische Tanks in Ruhuna.

für Vögel. Landeinwärts schließt sich eine offene Parklandschaft an, grasbewachsen, mit Dornsträuchern und einzelnen Bäumen, der Lebensraum für Tiere der Savanne, wie z. B. Elefanten.

Eine gute Beobachtungszeit ist die Trockenzeit von Mai bis September, dann sind nicht nur die Wege besser befahrbar, sondern die schrumpfenden Wasserstellen zwingen die Tiere auch, sich dort zu konzentrieren. Viele Tümpel sind einst von den Bewohnern Ruhunas angelegte **Tanks**, Stauteiche, seit unbekannt vielen Jahrhunderten aufgelassen: Dieses Gebiet wurde früher für den Reisanbau genutzt. Die Häuser der damaligen Bauern sind längst verschwunden, aber andere Zeugen sind geblieben: Natürliche Felsgruppen bilden markante Punkte im Gelände, ähnlich denen in der Nordzentralprovinz; hier wie dort haben schon in vorchristlicher Zeit Einsiedlermönche gelebt, Klöster gegründet und frühe Buddhisten Brahmi-Inschriften an Tropfrändern von Felshöhlen hinterlassen.

An vielen Stellen des Parks finden sich derartige Zeugnisse. Das **Kloster Sithulpahuwa** ❼ im Norden des Yala Block I ist mit 61 Brahmi-Inschriften, zwei wiederhergestellten **Dagobas** und einer 6 m langen liegenden **Buddha-Statue** eins der wichtigsten alten Klöster des Landes. Pilgerscharen kommen besonders im Monat **Poson**, im Juni. Große Pilgerhergen und Hinweise auf Singhalesisch, im heiligen Bezirk keinen Alkohol zu trinken, geben eine Vorstellung von dem Massentreffen.

Ein direkter Zugang von der Straße B 422 (Tissamaharama-Kirinda) führt zur heiligen Stätte; Parkgrenze ist bei **Bambawa**, wo a m Eingang **Katagamuwa** die **Ruinen** einer Dagoba und die Reste eines Badeteichs zu sehen sind. Diese Pilgerstraße passiert auch **Magulmahavihara** ❽, ebenfalls ein **Kloster** aus dem 2. Jh. v. Chr., mit wieder errichteter Dagoba, Statuenhöhlen und Badeteichen. Bei geringem Pilgerverkehr ist diese Straße ideal für Na-

YALA NATIONAL PARK

turbeobachtungen. Sie führt abwechselnd durch offene Park- und dichtere Dschungellandschaft. Daran schließt sich die trockenere Savanne an.

Einige Flussläufe durchqueren das Schutzgebiet, aber sogar der größte von ihnen, der **Menik Ganga**, führt während der Trockenzeiten wenig oder kein Wasser. Galeriewälder haben sich entlang der Flüsse gebildet. Solange noch Wasser vorhanden ist, bieten sich auch hier attraktive Beobachtungsplätze.

Bis auf das streng geschützte Gebiet *SNR, Strict Natural Reserve*, im Zentrum des Nationalparks stehen Block I der Allgemeinheit, die übrigen Teile des Parks Spezialisten mit Sondergenehmigung offen; letztere Gebiete sind kaum erschlossen; einige erreicht man besser von der Ostküste aus.

Von der Jagd zum Naturschutz

Nachdem im Lauf des 19. Jh. Jagdfieber und Sammelleidenschaft eingewanderter oder zu Besuch weilender Europäer den reichen Wildbestand des Inselandes schon erheblich dezimiert hatten und gegen Ende des 19. Jh. der Naturschutzgedanke weltweit Aufmerksamkeit erhielt, richteten Plantagenbesitzer um 1900 im bevölkerungsarmen Südosten, auf dem Areal des heutigen Yala Block I, ein Wildschutzgebiet ein. Westlich davon stellte man ein Gebiet zur Verfügung, in dem die Jagd erlaubt war. 1908 wurde H. H. Engelbrecht, ein ehemaliger südafrikanischer Kriegsgefangener der Engländer, aufgrund seiner reichen Erfahrungen mit der afrikanischen Tierwelt legendärer erster Wildhüter. Erheblich erweitert wurde das Naturschutzgebiet 1938, dem Jahr, in dem auch der zweite große Naturpark von Sri Lanka, Wilpattu, geschaffen wurde. 1969 fügte man die 181 km^2 von Yala East hinzu (heute Kumana Nationalpark), 1973 die 44 km^2 des sich östlich daran anschließenden Naturschutzgebietes Kudimbigala.

Nach dem Bürgerkrieg ist das östliche Nationalparkgebiet wieder attraktiv geworden. Auch Pilger können wie einst wieder von der Ostküste her in die heiligen Stätten des Parks gelangen.

TISSAMAHARAMA

★TISSAMAHARAMA

Der berühmte König Devanampiya Tissa, der den Buddhismus in Sri Lanka verbreitete (s. S. 29), hatte im Süden des Landes einen Bruder namens Mahanaga. Dieser soll *Mahagama*, das spätere ★**Tissamaharama** ❾, zur Hauptstadt seines Reiches Ruhuna gemacht haben. Das war im 3. Jh. v. Chr. Auch der Ursprung des **Tissa Wewa**, des im 2. Jh. n. Chr. vergrößerten Reservoirs, liegt etwa in jener Zeit. Am Wasser steht heute malerisch das ehemalige Rest House, **The Safari Hotel Tissamaharama**. Man sollte es nicht versäumen, hier wenigstens eine Teepause einzulegen.

Im 2. Jh. v. Chr. hat vermutlich Kavantissa, der Vater des Reichseinigers Dutthagamani, die **Große Dagoba** in der Nähe gestiftet. Sie zählt für die Buddhisten zu den 16 heiligsten Orten des Landes. In ihrer Nähe liegt zusammen mit den Überresten von Klosteranlagen die wiederhergestellte **Sandagiri Dagoba**, vermutlich vor ca. 2000 Jahren errichtet.

Reisfelder und Hausgärten überdecken möglicherweise immer noch viele Überreste, die Aufschlüsse über das alte Tissamaharama geben könnten. Sichtbar dagegen sind zwei weitere nahe beieinanderliegende Dagobas unweit der Hauptstraße. Die **Yatala Dagoba** ist umgeben von einem Elefantenfries um die quadratische Plattform und einem Wassergraben – ein malerisches Ensemble. Neben der historischen Anlage befindet sich ein kleines **Archäologisches Museum**, in dem einige der wichtigsten Funde aus Ruhuna zusammengestellt wurden.

Im Wäldchen daneben ragen rätselhaft zahlreiche, etwa gleich lange Steinsäulen auf, der Komplex wird gemeinhin als „Palast" bezeichnet. Der Zweck des ursprünglich wohl mehrstöckigen Gebäudes ist nicht bekannt. Die restaurierte **Menik Dagoba** nahebei ist Teil des Klosters **Menik Raja Maha Vihara**.

Oben: Prozession zur Zeit des Juli-Vollmondes zu Ehren des Gottes Skanda (Kataragama). Rechts: Shivaitischer Sadhu.

*KATARAGAMA

*Kataragama ❿ – der Name dieses heiligen Ortes wird gleichermaßen als Name des dort verehrten Gottes verwendet: Skanda. Dieser Sohn des hinduistischen Götterpaares Shiva und Parvati genießt in Sri Lanka sowohl bei Hindus als auch bei Buddhisten ganz besondere Wertschätzung.

Die Legende: Skanda ist in Indien auch unter den Namen Karttikeya (Nordindien), Subrahmaniya, Kumara oder Murugan (Südindien) bekannt, ein kraftvoller, kriegerischer Gott. Auf seiner Kriegsfahne trägt er den Hahn (Hahnenkampf!), sein Reittier ist der Pfau, und in einer seiner zwölf Hände trägt er den *Vel*, den Speer, der an den Sieg über den Dämonen Taraka erinnert. Seine sechs Köpfe rühren von den *Krittikas*, den sechs Pleiaden, seinen Ziehmüttern, die ihn im Ganges aufwachsen ließen. Bevor Skanda je etwas vom Land *Lanka* gehört hatte, war er mit Devayani verheiratet, bis eines Tages der Götterbote Narada ihm berichtete, dass es dort eine ungewöhnlich schöne Frau gebe: Valli Amma. Sie gilt als die Tochter eines heiligen Eremiten und eines Rehs und wuchs im Südosten der Insel bei einem Häuptling der *Weddas* auf. Skanda näherte sich dem Mädchen in Gestalt eines Bettlers, und mit einer List seines klugen Bruders Ganesha gelang es ihm, Valli Amma für die Heirat zu gewinnen. Vergeblich bemühte sich Devayani, ihren Gatten zur Rückkehr nach Indien zu bewegen. So blieb ihr nur, ebenfalls nach Sri Lanka auszuwandern. Dort, in Kataragama, so glaubt man, leben alle drei bis heute in ihren Schreinen an dem heiligen Ort.

Für Hindus und Buddhisten ist Kataragama einer der wichtigsten Wallfahrtsorte des Landes. Die Buddhisten sehen in ihm einen der 16 heiligsten Plätze von Sri Lanka, weil Buddha ihn besucht und Devanampiya Tissa einen Ableger des Heiligen Bo-Baums von Anuradhapura hierher verpflanzt habe. Dutthagamani soll nach seinem Sieg über den aus Südindien eingedrungenen Herrscher Elara (161 v. Chr.) das Kataragama-Heiligtum gestiftet haben. Für die Hindus dagegen lebt Gott Skan-

» Karte S. 111, Info S. 119

KATARAGAMA

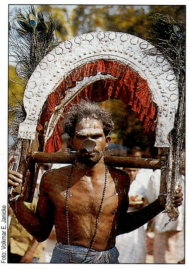

da gemäß der Legende hier schon seit vorsinghalesischer Zeit.

Doch solche Ungereimtheiten interessieren die Gläubigen nicht. Sogar Muslime besitzen eine kleine Moschee im heiligen Bezirk und pilgern gleichfalls zur *Esala Perahera*, dem zehntägigen Fest im Juli/August. Außer dem viel besuchten Haupttempel **Kataragama Devale** und den Heiligtümern für Valli Amma und Devayani gibt es noch weitere Schreine für hinduistische Gottheiten, darunter für Ganesha und Vishnu, aber auch ein buddhistisches Kloster und Gedächtnisschreine für hinduistische und muslimische heilige Männer. Das **Museum** nahe dem Haupttempel wurde 2008 neu gestaltet, führt in die Welt der wichtigsten Götter ein und zeigt regionale archäologische Funde.

Die ganze Pilgerstadt Kataragama erwacht zum Leben, wenn das Fest des Juli-Vollmondes naht. In den zehn Nächten vor dem Poya- (Vollmond-)

Oben: Ein Kavadi-Tänzer martert sich für eine bessere Zukunft (Kataragama).

Tag entnimmt der singhalesische *Kapurala*, der Priester des Kataragama Devale, dem Allerheiligsten ein Tuch, das ein *Yantra*, ein abstraktes Symbol des Gottes Skanda, enthält. Ein Elefant trägt es unter Trommeln und Muschelhorntönen und der Anteilnahme der Pilgerscharen zum Tempel von Valli Amma. Dort bleibt es, die Vereinigung des Gottes mit ihr darstellend, eine knappe Stunde in ihrem Tempel und wird dann wieder an seinen ursprünglichen Platz zurückgebracht.

Unmittelbar vor der Vollmondnacht bewegt sich die Prozession zusätzlich zu der am Nordende des heiligen Bezirks gelegenen **Kiri Dagoba**, Milch-Dagoba, um damit dem Buddha die Ehre zu erweisen. Am darauf folgenden Morgen findet die Zeremonie des Wasserschneidens im Menik Ganga statt, der das Gelände südlich umfließt: Der Kapurala zeichnet mit einem Schwert ein *Mandala*, ein heiliges Zeichen in den Fluss und taucht das Tuch mit dem Yantra ein – der Gott wird gebadet. Danach begeben sich Tausende von Pilgern in das heilige Wasser, um sich von ihren Sünden reinzuwaschen und an der göttlichen Kraft teilzuhaben.

Während der Festtage kann man die erstaunlichsten Büßer beobachten: Sie laufen barfuß durch glühende Kohlen; stechen sich Metallhaken durch die Haut des Rückens, um, daran aufgehängt, sich von Helfern hin und her schaukeln zu lassen; andere zeigen sich mit durch die Zunge gesteckten Metallpfeilen. Pilger belohnen solche zur Schau gestellte Marter mit Geldgaben.

Die Wallfahrt nach Kataragama ist für viele Sri-Lanker ein alljährliches Muss. Mit dem Bau der ausgezeichneten Straße B 35 von Buttala durch den Nordwestteil des Yala-Parks sorgte einst Präsident Premadasa für einen raschen Zugang zu dem heiligen Ort. Schon von fern winken die markanten Spitzen der Kataragama-Felsen den Pilgern, die von Norden, Osten und Westen auf das Heiligtum zustreben.

DER SÜDOSTEN

BUNDALA NAT. PARK (☎ 047)

Keine öffentlichen Verkehrsmittel zum Parkeingang abseits der A 2.

Eintritt ca. US $ 10/Tag plus Gebühren für Fahrzeug und Guide. Park geöffnet 5.30-18.30 Uhr.

HAMBANTOTA (☎ 047)

Allg. Infos der Website der Distriktverwaltung www.hambantota.dist.gov.lk.

Kuma Restaurant, original srilankische Küche im Dachgeschoss des Marktzentrums mit Blick über die Bucht.
Jade Green srilankische/internationale Küche, schön im Grünen, gegenüber Peacock Beach Hotel, Tissa Rd., Tel. 222 0692, .

BUS: Mehrmals tägl. Galle/Colombo, Tissamaharama und ins Hochland.

Die Hotels organisieren Touren in die Naturparks **Bundala**, **Wirawila**, **Yala**, **Uda Walawe**, **Kalametiya Lagoon** u. a.
Bei Besichtigung der **Salzgärten** östlich der Stadt ist Voranmeldung bei **Lanka Salt**, Mahalewaya, Tel. 222 0208, erwünscht.

Reliefs des **Girihanduru Vihare**, Ambalantota: Anmeldung Tel. 222 3237.

KATARAGAMA (☎ 047)

Schlicht, aber passend für Pilger ist das Essen in der Pilgerherberge **Ceybank Rest House**: vegetarisch, kein Alkohol; reservieren! Tel. 223 5229.
Das einzige luxuriöse Restaurant ist im **Mandara Rosen Hotel**, Tel. 223 6030, in dem allerdings oft Gruppen einkehren.

BUS: Täglich über Tissamaharama-Südküste/Colombo und Wellawaya/ Hochland/Ostküste/Ratnapura.

Archäologisches Museum Kataragama, im Tempelbezirk, täglich 8-17 Uhr, außer an Feiertagen.

TANAMALWILA (☎ 047)

Mehrere Busse pro Tag zwischen Südküste u. Colombo, dem Bergland und Ostküste, einige Verbindungen zum Uda-Walawe-Nationalpark/ Ratnapura.

Lunugamvehera National Park, 2005 eröffnet, wenig erschlossen; drei Bungalows im Park, Buchung beim Dept. of Wildlife Conservation: 811A, Jayanthipura, Battaramulla, Tel. 011-288 8585, www.dwc.gov.lk.

TISSAMAHARAMA (☎ 047)

The Safari Hotel Tissamaharama, (ehem. Rest House), direkt am Tissa Wewa, Tel. 223 7299.

BUS: Täglich Tissamaharama-Südküste/Colombo und Wellawaya/Hochland/ Ostküste/Ratnapura.

Von allen Unterkünften in Tissamaharama werden **Jeepsafaris** in die umliegenden Naturreservate und Nationalparks organisiert: **Wirawila**, **Bundala**, **Yala** etc. Entfernung Tissamaharama – Palatupana (Eingang des Yala-Nationalparks) 18 km.

Archäologisches Museum Yatala (neben der Yatala Dagoba), tägl. außer an Feiertagen 8-17 Uhr.

YALA NATIONAL PARK (☎ 047)

Keine öffentlichen Verkehrsmittel. Fahrzeug mit Vierradantrieb nötig.

Park geöffnet 6-18 Uhr, Eingang Palatupana. Eintritt für ausländische Touristen US$ 15 pro Tag, zusätzl. Gebühren für Fahrzeug (je n. Größe) und obligat. Guide, dazu Servicegebühr und Steuern.

Naturkundliche Ausstellung a. Parkeingang Palatupana, wie Park geöffnet. Mehrere historische Klöster entlang der *Western Route* durch den Yala Block I, erreichbar ab Eingang **Katagamuwa** (Bambawa), 2 km nordwestlich vom Palatupana-Eingang.

KANDY

VON COLOMBO NACH KANDY

KANDY

Heiliger Zahn, gezähmter Mahaweli

**VON COLOMBO NACH KANDY
KÖNIGREICH VON KANDY
KANDY
MAHAWELI GANGA
MATALE / KURUNEGALA**

COLOMBO – KANDY

Seit langem ist eine Autobahn von Colombo nach Kandy geplant, doch bis heute stehen nur die überlastete, oft verstopfte Straße A 1 oder die Eisenbahn zur Verfügung. Für die 126 km braucht der schnellste Zug, der *Inter City Express,* etwa 2½ Stunden – langsam genug, um nach den Reisniederungen zwischen Colombo und Rambukkana die atemberaubende Landschaftskulisse des westlichen Gebirgsrands zu genießen; der Panoramawagen am Ende des Zuges erweist sich als überaus sinnvolles Anhängsel.

Die A 1 zwischen Colombo und Kandy ist 116 km lang und sehr verkehrsreich, aber wenn man sich Zeit lässt, ist die Strecke sehr lohnend: Sie berührt interessante Orte, bei Abstechern eröffnet sich die schöne Landschaft. Hier einige Tipps für das Bergland ab **Ambepussa**, wo sich die A 6 (nach Kurunegala) von der A 1 (nach Kandy) trennt:

In **Nelundeniya** zweigt nach Süden ein Sträßchen nach **Dedigama** ❶ ab (4 km). Der berühmte König Parakramabahu I. (1153-1186) verewigte hier seinen Geburtsort mit der abgeflachten

Vorherige Seiten: Fantastische Szenerie – die Perahera in Kandy. Links: Musik begleitet die Elefantenprozession.

Dagoba Kotavehera, die eine ältere, kleine umfasst. Die erstaunlichen Funde aus den ungewöhnlich großen Reliquienkammern stellt ein kleines **Museum** aus, das u. a. auch Modelle des Inneren der Dagoba zeigt.

Nur 2 km ostwärts auf der A 1 führt in **Yattagoda** eine steile Straße nach Norden zum **Maha Beligala** ❷ (3 km). Aus einem Kautschukwald heraus ragt ein nackter **Felsbuckel**, der im 13. Jahrhundert den Heiligen Zahn Buddhas beherbergte, als der damalige König vom 25 km entfernten Dambadeniya aus regierte. Der Gipfel bietet einen weiten **Rundblick** auf das kuppige Bergvorland.

Heutzutage sind Reisende, die entlang der A 1 den **Utuwankanda-Hügel** passieren, nicht so gefährdet wie in den sechziger Jahren des 19. Jh.: Damals überfiel der Wegelagerer Saradiel von seinem Bergversteck aus mit Hilfe der Anwohner die vorbeikommenden schwer beladenen Kutschen.

Wenige Kilometer weiter weist ein Schild zum 5 km entfernten ★**Elephant Orphanage** ❸, dem Elefanten-Waisenhaus von **Pinnawela**, wo zumeist die Jungen von Arbeitselefanten aufwachsen. Also widerfuhr diesen „Waisenkindern" in den seltensten Fällen ein schicksalshafter Verlust der Elefantenmutter, denn diese ist als Arbeitstier für den Besitzer sehr wertvoll – aber

» Karte S. 124-125, Info S. 136-137

VON COLOMBO NACH KANDY

nur, wenn sie Geld verdient; Mutterschutz für Elefantenkühe ist nicht angesagt. Aus den Waisenkindern lassen sich auch wieder Arbeitselefanten heranziehen. Der idyllische Ort des Elefantenwaisenhauses an einem romantischen Flusslauf ist wirklich sehenswert, besonders zur Mittagszeit, wenn die Mahouts, die Elefantenhüter, die Baby-Elefanten und einige ausgewachsene Tiere im Fluss schrubben.

In der Umgebung führen **Gewürzgärten** Sri Lankas Spezialitäten vor.

Häufig kommen Pilger, selten Fremde, zu den sehr gepflegten Anlagen des **Tempels** von **Alutnuwara** ❹ (ab Hingula 4 km). Hier machte das Götterbild des Dedimunda (Upulvan/Vishnu) aus Dondra, der Südspitze des Landes,

Halt. Dort hatten die Portugiesen im 16. Jh. seinen Tempel zerstört. Man rettete das Gottesbild in das Bergland. Heute hat es seinen Platz im Maha Vishnu Devale von Kandy.

Von den Serpentinen der A 1 bietet sich nun eine weite Sicht über das Bergvorland; Blickfang ist der fast 800 m hohe abgeplattete **Bible Rock**.

Der **Felsdurchbruch** mit einem Stück der alten Straße des 19. Jh. und der 38 m hohe **Gedenkturm** für den Straßenbauingenieur William Francis Dawson in **Kadugannawa** erinnern an die Mühen des Straßenbaus von 1827. Das kleine **Freilichtmuseum** an der Bahnkreuzung von **Kiribathgoda** will ebenfalls auf die Errungenschaften der Verkehrstechnik hinweisen.

KÖNIGREICH VON KANDY

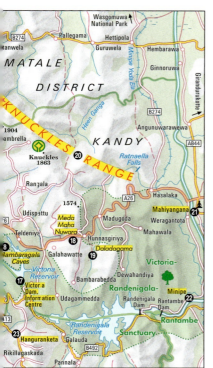

DAS KÖNIGREICH VON KANDY

Malayarata nannten die Singhalesen schon während ihrer klassischen Zeit das Bergland. Imposant baut es sich vor einem auf, von welcher Seite man sich ihm auch nähert. Es war ideal als Rückzugsgebiet der Singhalesen bei feindlichen Einfällen, scheinbar weglos und undurchdringlich. Bis in das 14. Jahrhundert war Malayarata aber keine politische oder kulturelle Hochburg.

Zwar umgingen die Singhalesen das Bergland zunächst, als sie sich im 13. Jahrhundert neue Hauptstädte erwählten, aber die Felsenfestungen von Dambadeniya, Yapahuwa und Kurunegala – sowie Beligala als Hort für die Heilige Zahnreliquie Buddhas – verraten, wie wichtig den Königen ein strategisch geschützter Ort war. So war es nur konsequent, dass nach der Aufgabe von Kurunegala *Gampola* Hauptstadt wurde (1341-1408); es liegt 15 km südlich von Kandy, nahe dem Oberlauf des Mahaweli Ganga, am Rand schwer überschaubarer, stark zergliederter Gebirgstäler.

Schon zur Gampola-Zeit bestand an der Stelle des späteren Kandy ein Herrschersitz namens *Senkadagala*, den König Vimaladharmasuriya 1593 zur Hauptstadt machte. Zur Zufriedenheit der portugiesischen Kolonialherren heiratete er eine Katholikin, blieb aber der buddhistischen Tradition treu und errichtete einen Tempel für die Heilige Zahnreliquie, Symbol des Herrschers. Sieben weitere Könige sollten ihm bis 1815 folgen.

Seit dem 18. Jahrhundert erlebte der Buddhismus hier eine neue Blüte, Kandy-Könige waren Stifter und Erneuerer einer Vielzahl von Tempeln. Sahen sich die Herrscher zeitweilig bedroht, flohen sie mit ihrem Gefolge in noch engere Gebirgstäler und Verstecke und brachten auch den Heiligen Zahn in Sicherheit.

Die englische Herrschaft machte mit dem militärischen Sieg über den letzten Kandy-König nicht nur abrupt Schluss mit der geheimnisvollen Kultur des singhalesischen Feudalstaats, sondern wandelte damals binnen kürzester Zeit den Gebirgsdschungel in Plantagenland um und baute moderne Verkehrswege. Dabei mussten die Engländer jedoch feststellen, dass die fruchtbaren Täler des östlichen Berglands längst von den Singhalesen unter Kultur genommen waren. Gerade dort, in der Uva-Region, hatten die Kolonialherrren noch so manchen Kampf gegen Aufständische auszufechten.

Riesige Stauseen am Mahaweli Ganga haben erst vor Kurzem die Landschaft östlich von Kandy wiederum erheblich verändert, unterstreichen aber zugleich die Schönheit des Berglands.

» Karte S. 124-125, Info S. 136-137

KANDY

Foto: Herbert Jennerich

**KANDY
Maha Nuwara, die „Große Stadt"

Die Singhalesen nennen ihre ehemalige Hauptstadt nicht Kandy, sondern *Maha Nuwara*, Große Stadt, obwohl es größere Städte in Sri Lanka gibt. Und keinem Besucher wird der Stolz entgehen, mit dem die Sri-Lanker von ihr sprechen. Der Name Kandy kommt von *Kanda Uda Pasrata*, dem fünf Bezirke umfassenden ehemaligen Königreich im Bergland. Will man Kandys Größe in Geschichte und Gegenwart verstehen, muss man die alte Königsstadt im Zusammenhang mit ihrem Herrschaftsbereich im Bergland sehen, der – trotz jahrhundertelanger kolonialer Machtausübung durch Portugiesen, Holländer und Briten an den Küsten – hier bis in das 19. Jh. kaum beeinflusst überdauern konnte.

Überschwängliches Lob der wundervollen Lage von ****Kandy ❺** stammt meist aus dem 18. und 19. Jh.; seither ist die Stadtbevölkerung von wenigen Tausend auf rund 160 000 Einwohner gewachsen. Anerkennenswert ist, dass das bildschöne Ensemble des **Sees von Kandy** ① mit dem Gelände von Palast und Zahntempel, vor der grünen Kulisse des **Udawattekele Parks** ②, erhalten worden ist. Südlich des Sees, am Berghang, verstecken sich alte Villen und Neubauten, unter ihnen zahlreiche Hotels, sowie das **Malwatte-Kloster** zwischen Baumriesen und blühenden Sträuchern. Markt, Gefängnis, Busstation und Bahnhof drängen sich unterhalb der Abdämmung des erst vom letzten Kandy-König geschaffenen künstlichen Sees. Die moderne Buddhastatue auf dem **Bahiravakanda** ③, dem Hügel, der die Innenstadt westlich begrenzt, symbolisiert die rege Bautätigkeit an den abschüssigen Hängen besonders seit Ende des 20. Jh.

Der Stadtkern selbst ist von den Königen bedeutungsvoll und wohlbedacht angelegt worden, und zwar nicht als Handels- oder Bürgerstadt, sondern als Sitz des Königs, der Götter, der Würdenträger und Untergebenen. Der Ort erlitt Zerstörungen durch die Portugiesen 1610 und die Holländer 1765 sowie einen erheblichen Wandel seiner Bedeutung nach der Abdankung des Königs 1815: Kandy wurde zum Zentrum der in seiner Umgebung entstehenden Plantagenlandschaft. Die UNESCO erkannte die Königsstadt mit ihrem heiligen Bezirk 1988 als Weltkulturerbe an.

Der **Zahntempel

Palastanlage und ****Zahntempel** ④ (Dalada Maligawa) liegen am Rand des bewaldeten Senkadagala-Hügels (Udawattekele) und sind von der Stadt durch einen Wassergraben getrennt. Zwei mannshohe, dennoch filigran wirkende durchbrochene Steinmauern schirmen den Komplex weiter ab: Die untere symbolisiert Wellengang, die obere ziehende Wolken. Aus diesem Wolkenkranz heraus zeigte sich der letzte König vom **Pattirippuwa**, dem

Oben: Obststand auf dem Markt von Kandy.

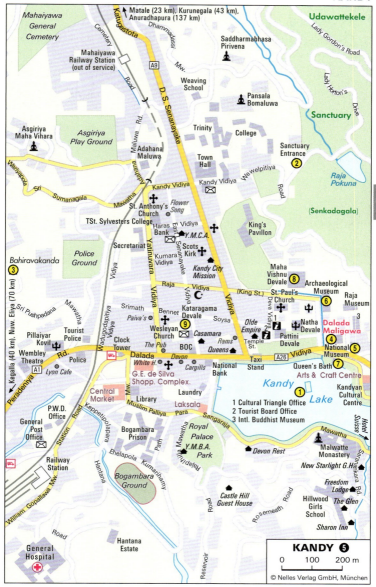

KANDY

achteckigen Bauwerk am Graben, seinen Untertanen. Erst im 20. Jh. wurde dies ein Teil der Tempelanlage.

Der Hort der Zahnreliquie ist das kleine zweistöckige Gebäude aus dem 18. Jh., seit 1988 trägt es ein goldenes Ziegeldach. Im Obergeschoss verwahrt man Buddhas linken oberen Eckzahn, eingeschlossen in sieben dagobaförmige Goldbehälter. Den äußeren bekränzen kostbare Gehänge, Geschenke an den Tempel. Zu den Poya-Zeiten (5.30, 9.30 und 18.30 Uhr) können Gläubige, die dem Tempel eine größere Summe spenden, direkt vor den mit Jasminblüten übersäten Altartisch treten. Alle übrigen Besucher sehen den gut einen halben Meter hohen äußeren Reliquienbehälter aus einigen Metern Entfernung durch ein Türchen im ersten Stock. Eine Warteschlange zieht sich oft über beide Geschosse bis in die untere Halle, wo Musikanten mit dumpfem Trommelwirbel und schrillen Flötentönen die Zeremonie ankündigen.

Im angrenzenden dreistöckigen Neubau **Alut Maligawa** sieht man u.a. den großen Schreinsaal und das **Sri Dalada Museum** mit kostbaren Weihegegenständen und Gaben an den Tempel.

Nebenan im Hofgarten ist die offene **Audienzhalle** mit elegantem Dach auf kunstvoll geschnitzten Holzsäulen ein wahres Schmuckstück mitten im Palastbezirk, Zugang vom Zahntempel, auch zum **Museum des Elefanten Raja**.

Der **Königliche Palastbezirk** außerhalb des streng kontrollierten Tempelareals wirkt bescheiden: Im einstigen **Harem** hinter dem Zahntempel zeigt das **Nationalmuseum** ⑤ kandyzeitliche Gegenstände. Das **Wohnhaus der Königin** ist jetzt Sitz des Archäologischen Amts. Das eindrucksvolle Gerichtsgebäude des High Court aus britischer Zeit beherbergt das **Internationale Buddhistische Museum**, während das kleine Bezirksgericht in der früheren **Königlichen Rüstkammer** tagt. Als **Archäologisches Museum** ⑥

Oben: Im Zahntempel von Kandy wird die Reliquie des linken oberen Eckzahns von Buddha aufbewahrt. Rechts: Tänzerische Akrobatik bei der Perahera.

KANDY

dient der ehemalige **Königspalast** mit seiner langen, imposanten Fassade am Wassergraben.

Außerhalb des Palastbezirks ragt am Seeufer das *Ulpenge* genannte weiße **Badehaus der Königin** ⑦ ins Wasser, jetzt eine Polizeistation, die nicht öffentlich zugänglich ist.

Drei der vier wichtigsten Devales liegen unmittelbar benachbart: Dem Palast gegenüber fasst eine hohe Steinmauer den **Natha Devale** ein. Sein Hauptschrein, im 14. Jh. in hinduistischer Tradition erbaut, ist Kandys ältestes Gebäude. Natha ist der Lokalgott des Senkadagala-Hügels sowie der von Mahayana-Buddhisten verehrte Bodhisattva Avalokiteshvara/Maitreya.

Nördlich davon breitet sich am Bergfuß der **Maha Vishnu Devale** ⑧ aus, ein Heiligtum Vishnus, in dem auch das Götterbild von Alutnuwara (Dedimunda, Upulvan) eine neue Heimat fand (s. S. 124).

Der **Pattini Devale** ist der kleinste der drei Tempel. Die Göttin der Fruchtbarkeit wird in Sri Lanka hoch verehrt, besonders von Frauen. An der Tempelrückseite hat die Tourismusbehörde ein **Informationszentrum** fürs Kulturelle Dreieck mit einigen Publikationen zu den Altertümern des Landes.

Zwei Straßenzüge weiter nach Westen liegt mitten in der geschäftigen Innenstadt der ungewöhnliche **Kataragama Devale** ⑨. Pfauen (Reittier des Kriegsgottes Kataragama) zieren den Eingang, der zwischen den Läden und Büros der Straße **East L Senanayake Vidiya** versteckt ist. Den Priesterdienst versehen hier hinduistische Brahmanen.

Die **Kandy Perahera

Die oben genannten vier Devales spielen eine wichtige Rolle bei der alljährlichen *Esala Perahera,* dem Festumzug im Juli oder August. So aufregend und vielgestaltig diese berühmte Parade der ****Kandy Perahera** ist, so schillernd sind auch ihre Ursprünge.

Die Kap-Zeremonie, das rituelle Fällen und Vierteilen eines jungen Jackfruchtbaums *(Artocarpus heterophyllus)* zur Neumondzeit im Juli, steht am

KANDY

Anfang der Feier und ist wahrscheinlich ein uralter Regenzauber. Innerhalb der Tempel wird je eines der Baumviertel aufgestellt, geschmückt und in fünf Nächten in feierlichen Prozessionen auf dem jeweiligen Tempelgelände umrundet.

In den nun folgenden fünf Nächten der *Kumbal Perahera* verlassen Scharen von Peitschenknallern, Musikanten, Tänzern, Würdenträgern und prachtvoll geschmückten Elefanten die vier Tempel und vereinigen sich mit einer Prozession aus dem Tempel des Zahns. Die größten Elefanten mit den gewaltigsten Stoßzähnen tragen die wichtigsten Reliquien: die vier Schwerter aus den Devales, die an die Befreiung und Heimholung von 12 000 singhalesischen Gefangenen aus Südindien durch Gajabahu im 2. Jh. n. Chr. erinnern, sowie die Kopie (aus Sicherheitsgründen nicht das Original) des Behälters der Zahnreliquie aus dem Zahnpalast.

In den letzten Nächten vor dem Vollmondtag entwickelt sich während der *Randoli*-(Sänften-) *Perahera* das volle Spektakel beim Schein von Hunderten von Kokosöl-Fackeln vor zahllosen entzückten Zuschauern entlang der Route.

Früher ritt oder fuhr der König mit großem Gepränge in der Prozession mit, wie auch seine hohen Würdenträger. Der Zahntempel wurde erst seit 1775 einbezogen, als Mönche aus Thailand – zur Erneuerung des Buddhismus nach Sri Lanka gekommen – sich entsetzt über das damalige heidnische Fest zeigten. König Kirti Sri Rajasinha gelang ein eleganter Kompromiss: Er integrierte einfach den Heiligen Zahn Buddhas in die Prozession, die außerdem Hindugötter, Prachtentfaltung des Königshauses, Regenzauber, Feier militärischer Siege und eine fantastische Schau von Artisten in sich vereinigt.

Rechts: Der Botanische Garten von Peradeniya wurde während der britischen Kolonialzeit im 19. Jh. angelegt.

Im Bergland um Kandy

Eine Vielzahl jahrhundertealter Tempelbauten versteckt sich rund um Kandy. Die Nebenstraßen zu ihnen führen durch Dörfer mit langer Handwerkstradition, einst gefördert durch die königliche Prachtentfaltung in Kandy.

Im Osten von Kandy liegt – noch auf städtischem Gebiet – der **Gangarama Tempel**, eine Filiale des Malwatte-Klosters, mit einem aus dem Fels geschlagenen Buddha und wertvollen Malereien im Statuenhaus aus der Zeit von König Kirti Sri Rajasinha (1747-1782). Etwa zur gleichen Zeit erhielt auch der Höhlentempel von **Degaldoruwa** ❻, östlich des Mahaweli Ganga, seine hervorragende Ausmalung.

3 km entfernt ragt der ungewöhnliche **Galmaduwa Tempel** ❼ auf, unter dessen pyramidenförmigem Zentralbau man eher eine Hindugottheit als einen sitzenden Buddha vermutet. Nahebei, im Dorf **Kalapura**, stellen geschickte Handwerker Messingartikel her.

Rund zwei Jahrtausende alt sind die **Höhlen am Bambaragala** ❽ (5 km auf guter Nebenstraße ab **Digana** an der A 26). Über Treppen und Pfade gelangt man zum 682 m hohen Gipfel und hat eine überwältigende **Aussicht** über das Victoria Reservoir und die wegen des Stausees verlagerten modernen Ortschaften, wie zum Beispiel **Teldeniya**.

Nördlich von Kandy liegt versteckt im Wald die gepflegte **Tempelanlage von Medawela** ❾ (A 10 bis Hedeniya, dann 4 km östlich). Das kunstvoll ausgemalte Tempita- (Säulen-) Statuenhaus von 1755 wetteifert mit den späteren Bauten auf einem stillen Hügel.

In **Hantane**, in den Hügeln ca. 5 km südlich der Stadt, ist das **Ceylon Tea Museum** des Sri Lanka Teaboard in einer alten Teefabrik Di-So geöffnet.

Der königliche Wald in der großen Schleife des Mahaweli Ganga westlich des Stadtgebietes von Kandy wurde unter britischer Herrschaft im 19. Jh. zum weltberühmten ★**Botanischen Garten**

UMGEBUNG VON KANDY

von **Peradeniya** ❿; besonders attraktiv ist die Vielzahl an Bäumen aus aller Welt. Ein **Palmengarten** zeigt die Vielgestaltigkeit dieser Pflanzenfamilie, gewaltige Bambusexemplare gedeihen entlang dem Mahaweli-Ufer; um das zentrale Rondell pflanzten Honoratioren aus aller Welt **Gedenkbäume**. Auch eine kleine **Orchideenzucht** ist vertreten. Die weitläufige Anlage ist am Wochenende Ziel für Familienpicknicks und Versteck für Liebespaare. Gegenüber erstreckt sich der Campus der 1942 gegründeten ersten **Universität** Sri Lankas, die mittlerweile auf ca. 11 000 Studenten angewachsen ist.

Südlich des Campus führt eine enge Straße oberhalb des Mahaweli Ganga entlang. Von dort erklimmt man die Steinstufen zum Kloster **Hindagala Vihara** ⓫. Es hat z.T. übermalte kandyzeitliche Malereien; man vermutet aufgrund von Farb- und Putzspuren des 5. Jh., dass das Kloster bereits zur klassischen Singhalesenzeit bewohnt war.

Paradiesische Landschaft umschließt den **Suriyagoda Tempel** ⓬ (A 1 bis Kiribathgoda, dann 4 km nach Norden) mit einem Meditationsumgang um das Tempita-Statuenhaus. Wer gut zu Fuß ist, wandert von **Murutalawa** zu der herrlichen **Allee** von Na-Bäumen (*Mesua ferrea*, Eisenholzbaum; Sri Lankas Nationalbaum) von **Dodanwela**, die an einem vorbildlich restaurieren Ambalama (Pilger-Rastplatz) und dem dahinter liegenden **Vishnu Devale** endet. König Rajasinha II. (1629-1687) gelobte, nach einem Sieg gegen die Portugiesen diesen Tempel zu stiften.

Über das 3 km entfernte **Danture** mit seinem doppelstöckigen **Tempel** erreicht man **Pilimatalawa** an der A 1. Nach 600 m in Richtung Kandy sind an der Nebenstraße nach Süden drei berühmte Tempel aus der Gampolazeit ausgeschildert: Die gesamte Tempelanlage von ★**Gadaladeniya** ⓭ liegt auf einem kleinen Felsen. Das Statuenhaus aus Steinquadern mutet zwar hinduistisch an, birgt aber einen Meditationsbuddha; seitlich des Eingangs ist ein Vishnu-Devale integriert. Die Dagoba ist kunstvoll überdacht. Eine lokale Esala Perahera (Festumzug im Juli) findet unterhalb des Felsens im Dorf statt.

UMGEBUNG VON KANDY

MAHAWELI GANGA

Viele Messinghandwerker arbeiten entlang der Straße zum *Lankatilaka-Tempel ❹. Aus der Ferne bewundert man schon seine elegante Dachkonstruktion am Ende eines Bergsporns. Auch dieser Tempel ist zugleich Buduge (Haus mit Buddhastatue, Eingang von Osten) und Devale mit fünf hinduistischen bzw. lokalen Gottheiten (Eingang von Westen): Ganesha und Kataragama in den Nischen gen Osten, Saman, Vishnu und Vibishana gen Norden, Westen und Süden. Der Blick aus dem Hewisi Mandapa (Trommelhalle) geht in die dramatisch aufragende Bergwelt des Hochlandes.

Der Devale von *Embekke ❺ ist Kataragama geweiht. Ein Kunstgenuss ist die Trommelhalle: Ihr Dach ruht auf fantasievoll geschnitzten Holzsäulen, die aus dem abgebrochenen Palast der Königsstadt Gampola stammen sollen. Im Dorf ist bis heute die Kunst der Holzschnitzer lebendig.

Oben: Der Lankatilaka-Tempel. Rechts: Die Frauen in der Umgebung von Kandy fertigen kunstvoll gewebte Textilien.

Drei Brücken queren den Mahaweli Ganga östlich von Kandy. Am belebtesten ist die **Tennekumbura-Brücke**, ca. 3 km vom Stadtkern auf der A 26; weniger befahren ist die **Lewella-Brücke**, neben der man noch Reste der alten Hängebrücke ahnt; am interessantesten ist jedoch die Straße über das **Stauwehr von Polgolla** ❻. Hier wird der Mahaweli-Fluss angezapft, ein Teil seines gelben Wassers strömt seit 1976 unterirdisch 8 km nach Norden zum **Ukuwela-Kraftwerk** (südlich von Matale).

Drei Stauseen und Kraftwerke entstanden seit den 1980er-Jahren zwischen Kandy und dem luftlinienmäßig nur 40 km entfernten Ort Mahiyangana. Die Hauptstraße A 26 schlängelt sich dorthin nun auf neuen, höheren Wegen am Nordufer des **Victoria Reservoir** entlang, das mit britischer Hilfe gebaut wurde.

Eine gute Nebenstraße führt zum 520 m langen und 122 m hohen **Victoria-Damm** ❼ und seinem eindrucks-

vollen **Besucherzentrum**. Unterhalb des Damms, im engen, felsigen Mahaweli-Bett, arbeitet das leistungsstärkste Wasserkraftwerk am Mahaweli (210 MW). Das Wasser des Flusses sammelt sich stromabwärts in den mit deutscher Hilfe entstandenen Reservoiren **Randenigala** und **Rantembe**, hinter deren Dämmen ebenfalls Elektrizität erzeugt wird (126 bzw. 50 MW).

Im Mahaweli Centre in Colombo (s. S. 56) kann man sich anhand von Modellen und Karten am besten über das nationale Mammutprojekt **Mahaweli Programme** zur Bewässerung und Energiegewinnung informieren.

*KNUCKLES

Wo die Straße A 26 das Victoria Reservoir verlässt, steigt sie unaufhaltsam an, um die südlichen Ausläufer der Knuckles zu überwinden. In diese grandiose Landschaft (Dumbara) flüchteten sich Kandy-Könige in Krisenzeiten mehrmals. Vergeblich war die Flucht für den letzten, Sri Vikrama Rajasinha. Die Briten fanden ihn, zusammen mit seinen Frauen, in der Gemeinde **Galahawatte** am 18. Februar 1815. Er ergab sich, die jahrtausendelange Reihe der Singhalesenkönige war somit zu Ende.

Am Westhang des **Hunnasgiriya-Felsens** liegen die **Ruinen** der Festung **Meda Maha Nuwara** ⓲ („Mittlere Große Stadt"). König Senarath (1604-1635) floh hierher vor den Portugiesen, musste aber später nach Alutnuwara (Mahiyangana) ausweichen. Auch das Herrschersymbol, der Heilige Zahn Buddhas, ging in die Verbannung. Noch heute liegt der **Maliga Vihara** versteckt in **Daladagama** ⓳ („Zahndorf"), südöstlich von Hunnasgiriya.

Schmal ist die Straße von **Hunnasgiriya** nordwärts zur Ostflanke des 1900 m hohen Berglands der *Knuckles ⓴, UNESCO-Welterbe seit 2010. Der großartige Blick Richtung Ostküste lässt die schlechte Straße vergessen. In den Bergwald hinein geht es nur noch auf Pfaden: etwas für unerschrockene Wanderer. Man sollte mit dem Kompass umgehen und die Wege der Kardamompflücker und Kräutersammler finden können. Und wer sich auf einen

MAHAWELI GANGA

Marsch von zwei bis drei Tagen gefasst macht und weder plötzliche Regengüsse noch Blutegel fürchtet, wird mit einer der bezauberndsten Landschaften von Sri Lanka belohnt: dem Bergland zwischen der Erhebung **Corbett's Gap** und den Teeplantagen der westlichen Knuckles (beste Zeit Mai-September).

MAHIYANGANA

Die kurvenreiche A 26 bietet weiter im Osten aufregende Ausblicke auf die Landschaft des **Dumbara-Tals**, bis dichter Wald die Sicht einschränkt. Erst nach den gewaltigen 17 Spitzkehren auf der Ostseite des Hangs bei **Hasalaka** blickt man weit über die Reisflächen östlich des Mahaweli Ganga.

Am Ufer liegt **Mahiyangana** ㉑. Wo heute die **Große Dagoba** steht, soll Buddha Sri Lanka zum ersten Mal besucht haben. Viele Herrscher erweiterten sie, ihre wichtigste Reliquie sind jene Haare, die Buddha sich vom Kopf riss und den Neubekehrten schenkte. Ein besonderer Fund sind Malereien in der Reliquienkammer aus der Zeit des Königs Vikramabahu (12. Jh.), im Übrigen ist der Tempel modern. Mahiyangana ist als legendärer Aufenthaltsort von Buddha wichtiges Pilgerzentrum.

Östlich von Mahiyangana kann man auf organisierten Touren das naturnahe Leben von **Wedda-Gemeinden** kennen lernen und den **Maduru Oya National Park** besuchen; nordwärts ab Hasalaka geht die Straße B 274 Richtung **Wasgomuwa National Park**.

Bewässerung am Mahaweli

Wie ein Bindeglied liegt Mahiyangana zwischen dem Bergland und den klassischen singhalesischen Bewässerungsebenen. Nordwärts bietet sich eine wenig befahrene Landstraße (AB 44) als schneller Weg nach Polonnaruwa an. Die modernen Bewässerungsanlagen des Mahaweli – Seitenkanäle und weitere Tanks – schufen riesige

*Oben: Die Dagoba Medu Dumbara im Dumbara-Tal ist für einen Festtag geschmückt.
Rechts: Vor wilden Elefanten wird sogar an der Hauptstraße gewarnt.*

MATALE

Flächen für den Reisanbau. Die bäuerliche Neuansiedlung **Girandurukotte** zog seit 1970 an die 20 000 Familien hierher und wirkt wie eine moderne Gartenstadt. Eine hier ausgegrabene **Dagoba** und eine **Säulenhalle** mit Löwenzierrat stammen aus der klassischen Singhalesenzeit.

Bei **Minipe** ㉒ südlich von Mahiyangana leitete schon zur Blütezeit der singhalesischen Bewässerungskultur ein Stauwehr Mahaweli-Wasser auf die Felder der Flussaue – und heute wieder.

HANGURANKETA

Eine gute Asphaltstraße (B 492) umrundet die malerischen Südufer der drei neuen Reservoire Rantembe, Randenigala und Victoria. Warnschilder weisen auf wilde Elefanten hin, die in diesem wenig besiedelten Dschungelland Mitbenutzer der Straße sein können. Von hier führen kurvenreiche Nebenstraßen ins Hochland. Eine von ihnen, die B 413, führt nach **Hanguranketa** ㉓, auch ein Zufluchtsort der Kandy-Könige. Der Palast wurde 1818 zerstört; seine Steine verwendete man für den Bau des **Potgul Vihara**. Dieses Kloster beherrscht heute das Zentrum des verschlafenen Städtchens als auffälligstes Merkmal. Statuenhaus und Schatzkammer sind an Poya-Tagen zugänglich.

MATALE

Von Bergzügen ist **Matale** ㉔ eingerahmt, die junge Bezirkshauptstadt an der A 9. Sie entwickelte sich aus einem englischen Fort. Mitte des 19. Jh. fiel das 3 km entfernte Kloster ★**Alu Vihara** einem Angriff der Engländer bei der Verfolgung von Aufständischen zum Opfer. In Erinnerung an seine historische Bedeutung wurde das Kloster im 20. Jh. wieder aufgebaut: Hier sollen sich im 1. Jh. v. Chr. um 500 buddhistische Mönche zu einem Konzil versammelt und die Niederschrift des *Tripitaka*, Dreikorb, beschlossen haben. Es

Foto: Robert Riethmüller

gab bis dahin keine komplette schriftliche Aufzeichnung der *Sutta* (Buddhas Lehrreden), *Vinaya* (Ordensregeln) und *Abhidhamma* (Auslegungen). Diese drei wesentlichen Werke des Sangha, der buddhistischen Mönchsgemeinschaft, wurden in Pali auf den geglätteten Blättern der Talipotpalme (*Corypha umbraculifera*) eingeritzt und in *Pitaka*, Körben, aufbewahrt. In dem kleinen **Museum** des Klosters erklären der Kurator oder ein Mönch, in welchen Arbeitsschritten die *Ola*, Palmblattmanuskripte, hergestellt werden.

Bevor die A 9 im Norden bei Nalanda in die bewässerten Ebenen des klassischen Singhalesenlands eintritt, führt sie durch schattige Plantagen und Bergwälder, in denen zahlreiche **Gewürzgärten** den Besuchern lehrreiche Rundgänge bieten. Auch **Batikfabriken** haben sich entlang der von Touristen stark befahrenen Strecke etabliert.

Von Matale führt die B 274 ostwärts Richtung **Wasgomuwa National Park**: ein weithin unwegsames Gelände, das sich bis zum Mahaweli Ganga hinzieht.

» Karte S. 124-125, Info S. 136-137

KURUNEGALA

KURUNEGALA

Die Hauptstraßen A 9 und A 10 erreichen Kandy von Norden und vereinigen sich an der Brücke über den Mahaweli Ganga in Katugastota. Das 40 km entfernte **Kurunegala** ㉕ ist Hauptstadt der Nordwestprovinz (30 000 Einwohner). Eine Legende erklärt die östlich der Stadt aufragenden dunklen Felsbuckel als Tiere, die während einer Dürre die Tanks leer zu schlürfen drohten. Eine Magierin wandte das Unheil ab, indem sie die Tiere in Steine verzauberte. Kurunegala war die letzte Hauptstadt der Singhalesenkönige (1291-1326) in der Trockenzone, nahe dem Übergang zum Bergland. Nur noch spärliche **Ruinen** am **Ibbagala** erinnern an ihre einstige Bedeutung.

18 km nordöstlich liegt bei **Ridigama** das Kloster **Ridi Vihara** ㉖ auf einem Felsen. Eine Legende berichtet von Silberfunden im 2. Jh. v. Chr. zu Dutthagamanis Zeit; König Kirti Sri Rajasinha (1747-82) ließ die Bauten kunstvoll ausmalen; die Anlage wurde vor Kurzem restauriert.

Verlässt man die A 6 bei **Ibbagamuwa** ㉗ (16 km nordöstlich von Kurunegala) und wendet sich nach Norden auf der B 159 Richtung Madagalla, erreicht man nach 18 km den Tank **Pansalamulla Wewa**. Hier ist der Zugang zum ausgedehnten **Waldkloster** von **Arankele** in reizvoller, abgeschiedener Lage. In das Wasser ragen Felsvorsprünge mit Reliefs und glatten Steinflächen – vermutlich Zugänge zu Badeplätzen der Mönche und Besucher für rituelle Waschungen. Jenseits des Tanks führt ein 400 m langer Plattenweg durch den **Dschungel** vorbei an einem von einem Wassergraben umgebenen **Steinpavillon**, einer idyllischen, von Na-Bäumen (*mesua ferrea*, Eisenholzbaum) beschatteten Anlage für Waldmönche. Weitere Klosterbrüder fanden Raum in drei durch Trennwände aufgeteilte **Höhlen** mit Tropfrändern, die auf ein hohes Alter schließen lassen.

KANDY (☎ 081)

Sri Lanka Tourism Information Centre, Cultural Triangle Office, 16, Deva Vidiya, Tel. 222 2661, 9-17 Uhr., im Obergeschoss wird auf Wunsch ein Video wichtiger archäologischer Stätten gezeigt.

Während der *Kandy Perahera* im Juli/August ist mit saftigen Preisaufschlägen zu rechnen.

Queens Hotel, elegant speisen in bester Kolonialhotel-Atmosphäre mitten in der Stadt, Dalada Vidiya, Tel. 223 3026.
The Kandy Garden Cafe, einfaches Gartenlokal auf der Südseite des Kandy Lake, gute und preiswerte srilankische Küche ohne Schnickschnack, 9, Sangarajah Mw.
The Pub, Bar mit Straßenblick, Internetcafé, 36, Dalada Vidiya, Tel. 223 4868. Zahlreiche Restaurants zwischen Markt und Queens Hotel entlang der Dalada Vidiya, u.a. Nr. 21,
White House, srilankische Kost und Backwaren, schickes schlichtes Interieur, moderate Preise: Tel. 223 2765. Preiswerte Imbisse auf dem Marktgelände.

Tempel des Hl. Zahns (Sri Dalada Maligawa), 6-20 Uhr; Poya: 5.30, 9.30, 18.30 Uhr, Schuhe und größere Taschen sind zu deponieren, Sicherheitskontrolle.
Buddhistisches Museum (im Tempel des Zahns) und **Museum für den Elefanten Raja** (auf dem Freigelände des Zahntempels) geöffn. meist zu den Tempel-Besuchszeiten. Außerhalb des Sicherheitsbereichs, Zugang von der Dalada Vidiya (hinter dem Tempel des Zahns): **National Museum**, Di-Sa 9-17 Uhr, Gegenstände der Kandy-Zeit (16.-19. Jh.). **Internationales Kandy Museum**, tgl. 9-17 Uhr, **Archäologisches Museum**, tägl. außer Di, 8-17 Uhr.
Ceylon Tea Museum, Hantane, Tel. 380 3204, ab Zentrum 5 km südl. Richtung Uduwela, Di-Sa 8.30-16.30, So -15.30 Uhr, Poya-Tag geschloss., www.ceylonteamuseum.com.

TANZVORFÜHRUNGEN: Kandy- und Kolam-Tänze, Feuerlaufen, etc., Plätze möglichst vorher reservieren lassen: **Kandyan Cultural Centre**, 72, Sangaraja Mw.,

KANDY / KURUNEGALA

nahe dem Zahntempel, 17.30 Uhr. Qualitätvollere Show im **YMBA**, 5, Rajapihilla Mw., auf der Südseite des Sees, 17.30 Uhr. Unbedingt mit Anmeldung: **Kandy Lake Club**, 7, Sangamitta Mw., Tel. 223 6291, 17.45-19 Uhr.

PARKS: **Botanischer Garten von Peradeniya** an der A 1 unmittelbar östlich der Brücke über den Mahaweli Ganga, 6 km westlich v. Zentrum Kandy, tägl. 8-17.30 Uhr, bedeutender tropischer Baumbestand, Orchideenhaus, Restaurant.
Udawattekele Naturschutzgebiet (Sanctuary), der Straße Kande Vidiya nach Osten folgen, den Hügel hinauf; tägl. offen, überwiegend heimischer Baumbestand, großer Vogelreichtum.

AYURVEDISCHE BEHANDLUNGEN: U. a. im **Hotel Tree of Life**, Yahalatenna, Barigama (Bergwald nördlich von Kandy), Tel. 249 9777, www.hoteltreeoflife.com; im Hotel **Amaya Hills**, Heerassagala, Peradeniya (Bergland südwestlich von Kandy), Tel. 447 4022, http://amayahills.com; im **Hotel Thilanka**, 3, Sangamitta Mw. (oberhalb des Zahntempels), Tel. 447 5200, www.thilankahotel.com; im **Mahaweli Reach Hotel**, 35, P. B. A. Weerakon Mw. (am Mahaweli Ganga), Tel. 247 2727, www.mahaweli.com.

Der alte und der neue zentrale **Markt** südlich der Dalada Vidiya Straße ist zweistöckig. Riesenauswahl an Früchten, Gemüse, Fleisch, Fisch, Gewürzen, Haushaltswaren, Textilien u.a.m. Entlang der **Peradeniya Road** liegen die meisten **Souvenir- und Juweliergeschäfte**. Einige geben sich besondere Mühe mit lehrreichen Vorführungen und kleinen Ausstellungen, z. B. **Crest Jewels**, 329, Peradeniya Road, Tel. 222 2502 oder **Prasanna Gem Centre**, 921 Peradeniya Rd., Tel. 223 4350. Einige Handarbeiten findet man auf dem Markt, eine größere und feinere Auswahl gibt es beim **Arts & Crafts Centre** östlich des Sees. In den Straßen der Innenstadt zumeist Spezialgeschäfte. Mehrere **Buchhandlungen** in der Kotugodella Vidiya, **Devotionalien**, buddhistische Flaggen, Umhängetaschen der Mönche in Läden am östlichen Ende der Bennett Soysa Vidiya.

Buddhistische Literatur: **BPS**, **Buddhist Publication Society**, 54, Sangaraja Mw., Tel. 222 3679.

BAHN: Bahnhof südlich des Markts, Tel. 223 4222, 2x täglich *Inter City Express* von und nach Colombo, sowie weitere Personenzüge. Züge ins Bergland nach Badulla auch ab Peradeniya.
BUS: Busstände zwischen Markt und Bahnhof, nach Colombo ständige Abfahrten; tägliche Direktverbindungen zu allen Zielen des Cultural Triangle, den größeren Orten des Berglands und Richtung Osten.
TAXI: Anfragen am Taxenstand gegenüber dem Queens Hotel, in Ihrem Hotel oder bei Reiseveranstaltern.
FLUG: Airtaxi (www.srilankan.com) und **Cinnamon Air** (www.cinnamonair.com), fliegen Colombo (Water's Edge)-Kandy (Polgolla Reservoir) im Liniendienst.

Victoria Golf Club, 18-Loch-Platz, Rajawella, nahe Victoria Reservoir, Tel. 237 6376, www.golfsrilanka.com.

General Hospital, William Gopallawa Mawatha, Tel. 222 2261.
APOTHEKEN: **Cargill's** Kaufhaus, Dalada Vidiya, nahe Queens Hotel.

KURUNEGALA (☎ 037)

Original srilankische Küche mit schönem See-Ausblick: **Diya Dahara**, 7, North Lake Rd, Tel. 222 3452.

AUSFLÜGE: Die **Felsen** am nordöstlichen Stadtrand bieten hervorragende Ausblicke auf das Umland. **Ridi Vihara**, 20 km östlich von Kurunegala bei Ridigama, vorchristliche Klosteranlage mit kandyzeitlichen Malereien. **Arankele**, 35 km nordöstlich von Kurunegala und 18 km nördlich von Ibbagamuwa, ausgedehntes Waldkloster mit Einsiedlerhöhlen.

UMGEBUNG VON MAHIYANGANA

Östlich von Mahiyangana leben **Weddas**, u. a. nahe dem **Maduru-Oya-Nationalpark**.

BUDURUVAGALA

HOCHLAND

IM HOCHLAND

Am „Ende der Welt"

**WANDEL IM HOCHLAND
ADAM'S PEAK
HORTON PLAINS
NUWARA ELIYA
KOTMALE / BADULLA**

IM HOCHLAND

Mächtig steil sind die Süd- und Westflanken des einstmals schwer zugänglichen Hochlandes. Dichter, nahezu undurchdringlicher tropischer Regenwald bedeckte ursprünglich sämtliche Täler und die Hänge bis kurz unterhalb der höchsten Gipfel, nur die Region über 2000 m war von *patana*, offener Grasnarbe, bedeckt.

Das Hochland bevölkerten früher wilde, gefährliche Tiere: Elefanten, Leoparden, Wildschweine, Bären. Wolken und Nebel hüllen viele Monate des Jahres die Bergspitzen ein. Im Südwesten des Berglands fallen Niederschläge bis zu 5000 mm pro Jahr, und die Höhenlagen zwischen 1500 und 2500 m sind für tropische Bewohner unangenehm kühl, wenn auch die Temperaturen fast nie unter 0 °C fallen.

Das Hochland war schon vor über 2000 Jahren Lebensraum für das Jäger- und Sammlervolk der Wedda sowie Standort einiger Einsiedeleien für buddhistische Mönche.

Als sich nach dem 12. Jh. die Singhalesen in das Bergland um Kandy zurückzogen, war ihnen das daran

Vorherige Seiten: Teeplantage im Hochland bei Talawakelle – einträgliches Erbe der Kolonialzeit. Links: Der viel besuchte Buddha von Buduruvagala ist 14 m hoch.

südlich anschließende Hochland näher gerückt. Sein östlicher Teil, die Gegend um Badulla, wurde zur „Kornkammer" des Kandy-Reichs. Die übrigen Areale aber waren wohl zu kühl, zu undurchdringlich und gefährlich. Auch die Portugiesen und Holländer haben zwischen dem 16. und 18. Jh. um dies unwirtliche Gebiet lieber einen großen Bogen gemacht. So lag der feuchteste, kälteste und wildeste Teil des Hochlands weitgehend ungenutzt da, als die Engländer 1815 das Königreich von Kandy eroberten.

Rasante Veränderungen vollzogen sich nun in der Berglandschaft. Der unermessliche Wildreichtum lockte zunächst Jagdgesellschaften in die grüne Wildnis. Der üppige Pflanzenwuchs und das geeignete Klima verleiteten dann die Europäer dazu, hier Plantagen anzulegen.

Der Anbau von Kaffee war bis zur Mitte des 19. Jh. ein großer wirtschaftlicher Erfolg, aber Absatzkrisen auf dem Weltmarkt und der Krankheitsbefall eines großen Teils der Plantagenbestände durch Kaffeerost brachten in der achtziger Jahren des 19. Jh. diese Kultur fast zum Erliegen.

Experimente mit *Cinchona* (Chinarindenbaum), aber besonders mit der Teepflanze waren dann so vielversprechend, dass bis heute weite Teile des Hochlandes von Teekulturen geprägt

» Karte S. 142-143, Info S. 154-155

HOCHLAND

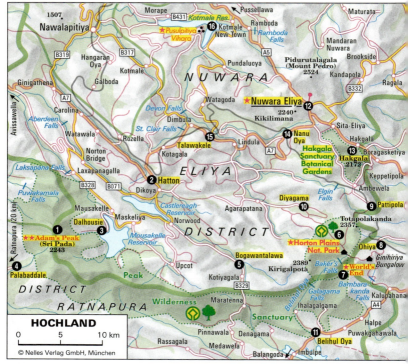

sind. Aus dem unzugänglichen Urwaldgebiet ist eine intensiv erschlossene und äußerst gepflegte, eine geradezu malerische Kulturlandschaft entstanden.

Da sich im damaligen Ceylon keine passenden Arbeitskräfte finden ließen, beschäftigten die Plantagenbesitzer schon während der Zeit des Kaffeeanbaus – zunächst nur in den Erntemonaten – Wanderarbeiter aus Tamil Nadu, Südindien; wie Sri Lanka war es Teil des britischen Kolonialreichs, und Indien lag nahe, nur jenseits der 50 km schmalen Palk Strait.

Die Teekultur ist arbeitsintensiver als der Kaffeeanbau: Teeblätter werden während des ganzen Jahres gepflückt, darüber hinaus müssen die Büsche auf Pflückhöhe beschnitten, die Wege sorgfältig instand gehalten, Feuerholz geschlagen, Schattenbäume und neue Teebüsche gepflanzt oder das Land gedüngt werden.

Die Plantagenbesitzer holten sich deshalb seit den 70er-Jahren im 19. Jh. ganze Tamilenfamilien aus Südindien. Als sesshafte Lohnarbeiter leben Tamilen nun seit mehreren Generationen auf den Teeplantagen des Hochlands. Die Frauen pflücken den Tee, die Männer erledigen die übrigen anfallenden Arbeiten. Ihre meist in Zeilen angelegten, sehr einfachen Wohnsiedlungen mit den dörflichen Kovils, Hindutempeln, gehören wie Teebuschreihen und Teefabriken zu den wesentlichen Elementen der sri-lankischen Teeplantagen.

» Karte S. 142-143, Info S. 154-155

HOCHLAND

**ADAM'S PEAK

Zu den Pflichten eines frommen Menschen in Sri Lanka gehört, wenigstens einmal im Leben den **Adam's Peak** ❶ bestiegen zu haben. Da Buddha hier seinen *Sri patul*, Fußabdruck, hinterlassen haben soll, heißt der Berg bei den Singhalesen **Sri Pada** und gehört für sie zu den 16 heiligsten Stätten des Landes. Aber auch die Gläubigen der anderen drei Religionen haben Grund, hierher zu pilgern: Die Hindus sehen in Buddha eine Inkarnation von Vishnu, die Christen meinen, der heilige Thomas sei hier gewesen, die Muslime glauben dies von Adam.

Wallfahrtsziel ist der Berg seit mehr als 1000 Jahren. König Vijayabahu I. (1055-1110) ließ an den Wegen zum Heiligen Berg Ambalamas, Pilgerunterkünfte, errichten. Mehreren Orten im Umkreis gewährte er königliche Rechte, verpflichtete sie aber auch, die Pilgerwege instand zu halten. Eine Mühe, die sich für die Dorfbewohner lohnte: Damals wie heute brachten Besucher ein erfreuliches Zusatzeinkommen.

Heutzutage gibt es ein ausgedehntes Straßennetz im Bergland, sodass nur noch die letzte Etappe bis zum Gipfel ein Fußweg ist. Die beiden gebräuchlichsten Pfade sind während der hauptsächlichen Pilgerzeit zwischen Januar und April auf der gesamten Strecke elektrisch beleuchtet, denn man besteigt den Heiligen Berg üblicherweise nachts. So erlebt man oben den Sonnenaufgang und vermeidet den beschwerlichen Aufstieg bei Tageshitze.

Viele Pilger bevorzugen den nördlichen Pfad. Man ist bereits im Hochland, wenn man von der Hauptstraße A 7 (Avissawella – Nuwara Eliya) nach **Hatton** ❷ abbiegt, wo es auch eine Bahnstation gibt. Der kleine, geschäftige Ort inmitten saftig grüner Teeplantagen besitzt ein Rest House und bescheidene Hotels. Die 32 km lange Straße nach **Dalhousie** ❸ (Nallathanni), dem Ausgangspunkt der Wanderung, umrundet die Reservoire **Castlereagh** und **Moussakelle**. In den Teeplantagen gibt es luxuriöse Bungalow-Hotels, in **Dickoya**, **Maskeliya** und **Dalhousie** Pensionen, z. T. mit herrlichem Ausblick auf die Seen und die markante Spitze des Heiligen Berges.

Busse fahren bis Nallathanni/Dalhousie auf 1250 m Höhe. Souvenirstände, kleine Restaurants und Teestuben bieten, was Pilger brauchen. Dann folgt man dem 5 km langen Weg auf den spitzen Bergkegel. Bald wird es steil: Viele Treppenstufen geht es hinauf. Die persönliche Kondition bestimmt, wie viele Stunden man dafür benötigt, danach sollte man seine Startzeit in Dalhousie wählen, um zur rechten Zeit bei Sonnenaufgang auf dem Gipfel zu

» Karte S. 142-143, Info S. 154-155

ADAM'S PEAK / HORTON PLAINS

Foto: Berthold Schwarz

sein. Bedenken sollte man auch, dass es dort oben auf 2243 m Höhe ca. 15-20 °C kälter ist als an der Küste; Windjacke und warme Kleidung sind zu empfehlen. Obwohl der Weg beleuchtet ist, leistet eine Taschenlampe gute Dienste.

Das kleine Bergheiligtum ist wenig spektakulär; der legendäre **Fußabdruck** ist eine 1 m lange Delle im Fels, in der man mit etwas Fantasie die Form eines großen Fußes erkennen kann. Hier hinein wirft der fromme Pilger seine Spende. Die *Aussicht ist atemberaubend. Bei den ersten Strahlen der aufgehenden Sonne erkennt man die Reservoire und die Teelandschaft unterhalb des Berges. Im Westen, auf den waldreichen Abhängen des Peak-Wilderness-Naturschutzgebietes, zeichnet sich im Morgendunst der dreieckige Schatten des heiligen Berges ab.

Die frommen Pilger wiederholen begeistert *sadhu!* (heilig!) beim Anblick

Oben: Unterwegs zum Adam's Peak, dem heiligen Berg Sri Lankas. Rechts: Pilger erwarten auf dem Gipfel den Aufgang der Sonne nach mühseligem Aufstieg.

des Sonnenaufgangs und des Schattenspiels. Wer mehrmals diese Wallfahrt unternommen hat, läutet eine weithin hörbare Glocke so oft, wie er den Gipfel bereits erklommen hat.

Der zweite Zugang zum Berg beginnt in **Siripagama**, 2,5 km hinter **Palabaddale** ❹ (Bus/Minibus ab Ratnapura, 22 km, s. S. 159). Dieser von Süden kommende Weg führt durch die **Carney Plantage** und weiter durch urwüchsigen Bergwald. Die Strecke ist mit 8,5 km Fußmarsch (ca. 8 Std.) länger als die Nordroute, ihr Anfang liegt 2000 Höhenmeter unter dem Gipfel, noch 1000 m tiefer als Dalhousie. Auf längeren Wegabschnitten steigt man über zahllose Steinblöcke. Der Pfad ist schlecht beleuchtet; bei Nacht kommt man ohne Taschenlampe nicht aus, es sei denn, man macht den Weg bei Vollmond. Dennoch zieht so mancher Pilger oder Wanderer diese abwechslungsreichere Route zum Adam's Peak vor. Noch größere Herausforderungen sind die 12 km langen Pilgerwege ab **Kuruwita** oder **Deraniyagala** (beschrieben unter www.sripada.org).

Die atemberaubende Schönheit von Teelandschaft und wildem Bergland, immer mal wieder mit Ausblick auf den Heiligen Berg, lässt sich auf den Wanderwegen der **Tea Trails** aufs beste erleben; man übernachtet dabei passend und stilvoll in luxuriösen **Plantagenbungalows**.

Vollständig war die Vernichtung des Urwalds im Hochland nicht: Ein 50 km langer, schmaler Streifen entlang der steilen Südwestflanke des Gebirges bildet das Naturschutzgebiet **Peak Wilderness Sanctuary**. Es ist seit 2010 UNESCO-Welterbe (zusammen mit weiteren Hochland-Gebieten, nördlich bis in die Knuckles, s. S. 133). Hier erhielten sich Areale ursprünglicher Hochland-Vegetation. Nur an einer einzigen Stelle, zwischen **Bogawantalawa** ❺ und **Balangoda**, quert die schmale B 339 dieses Gelände; in den übrigen Teilen heißt es: zu Fuß gehen.

HORTON PLAINS

*HORTON PLAINS

Im Westen des Naturschutzgebiets liegt der Heilige Berg, im Osten der ***Horton Plains National Park** ❻. Aus seiner grasbewachsenen, über 2000 m hohen Fläche ragen der zweit- und dritthöchste Berg Sri Lankas, **Kirigalpota** (2389 m) und **Totapolakanda** (2357 m) nur wenig auffällig heraus.

Viel überraschender ist die Patana, die bei Trockenheit fahlgelbe **Ebene** voll steifer Grasbüschel, darin einzelne bizarre, vom Wind zerzauste Bäume, häufig die endemischen rot blühenden Rhododendren (*Rhododendron arboreum ssp. zeylanicum*). Dichter Urwald mit einer großen Zahl endemischer Pflanzen, darunter Baumfarne und Orchideen, umgibt die Hochfläche. Auch seltene Vögel fühlen sich hier wohl sowie Sambarhirsche, Riesenhörnchen, Affen und Leoparden. Im vorigen Jahrhundert bevölkerten noch Elefanten dieses Gebiet. Menschliche Jagdleidenschaft und Urbarmachung des überwiegenden Teils des Hochlandes haben sie an dieser Stelle jedoch ausgerottet.

Wer von Nuwara Eliya mit dem Auto anreist, muss sich trotz der geringen Entfernung (ca. 32 km bis zum Parkeingang, B 512 über Pattipola) auf eine gute Stunde Fahrtzeit gefasst machen. Die kurvenreiche Strecke geht durch intensiv bebautes Gemüseland, Erdbeerplantagen und schließlich Weideflächen, die mit ihrem Milchvieh an Europa erinnern. Bei klarem Wetter erkennt man von hier die dreieckige Spitze des Adam's Peak. Vom nördlichen **Nationalpark-Eingang** bis zum Hauptquartier gelangt man über eine 4 km lange passable Piste. An manchen Haltepunkten entlang der Serpentinenstrecke lohnt sich ein Aussichts-Stopp.

Das **Hauptquartier** mit Parkplatz, Restaurant und kleinem Laden mit Schriften zur Natur des Landes ist für die meisten Gäste der Ausgangspunkt für den gut dreistündigen, bestens ausgeschilderten und mit Informationstafeln versehenen **Rundweg** durch die wesentlichen Teile des Nationalparks. Eine Gepäckkontrolle durch Parkranger am Zugang des Wanderwegs (PET-Flaschen sind unerwünscht!) zeigt er-

» Karte S. 142-143, Info S. 154-155

HORTON PLAINS

freuliche Wirkung: Die Müll-Vermeidung trägt sehr zum Naturgenuss bei.

Es ist sehr empfehlenswert, die Wanderung am frühen Morgen zu beginnen. Nach gut zwei Kilometern über die Hochebene und durch abwechslungsreiches Waldgebiet (z. T. feucht und felsig) ist das **Small World's End** erreicht, ein Steilabfall am Südrand des Hochland-Massivs. Der grandiose Ausblick geht hinunter auf winzige Tee-Terrassen und auf die blinkenden Wasserflächen des Samanalawewa-Reservoirs (s. S. 164).

Nach 20 Minuten Fußweg wird die Aussicht vom ★**Big World's End** ❼ noch übertroffen: Mehr als 1600 m tief reichen die fast senkrechten Wände hinunter. Die Szenerie umfasst das südliche Gebirgs-Vorland, das alte Singhalesenreich von Ruhuna mit seinen Hügeln und verliert sich oft im Dunst der Tiefebene. Nur unter ganz besonders günstigen Sichtbedingungen schaut man bis zum etwa 90 km entfernten Südrand von Sri Lanka und auf den Indischen Ozean. Und es soll nicht verschwiegen werden, dass einem sogar der Blick in den Steilabfall hinab, mitunter ganz plötzlich, verwehrt wird: Dichte Wolkenschwaden können sich hier am Abhang und auf der Hochfläche mit ungeheurer Geschwindigkeit entwickeln. Das erste Drittel des Jahres und die frühen Morgenstunden bieten erfahrungsgemäß am ehesten klare Sicht, aber auf Ausnahmen sollte man immer gefasst sein und sich mit der Kleidung darauf einrichten. Bei schönem Wetter ist der Felsrand von Big World's End ein beliebter Rastplatz.

Auf der Hochfläche entspringt der **Belihul Oya** mit einigen seiner Nebenflüsse. Bevor er sich am Südrand des Gebirges in die Tiefe stürzt, bildet er bereits auf den Horton Plains einige schöne Wasserfälle. Der Rundweg führt nach 30 Minuten Fußweg vom World's End zu den erfrischenden **Baker's Falls** und von dort in einer knappen Stunde zum Parkeingang zurück.

Oben: In den Horton Plains: Sehr rasch können aufziehende Wolken die Sicht nehmen. Rechts: Teeplantagenlandschaft im Hochland.

HORTON PLAINS

Längere Touren im Hochland

Drei Zugangsstraßen stehen für die Hochfläche zur Auswahl: von Osten über **Ohiya** ❽, von Norden über **Pattipola** ❾ und von Westen über **Diyagama** ❿. In Ohiya und Pattipola hält die Eisenbahn auf ihrer eindrucksvollen Fahrt durch die Gebirgslandschaft; von den Bahnhöfen aus sind es jeweils über 10 km zum **Park-Hauptquartier**.

In Diyagama ist die Endstation der Busse, die über den kleinen, belebten Marktort **Agarapatana** durch die malerische Teelandschaft hierher fahren. Vom Eingang des **Diyagama Tea Estate** wandert man 14 km durch die ausgedehnte Plantage, dann durch Wald, und kommt schließlich auf die Hochebene. Nur wenige Fahrzeuge benutzen diese Straßen – geeignete Wanderwege, auf denen man sich nicht verlaufen kann.

Eine schöne Alternative als Ziel einer Wanderung bietet das **Rest House** des Ortes **Belihul Oya** ⓫ (am gleichnamigen Fluss), am Ende jenes ca. 13 km langen Pfades, der vom World's End in das Vorland hinunterführt.

Die Parkverwaltung bietet als Gruppenunterkünfte die spartanischen Baracken **Maha Eliya Bungalows** oder als komfortablere Hütten den **Ginihiriya Circuit Bungalow**, die über das Wildlife Department im Voraus gebucht werden müssen. Bei einer Übernachtungen im Park wird ein zusätzlicher Parkeintritt berechnet (2015: 15 US$). Über den aktuellen Zustand von derzeit begehbaren Pfaden hole man sich Auskunft aus erster Quelle im Büro am Eingang zum Nationalpark.

Kleine Gästehäuser, von denen aus man das Hochland wandernd kennen lernen kann, befinden sich in Ohiya oder in **Lower Ohiya**. Die **World's End Lodge** 4 km oberhalb der am südlichen Gebirgsrand verlaufenden Hauptstraße A 4 (Hinweisschild) liegt wie an den Hang geklebt, ist aber leider nur über eine schlechte Straße zu erreichen.

Der verbesserte Zustand der Straßen zum Nationalpark macht neuerdings auch entferntere Orte wie Nuwara Eliya oder Haputale zu geeigneten Ausgangspunkten für Touren im Hochland.

» Karte S. 142-143, Info S. 154-155

NUWARA ELIYA

*NUWARA ELIYA

Das Zentrum des Hochlands liegt südlich vom **Pidurutalagala**; mit 2524 m ist er der höchste Berg Sri Lankas. Hier breitet sich auf etwa 1900 m eine weite Talung aus, um die sich wie ein Schutzwall bewaldete Zweitausender mit sanften, buschbestandenen Kuppen legen. Als wilde Hochebene präsentierte sich das Gebiet der heutigen Distrikthauptstadt *Nuwara Eliya ⑫ (Stadt des Lichts; sprich: Nureliya) den Landvermessern im frühen 19. Jh.

Die Durchschnittstemperaturen liegen hier zwischen 11, 4 und 20,2 °C – Werte wie in gemäßigten Breiten. Angesichts der Hitze im tropischen Küstenland (Colombo: 24,0/30,4 °C) traf Gouverneur Sir Edward Barnes 1828 die Entscheidung, in diesem unbesiedelten Hochlandtal einen Kurort anzulegen, wo sich sich unter Malaria oder anderen Tropenkrankheiten leidende Europäer auskurieren konnten.

Noch ein wirtschaftliches Standbein erhielt dies Gebiet 1848 durch den Enthusiasmus von Samuel Baker: Er begann hier, Landwirtschaft im europäischen Stil zu betreiben und importierte alles, was er für nötig hielt: Saat, Zuchttiere und Gerätschaften – der Beginn von Gemüseanbau und Milchwirtschaft im Hochland.

Selbst Nuwara Eliyas **Brauerei** geht auf ihn zurück. Als das Hochland sich gegen Ende 19. Jh. zum Standort für hochwertigen Teeanbau entwickelte, wurde die Stadt zum Zentrum der Teewirtschaft. Baker verließ aber schon bald nach der Mitte des 19. Jh. die Insel, um nach den Quellen des Nils zu forschen, daraufhin wurde er geadelt.

Nuwara Eliya ist eine Distrikthauptstadt von 30 000 Einwohnern und bietet auf den ersten Blick das gewohnte sri-lankische Stadtbild mit belebten Straßen und Läden. Doch bald fallen die übers Stadtgebiet weit verteilten kolonialzeitlichen Parkanlagen und

Oben und rechts: The Hill Club in Nuwara Eliya, gebaut im 19. Jh. für die britischen Kolonialherren zur Erholung, ist mit seinem hügeligen Golfplatz weiterhin ein beliebtes Ziel für gut betuchte Freizeitsportler.

NUWARA ELIYA

Gebäude ins Auge. Berühmt sind der **18-Loch-Golfplatz** und das von einem gepflegten Garten umgebene Klubhaus **The Hill Club**. Im rustikalen grauen Steinbau mit Fachwerkaufsatz wohnt man in historischen, aber modernisierten Zimmern. Immer noch besteht beim Dinner Krawatten- und Jackettzwang (auch leihweise an der Garderobe erhältlich), und der Gast fühlt sich in besten Händen, wenn ihn vorm Zubettgehen der Etagenboy fragt, ob er eine Wärmflasche haben möchte. Nachttöpfe aus Porzellan werden allerdings nur noch in Schaukästen gezeigt. Doch manch altes Gebäude im höchsten Ort des Landes verschwindet, Neubauten schießen aus dem Boden, der englische Charakter verliert sich zusehends.

Kleine Gästehäuser bieten oft den Komfort eines Kamins. Das große koloniale **Grand Hotel** beeindruckt durch sein holzgetäfeltes Interieur. Man kann sogar in einer zum Vier-Sterne-Hotel umgewandelten Teefabrik Quartier nehmen: **The Tea Factory** in **Kandapola** liegt 14 km nördlich der Stadt in anmutiger Plantagenlandschaft.

Im **Victoria Park**, dem ehemaligen Kurpark, kann man sich nach Entrichtung einer geringen Eintrittsgebühr unter die örtliche Bevölkerung mischen. Im kleinen **Galways Land Nationalpark** im Osten der Stadt macht man für stolze 12 US$ einen lehrreichen **Rundgang** zu einheimischer und eingeführter Fauna und Flora.

Jedes Jahr Mitte April, in der Woche des buddhistischen und hinduistischen **Neujahrsfestes**, erlebt die Stadt einen turbulenten **Jahrmarkt**. Wer auf sich hält, flieht das heiße Colombo, um sich hier zu zeigen und um gesehen zu werden. Sir Samuel, lebte er noch, hätte seine helle Freude am Umsatz der hiesigen Brauerei. Reisende sollten beachten, dass es zu dieser Zeit schwierig sein könnte, eine Unterkunft in Nuwara Eliya zu bekommen.

Am künstlichen See **Lake Gregory**, durch den man im 19. Jh. das frühere Sumpfland auffüllte, liegt noch der **Race Course**, der ebenfalls am Neujahrsfest – und nur dann – zum Leben erwacht. Vom Südufer des Sees aus verkehren **Ausflugsboote**.

NUWARA ELIYA

Zwischen Gemüse und Tee

Den **Mount Pedro**, wie die Engländer Sri Lankas höchsten Berg **Pidurutalagala** nannten, kann man nicht mehr besteigen – die Radiostation auf dem Gipfel (2524 m) ist eingezäunt. Auch der 2240 m hohe **Kikilimana** trägt Radiomasten. Ortskundige verraten gern Spazierwege auf andere Anhöhen, von denen aus sich ein weiter Blick auf See und Stadt inmitten von Waldland, Teeplantagen und Gemüsebeeten bietet. Der Weg zum **Single Tree Mountain** passiert **Shantipura**, auf 2050 m ü. M. das höchstgelegene Dorf des Landes.

Verlässt man das Tal von Nuwara Eliya auf der A 5 Richtung Osten, breitet sich nach 6 km südlich der Straße das **Naturschutzgebiet** um den Berg **Hakgala** (2170 m) aus. Es gehört mit zum 2010 ernannten UNESCO-Weltnaturerbe mit der bedeutenden Gebirgsflora und -fauna Sri Lankas.

Oben: Ein Tipp für Bahnnostalgiker ist die reizvolle Fahrt in Richtung Nuwara Eliya. Rechts: Teepflückerinnen bei der Arbeit.

Ein Teil des Hakgala-Berges ist **Botanischer Garten** ❸, hervorgegangen aus einer landwirtschaftlichen Versuchsstation der 1860er-Jahre. Noch heute wachsen dort einige Chinarindenbäume und Teebüsche aus der damaligen Zeit. Darüber hinaus besitzt der Garten eine umfassende Sammlung von endemischen Baumarten und **Orchideen**. Eine andere Abteilung ist den Farnen gewidmet, hier spenden Riesenexemplare von **Baumfarnen** Schatten. Liebevoll angelegte Plätze laden zum Picknicken ein.

Wer per *Eisenbahn nach Nuwara Eliya anreisen will, etwa auf der sehr reizvollen Strecke von Ella aus, steigt am Bahnhof **Nanu Oya** ❹ aus und erreicht dann per Bus über die A 7 nach 8 km die Stadt. Fährt man vom Bahnhof Nanu Oya in entgegengesetzter Richtung auf der A 7, passiert man wunderschön gepflegte **Teelandschaften**, auch das 1921 gegründete **Tea Research Institute** von **Talawakele** ❺; westwärts erreicht man die Abzweigung nach Hatton zum Adam's Peak sowie malerische Wasserfälle.

KOTMALE

Entlang der A 5 Nuwara Eliya – Kandy laden Teeplantagen zur Fabrikbesichtigung und Teeprobe ein. Es ist eine Serpentinenstrecke mit atemberaubenden Ausblicken auf die Teelandschaft. Auf halbem Weg blinkt tief unten im Tal ein lang gestreckter See, das **Kotmale Reservoir** ⓰. Die schmale, wenig benutzte Straße B 431 zweigt zwischen **Ramboda** und **Pussellawa** dorthin ab. Sie passiert die auffällig große, moderne Dagoba **Kotmale Mahaweli Maha Seya**, die daran erinnert, dass durch das segensreiche Kotmale-Projekt zwar seit 1985 Strom gewonnen, der Mahaweli Ganga reguliert (der **Kotmale Oya** ist ein Nebenfluss des Mahaweli) und Land bewässert wird, dafür aber Dutzende uralter Dörfer und mit ihnen ihre traditionellen Tempel im Reservoir untergingen. In Talawakele am Oberlauf des Kotmale Oya wird die Hydroenergiegewinnung mit dem Upper Kotmale Project erweitert.

Der **Kotmale-Damm** ist gegen Eintritt zugänglich (**Informationszentrum**, 8.30-16.30 Uhr). Auf der Südseite des Reservoirs wurden die meisten Einwohner wieder angesiedelt.

Goldener Kürbis und Heiliger Zahn

Das ***PusulpitiyaVihara** (Kloster der Kürbis-Ebene) thront hoch über dem künstlichen See und ist über 2000 Jahre alt: Dutthagamani soll hier im 2. Jh. v. Chr. Station gemacht haben. Es gehört zu den Klöstern des Kandy-Königreichs, und aus jener Zeit stammen die wesentlichen Bauten: das doppelstöckige Statuenhaus mit einer umfangreichen Sammlung von Schätzen im Untergeschoss und ein kleines Statuenhaus mit gut erhaltenen kandyzeitlichen Malereien. Die versteckte Lage des Tempels machte ihn zu einem idealen Hort für die Heilige Zahnreliquie in bedrohlichen Zeiten. Ein sagenhafter Ort: Die Gründungslegende des

Foto: Andrea Alborno (SIME/Schapowalow)

Klosters berichtet von einem habgierigen Brahmanen, der seinen Sohn tötete, um eines goldenen Kürbisses aus dem Kotmale-Fluss habhaft zu werden.

BADULLA

Der östliche Teil des Berglands umfasst die **Provinz Uva**. Sie liegt im Regenschatten der höchsten Gipfel, erhält geringere Niederschläge und hat daher einen andersartigen Charakter. Einige tief eingeschnittene Flusstäler waren schon in der klassischen Singhalesenzeit Leitlinien von Verkehrswegen und stellten die Verbindung zwischen Polonnaruwa und Ruhuna her. So war dies Land bereits vor der Ankunft europäischer Kolonisatoren bekannt und auch besiedelt. Sein wichtigster Ort war und ist bis heute **Badulla** ⓱, eine Stadt von rund 50 000 Einwohnern. Sie liegt etwa 700 m hoch am Zusammenfluss von **Badulu** und **Kuda Oya**, umgeben von recht steilen, oft terrassierten Berghängen. Der 10 km entfernte **Namunukula** gehört mit 2036 m zu den höchsten Erhebungen des Landes.

BADULLA

Foto: Reinhard Schmid (Schapowalow)

Badulla hat durch seinen **Muthiyangana-Tempel** landesweite Bedeutung: Er zählt zu den 16 heiligsten Pilgerorten Sri Lankas: Fromme Buddhisten glauben, Buddha habe diese Stelle anlässlich einer seiner Besuche geweiht. In der großen Pilgerstätte deutet wenig auf ihr hohes Alter hin, vielmehr heben einige moderne Malereien die historische Bedeutung Badullas hervor.

Lange bevor Ende des 16. Jh. das Königreich von Kandy entstand, hatte sich in dieser Gegend ein Fürstentum gebildet, dessen Lebensgrundlage der gute Ertrag seiner Reisterrassen war. In den ersten Jahrzehnten des Kandyreiches schloss es sich dem König an; doch blieb es weiterhin Fürstensitz. Nachdem die Portugiesen Badulla 1615 und 1630 völlig zerstört hatten, versetzte auch noch der König von Kandy der Stadt einen Hieb, indem er sie 1637 seinem Königreich einverleibte und sie von einem Provinzgouverneur verwalten ließ.

Oben: Ravana Ella. Rechts: Die Kolossalstatuen von Buduruvagala (9. Jh. n. Chr.).

Fast zwei Jahrhunderte blieb die Uva-Provinz wichtiger Reislieferant, bis in der ersten Hälfte des 19. Jh. die britische Kolonisation auch diesen Teil des Berglands erfasste. Die Gründe der Briten für einen wichtigen Militär- und Verwaltungsstützpunkt in Badulla waren die Erweiterung der Plantagengebiete nach Osten und die Eindämmung der Aufstände um 1817/18, deren Ursprung in diesem abgelegen Gebiet lag.

Wasserfälle und Klöster

Das gute Straßennetz und die reizvolle **Eisenbahnlinie** Badulla-Colombo erschließen die Schönheiten des östlichen Berglands von Ost nach West.

In Nord-Süd-Richtung verläuft die Pilgerroute Mahiyangana – Kataragama. Im Bergland machen Pilgerautos und -busse gern Halt, wo Naturschönheiten und alte Kultur zu sehen sind, so z. B. an der B 36, wo die **Wasserfälle von Dunhinda** [18] zu einem 45-minütigen Spaziergang einladen.

Landesweit berühmt ist die **Bogoda-Brücke** [19] (Schild an der A 5 in Hali-Ela, 12 km), eine kandyzeitliche Holzbrücke zu einem frühbuddhistischen Tempel, bei der die Zimmerleute ohne Metallverbindungen auskamen.

Unvergleichliche Ausblicke auf gepflegte **Teeplantagen** und das östliche Vorland bieten sich bei der Umrundung des **Namunukula-Massivs** auf den Straßen A 5 und B 113. Und der Ruhm des beliebten Berg-Ferienorts **Ella** [20] rührt vor allem von seiner fantastischen ★**Aussicht** am **Ella Gap**: Durch die Talöffnung verlässt die A 23 das Bergland in Richtung Süden. Wo das klare Bergwasser über die Riesenfelsen der **Ravana-Ella-Fälle** [21] schießt, machen viele Fahrer auf dieser Serpentinenstraße eine Pause.

Ein Pilgerziel ist auch das **Dowa-Heiligtum** [22] mit einer 4 m großen aus dem Felsen herausgeschlagenen **Buddhastatue** (7 km nördlich von Bandarawela an der A 16).

BUDURUVAGALA

Die landschaftliche Schönheit und die selteneren Regenfälle im östlichen Bergland führten dazu, dass die Orte Ella und besonders **★Bandarawela** ㉓, sich zu Ferienzielen der Sri-Lanker entwickelt haben, die mittlerweile Nuwara Eliya Konkurrenz machen.

Am äußersten Südrand des Gebirgsmassivs liegt 1400 m hoch der Marktort **Haputale** ㉔, 3 km westlich das **Adisham-Kloster**, ursprünglich der (1931 fertig gestellte) Alterssitz des Engländers Thomas Lester Villiers. In dieser Bergeinsamkeit ließ er originalgetreu eine steinerne Villa seines Heimatdorfes errichten. 1961 kauften Benediktinermönche das Anwesen und bewirtschaften es seither (geöffnet an Wochenenden und Feiertagen, kleiner Shop mit Lebensmittel-Spezialitäten).

Haputale bietet tolle Aussichten. Wer solche fahrend genießen will, wende sich von dort auf der A 16 bis Beragala (6 km), um dann nach Osten auf die A 4 abzubiegen und stetig die 32 km bergab bis **Wellawaya** ㉕ im Tiefland zu gelangen, immer wieder mit überraschenden Blicken auf das Bergland einerseits oder die Vorberge und die Ebene andererseits. Auf halbem Wege lädt der **Diyaluma-Wasserfall** (170 m) direkt an der Straße zum Verweilen ein.

Die Provinz Uva reicht weit in das ebene Land des alten Ruhuna hinein. Nur 4 km südlich von Wellawaya (ausgeschildert an der A 2) führt ein Sandweg nach 4 km zu den **Kolossalstatuen** am Felsen von **★Buduruvagala** ㉖. Die zentrale Figur, ein ca. 14 m hoher stehender Buddha in *abhaya mudra* (Geste der Furchtlosigkeit), begleiten zwei ebenfalls aus demselben Felsen herausgeschlagene Dreiergruppen: Im Zentrum der linken Gruppe steht der Bodhisattva Avalokiteshvara, der rechts von seiner weiblichen Begleitfigur Tara und links von deren Sohn Prinz Sudanakumaru flankiert wird. Die Mitte der rechten Gruppe bildet der zukünftige Buddha Maitreya; ihn begleiten Manjusri (links) und Vajrapani (rechts). Putzreste an der Felswand zeigen, dass die Reliefs früher verputzt und bemalt waren. Die Darstellungen weisen in die Zeit des mahayana-buddhistischen Einflusses im 9. Jh. n. Chr.

HOCHLAND

ADAM'S PEAK (☎ 051)

Upper Glencairn Bungalow, sri-lankische Currys in schöner, alter Villa, Dickoya, Tel. 224 0270.
In **Dalhousie** kauft man Essen und Getränke an einfachen Ständen; schlichtes Gasthaus: **Wathsala Inn**, Tel. 077-786 1456.

BAHN: Station Hatton auf der Strecke Kandy – Badulla, tägl. mehrmals.
BUS: Von/nach Hatton tägl. mehrmals Colombo, Nuwara Eliya, Kandy. Busse nach Dalhousie ab Hatton oder Maskeliya.
TAXI: Zum Anfang des Pilgerwegs nach Dalhousie werden von ausländischen Touristen gern überhöhte Preise gefordert, handeln!

Informationen zu allen Aufstiegen zum Adam's Peak: www.sripada.org, Route ab Ratnapura (s. S. 159). Wer Nord- und Südroute des Adam's Peak auf einmal bewältigen will und sich vom selben Fahrer hinbringen und abholen lässt: Entfernung Palabaddala-Dalhousie ca. 150 km. **Slightly Chilled** u. a. Hotels in Dalhousie organisieren Transfers: www.slightlychilled.tv.

Der **Pilgerweg zum Adam's Peak** beginnt in Dalhousie. Anfahrt am besten per Taxi. Warme Kleidung und Taschenlampe mitnehmen! **Individuelle Exkursionen**: Nicht nur der Adam's Peak ist eine Wanderung wert. Mit ortskundigem Führer (Vermittlung z. B. im Upper Glencairn Bungalow, Dickoya, Tel. 224 0270) lassen sich zahllose Wanderungen durchführen.
Teeplantagenland erleben, besichtigen o. ä. mit Aufenthalten in luxuriösen Teeplantagen-Managerbungalows: Tea Trails, 46/38a, Navam Mw., Colombo 2, Tel. 011-774 5700, www.teatrails.com.

BADULLA (☎ 055)

BAHN: Täglich vier Züge nach/von Kandy und Colombo.
BUS: Täglich häufige Verbindungen nach Nuwara Eliya und Kandy, mehrfach nach Colombo, sowie Richtung Ost- und Südküste über Wellawaya.

Dunhinda Falls, 20 Min. schmaler, felsiger Fußpfad ab B 36 bis zum Wasserfall (Straße Badulla-Karametiya, 4 km nördl. von Badulla, gut ausgeschildert; fast alle Pilgerbusse zwischen Mahiyangana und Badulla/Kataragama halten hier). Geringe Eintrittsgebühr. Imbiss- und Souvenirstände.

Namunukula, markanter Zweitausender südöstlich von Badulla, auf malerischer Strecke (B 113) zwischen Passara und Ella auf Asphaltstraße zu umrunden, auch geeignet zum Radeln.

Bogoda Bridge, kandyzeitliche Holzbrücke ohne Metallverbindungen, 12 km ab Hali-Ela (ausgeschildert). **Muthiyangana-Tempel**, wichtiges buddhistisches Wallfahrtsziel im Zentrum von Badulla.

BANDARAWELA (☎ 057)

Rest House, gut für eine Teepause, Vishaka Mw., Tel. 222 2299. **Bandarawela Hotel**, koloniales Ambiente im einstigen Teepflanzerclub, Gartenrestaurant, 14, Welimada Road, Tel. 222 2501.

BAHN: Halt aller Züge der Strecke Badulla – Kandy – Colombo.
BUS: Täglich mehrfach nach Nuwara Eliya, Kandy, Colombo, Badulla, Haputale.

AYURVEDISCHE BEHANDLUNGEN: **Prince Hotel Bandarawela**, Kräuterbäder, Massage etc., 4 km nördlich von Bandarawela, Badulla Road, Tel. 223 2477, www.bandarawelaprince.com.

ELLA (☎ 057)

Ella Restaurant & Information Center des Ella Jungle Resort, schilfüberdachtes Restaurant im Urwald an Straße A 23, sri-lankische Gerichte, Uva Karandagolla, Tel. 077-735 2352, www.wildholidays.lk.

BAHN: Halt aller Züge der Strecke Colombo/Kandy – Badulla.
BUS: Mehrmals täglich Badulla, Nuwara Eliya, Haputale, Südküste über Wellawaya.

HOCHLAND

HAPUTALE (☎ 057)

BAHN: Halt aller Züge der Strecke Colombo/Kandy – Badulla. **Horton Plains**: 2 Stationen bis Ohiya, weiter zu Fuß.
BUS: mehrmals täglich Ratnapura/Colombo, Nuwara Eliya, Badulla, zur Süd- und Ostküste über Beragala/Wellawaya.

Kelburne Mountain View, stilvolle Teeplantagen-Villa mit perfektem Service, res., 2 km östl. Haputale, Tel. 011-2573382.

Adisham Bendiktiner-Kloster, 3 km westl. Haputale, Besichtigung: Sa, So, Feiertage 9-12.30 und 13.30-16.30 Uhr, kleiner Spezialitätenladen für Weine, Marmelade u. a. Produkte; weiterer Shop an Straße A 18.

HORTON PLAINS NATIONAL PARK

Hotels in Nuwara Eliya, Ohiya u.a. vermitteln Transfers und ganztägige Jeep- und Wandertouren zum Nationalpark. Keine öffentl. Verkehrsmittel zum Parkzentrum, nächste Bahnstationen **Ohiya** (11 km) und **Pattipola** (12 km), von hier mehrmals tägl. Bus nach Nuwara Eliya. Südlich des Parks, entlang der A 4 (**Belihul Oya**, **Lower Ohiya**), täglich mehrere Busverbindungen Richtung Ratnapura/Colombo, ins Bergland über Haputale, zur Ost- und Südküste über Wellawaya.

Eintritt 15 US$ zu zahlen an der Parkgrenze; nach 4 km: Wandern ab Nationalparkzentrum; hier Restaurant; tägl. 6.30-18.30 Uhr; Rundweg über World's End und Baker's Falls ca. 3-4 Stunden.

KOTMALE (☎ 081)

BAHN: Nächste Bahnstation für Kotmale Holiday Resort ist **Ulapane**, tägl. mehrere Züge zwischen Kandy und Badulla.
BUS: Lokale Busse über **Ulapane** (zwischen Gampola und Nawalpitiya) nach Ramboda/Pusselawa (Nordseite des Reservoirs). Busse Gampola/Nawalpitiya – Kotmale – Kotmale New Town (Südseite des Reservoirs).

Kotmale Project Reservoir and Dam Viewpoint, 6 km östlich des Kotmale Holiday Resorts; Informationszentrum zum Kotmale-Projekt und der hiesigen Natur, weiter Ausblick auf das Reservoir, täglich geöffnet 8.30-16.30 Uhr, Fotografieren nicht gestattet.

Pusulpitiya Tempel, am Südufer hoch über Kotmale Reservoir, täglich geöffnet.

NUWARA ELIYA (☎ 052)

The Hill Club, very British, große Karte, gediegener Service, 29 Grand Hotel Rd., Tel. 222 2653, http://hillclubsrilanka.lk.
Humbugs, unkompliziertes Café, Snacks, Erdbeeren mit Sahne u. a., A 5 gegenüber Hakgala Gardens, Tel. 222 2709.
Weitere Restaurants a. d. New Bazar Street.

BAHN: Bahnhof **Nanu Oya** ca. 6 km Richtung Hatton.
BUS: Tägl. in alle größeren Orte des Landes.

Natur-Ausflüge und sportliche Events: **Alpine Eco Adventure Travels**, Alpine Hotel, 4 Haddon Hill Rd, Tel. 222 3500, www.alpineecotravels.com.

Botanischer Garten: Hakgala Gardens, tägl. 8-17.30 Uhr, Eintritt 600 Rs, 4 km östl. des Zentrums Richtung Badulla.

WELLAWAYA (☎ 055)

Restaurants in den beiden Hotels **Saranga Holiday Inn**, 37, Ella Road, Tel. 227 4891, und **Rest House**, Ella Road, Tel. 071-650 7263.

BUS: Tägl. zahlreiche Verbindungen nach Ratnapura/ Colombo, zur Südküste (Hambantota, Galle), zur Ostküste (Ampara / Batticaloa, Pottuvil) und ins Bergland (Ella/Badulla, Nuwara Eliya, Kandy).

Buduruvagala, 4 km südl. Wellawaya, Schild an A 2, dann 4 km nach Westen, Archäolog. Museum 8-17 Uhr.

RATNAPURA

RATNAPURA

Im Land der Edelsteine

**RATNAPURA
SINHARAJA FOREST
UDA WALAWE NATIONAL PARK
SAMANALAWEWA**

*RATNAPURA

*Ratnapura ❶ (Juwelenstadt) ist die Hauptstadt der bergigen Provinz Sabaragamuwa, was mit „Land der Wilden" übertragen werden kann. Die Täler des Hochlands und seiner Vorberge sind seit Jahrmillionen vom zerriebenen Schutt des früher viel höheren Bergmassivs aufgefüllt worden. In sog. Seifen, Lagerstätten im Schwemmland, findet man seit über 1000 Jahren eine erstaunliche Vielfalt an **Edelsteinen**.

Die Abbaumethode ist bis heute im Wesentlichen die gleiche geblieben: In den Talauen, mitten in den Nassreisfeldern, schaufeln die Edelsteingräber einen senkrechten Schacht, den sie mit Holzstämmen abstützen und Farnwedeln auskleiden. Ihr Ziel ist *Illam*, die Edelstein führende Schicht. Eimerweise hieven die Männer sie an die Erdoberfläche, schwenken sie in großen geflochtenen Schalen in einem Fluss oder Teich so lange, bis nur noch der gröbere Kies übrig geblieben ist. Aus Tausenden von tauben, wertlosen Steinen suchen dann Experten die wenigen wertvollen heraus: Rubine, Saphire, Smaragde, Turmaline, Topase, Granate, eine Vielzahl unterschiedlich

Vorherige Seiten: Typische Edelsteingrube bei Ratnapura. Links: Ob sich wohl Rubine unter diesen Kieseln finden?

gefärbter Quarze und viele andere. Das beschwerliche Ausgraben und Sortieren liegt in der Hand von Singhalesen; Moors und auch Thailänder betreiben den Handel mit den Edelsteinen.

Im Zentrum des Edelsteinlands

Die Innenstadt von Ratnapura unterscheidet sich in Aussehen und Betriebsamkeit wenig von anderen srilankischen Orten, aber **Edelstein-Auktionen** wie die auf der Straße **Senanayake Mawatha** gibt es nur hier. Einige Händler haben außerordentlich lehrreiche **Edelsteinmuseen** eingerichtet.

Auch das **Ratnapura National Museum** gibt einen Einblick in die Edelsteingewinnung und -verarbeitung. Es zeigt zudem vorsinghalesische Knochen-, Werkzeug- und Keramikfunde der Provinz Sabaragamuwa, insbesondere aus der Mittel- und Jung-Steinzeit. Sie stammen aus Edelsteingruben und aus Grabungen wie der von Batadombalena, einer prähistorischen Höhlenbehausung nahe Kuruwita (12 km nördlich von Ratnapura, abseits der A 4), und weisen auf eine frühe Besiedlung gerade dieses Teils der Insel hin.

Wasserstandsmarken am kolonialen Bau des Museums machen auf verheerende Überschwemmungen der **Kalu Ganga** aufmerksam. In manchen Jahren erhält Ratnapura über 4000 mm

» Karte S. 160–161, Info S. 165

RATNAPURA

Niederschlag, dann ist das Schürfen von Edelsteinen unmöglich.

Der luftlinienmäßig nur rund 20 km entfernte Heilige Berg **★★Adam's Peak** (s. S. 143) ist oft in Wolken gehüllt und lässt seine kegelförmige Spitze am ehesten in den Monaten Januar bis April sehen. Das ist die Zeit, in der Pilger sich nach der Anfahrt über **Gilimale** – der Ort erhielt schon im 12. Jh. königliche Weisung, Wallfahrer zu versorgen – und **Palabaddale** nach **Siripagama** begeben, um dann in acht Stunden den stufenreichen Weg zum Gipfel zu erklimmen. *Samanala Kanda*, Schmetterlingsberg, wird er auch genannt; in dem Namen steckt auch Gott Saman, Beschützer der gesamten Insel. Er ist als Yama, Gott des Todes, aber auch als Lakshman, Bruder des Rama aus dem indischen Epos Ramayana, identifiziert worden.

Der **Maha Saman Devale** ❷ (an der A 8, 3 km westlich von Ratnapura) wurde im 16. Jh. Opfer des Missionseifers der Portugiesen. Unter dem Kandy-König Rajasinha II. (1635-1687) wurde der buddhistische Tempel wieder errichtet und ist heute ein bedeutendes Wallfahrtsziel zum Tempelfest im August. An die Willkür der Portugiesen erinnert die rechts der Aufgangstreppe eingemauerte Reliefdarstellung eines portugiesischen Reiters, der einen singhalesischen Krieger tötet.

Potgul Vihara ❸, ein Klosterkomplex 6 km südlich von Ratnapura, bot den Portugiesen die beste **Aussicht** über das westliche Hügelland, sie benutzten ihn vorübergehend als Militärlager. Im 18. Jh. wurde der Klostertempel wieder errichtet. Ein gewaltiger Felsabbruch richtete zwar 1991 einigen Schaden an, aber die gesamte Anlage mit Gebäuden vor einer Felswand am Ende einer langen Treppe gibt dem Besucher eine gute Möglichkeit, die üppig grüne Landschaft und den weiten Blick zu genießen – vor allem dann, wenn Zeit oder die Kondition fehlen, den Adam's Peak zu besteigen.

★SINHARAJA FOREST

Nur rund 50 km sind es von Ratnapura zum Naturschutzgebiet des **★Sinharaja Forest** (4 km ostwärts auf der A 4, dann B 421 über Niwitigala und Karawita nach Kalawana, dann auf B 181 nach Weddagala; Sinharaja Forest Reserve ist ausgeschildert), dank schmaler Straßen und herrlicher Landschaft dauert die Anfahrt ca. 1 1/2 Stunden. Der Sage nach gehörte der Wald den alten singhalesischen Königen *(raja)*, die ihre Abstammung bekanntlich auf einen Löwen *(sinha)* zurückführen.

Die UNESCO erklärte das 112 km² umfassende Gebiet 1988 zum Biosphärenreservat und nahm es 1989 in die Liste des Weltnaturerbes auf. Überwie-

RATNAPURA

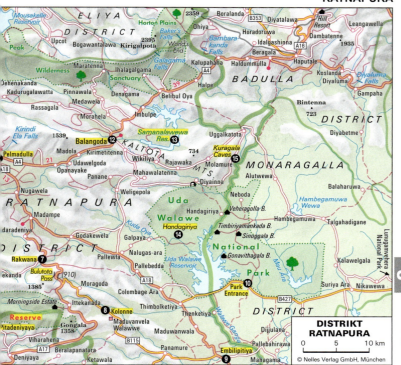

gend immergrüner tropischer Feuchtwald wächst hier, mit erstaunlich vielen Endemiten (nur in Sri Lanka vorkommenden Arten): Endemisch sind 66% der Waldbäume und Lianen; hier leben über die Hälfte der endemischen Säugetiere und Schmetterlinge und fast alle der 21 endemischen Vogelarten.

Das Reservat ist von Sonnenauf- bis Sonnenuntergang geöffnet und darf nur zu Fuß und mit lizenziertem Guide begangen werden. Das vielseitige Waldland bietet eine große Auswahl Wege, von Kurzwanderungen bis zu Tagesmärschen. Es ist ebenfalls traditionelles Nutzungsgebiet der umliegenden Gemeinden, die seit alters medizinische Pflanzen, Kardamom oder Holz sammelten und Anbau betrieben – der Streit um dieses Gewohnheitsrecht ist nicht ausgeräumt.

Das Design-Hotel **Boulder Garden** in **Kalawana** ❹ ist ein besonderer, wenn auch teurer Tipp. Weitere Unterkünfte entstehen dank der verstärkten Aufmerksamkeit, die dies ungewöhnliche Naturschutzgebiet seit einigen Jahren genießt. Auch einige Führer bieten Quartiere an, die bessere Wahl gegenüber den Schlafsälen an den **Parkeingängen Kudawa/Kalawana** ❺ (Anfahrt Ratnapura – Weddagala) bzw. **Pitadeniyaya** ❻ (Anfahrt von Süden über Deniyaya). Der östliche Eingang **Morning Side** bietet ein Luxuscamp oder einen Bungalow. Am südwestlichen Parkrand in **Kosmulla** werden kleine Ausflüge vor Ort angeboten.

» Karte S. 160-161, Info S. 165

UDA WALAWE NATIONAL PARK

Selten befahrene Straßen im Süden der Provinz Sabaragamuwa

Der Weg von Ratnapura nach Galle an der Südküste führt über den 910 m hohen **Bulutota-Pass** (falls man nicht die schnellere Variante über A 8 und Southern Expressway wählt). Die Straße **A 17** schlängelt sich mit unzähligen Windungen an den über 1300 m hohen Gipfeln der östlichen **Sabaragamuwa-Berge** vorbei, zunächst durch Gummi- und Teeplantagen, in den höheren Lagen dann durch Kiefernforste.

Der Ort **Rakwana** ❼ lädt nicht nur zur Rast ein, sondern mag auch dank seines kleinen **Rest House** als Ausgangspunkt für Ausflüge in die Landschaft des **Sinharaja Forest** oder in seine Umgebung dienen. Man muss Zeit mitbringen, denn die Nebenstraßen sind oft kurvenreich und voller Schlaglöcher. Doch wenn man auch für die 40 Kilometer bis zum **Parkeingang** **Kalawana** (❺) mehr als eine Stunde Fahrtzeit rechnen muss, so entschädigen die vielfältigen Ausblicke auf das Waldgebirge und die Tee-, Zimt- und Gummiplantagen dafür; an Waldrändern wächst oft Kardamom (von Rakwana: Straße B 181 nach Kalawana).

Südlich vom Bulutota-Pass zweigt die Nebenstrecke B 115 nach Embilipitiya ins Tiefland ab und verbindet so die beiden Hauptstraßen A 17 und A 18. Selten verirren sich Fremde in die alten Dörfer am Rande der Ebene, und so sollte, wer Zeit hat, hier langsamer fahren und sich auch in Ruhe die alten Dörfer anschauen.

In **Maduvanvela** ist bis heute der **Walawwe** (Herrensitz) des Häuptlings des Bezirks (*korale*) **Kolonne** ❽ erhalten, das ist ein umfangreicher Gebäudekomplex mit 34 Räumen; darunter befindet sich auch in einem Nebentrakt das Gerichtszimmer des Herrn. Der vielfach verzierte Holzbau aus dem Jahr 1905 hat Anleihen bei der Kolonialarchitektur gemacht und liegt südlich der Straße in einem parkähnlichen Gelände.

Oben: Safari im elefantenreichen Uda Walawe National Park. Rechts: Ein roher Saphir aus Sri Lanka.

UDA WALAWE NATIONAL PARK / BALANGODA

UDA WALAWE NATIONAL PARK

1972 eröffnete Sri Lanka den **Uda Walawe National Park**. Das 34 km² große Reservoir des gleichnamigen Flusses wurde im Rahmen des nationalen Mahaweli-Programms angelegt und bewässert ca. 25 000 ha Land südlich des 4000 m langen Staudamms. Nördlich von ihm und der darüber verlaufenden Straße erstrecken sich die 308 km² des Parks. Die Vorberge des Hochlands rahmen ihn von Norden, die Ausläufer der Sabaragamuwa-Berge von Westen ein. Diese großartige Kulisse lässt sein Tiefland im Regenschatten liegen, aber die Gras-, Dornbusch- und Waldvegetation erhält ganzjährig durch die aus den Bergen kommenden Flüsse Feuchtigkeit. Nachdem 1978 den noch im Parkgelände ansässigen Bauern neues Land zugewiesen worden war, konnten sich Wildtiere ungehindert ausbreiten.

Uda Walawe ist bekannt für seine großen Elefantenherden; drei Hirscharten. Wildschweine und Büffel sind häufig, Bären und Leoparden kommen gelegentlich vor. Die Vogelwelt ist vielfältig; berühmt ist der Park für seine große Zahl von Greifvögeln.

Ein **Elefantenkorridor** verbindet Uda Walawe seit 2005 mit dem **Lunugamvehera National Park** 15 km östlich. Zum häufig überlaufenen Yala-Park ist vor allem Uda Walawe eine willkommene Alternative. Innerhalb seiner Grenzen steht der **Pokunutenna Bungalow** als Unterkunft zur Verfügung (Buchung beim Department of Wildlife Conservation). Zwischen dem Ort **Embilipitiya** ❾, 30 km vom **Parkeingang** ❿ an der A 18, und dem Park stehen mehrere Hotels sowie Anbieter für Jeepsafaris zur Verfügung. Der Straßenzustand variiert stark, die A 18 ist meist passabel befahrbar.

BALANGODA

In einem weiten Bogen zieht sich die Hauptstraße A 4 östlich von Ratnapura um den Südrand des Hochlandes. Während sie bis zur wichtigen Straßenkreuzung in **Pelmadulla** ⓫ durch saftig grüne und edelsteinreiche Täler verläuft, steigt sie bis zum bedeutendsten Ort dieser Strecke, **Balangoda** ⓬, auf über 500 m an. Tempel, Kirchen und Moscheen, zahlreiche Geschäfte, Schulen und Verwaltungen sowie lebhafter Verkehr prägen den Ort. Von hier erreicht man die kleinen Dörfer des nördlich anschließenden Berglandes, eine Querverbindung (B 339) geht sogar über den Rücken des Naturschutzgebietes Peak Wilderness Sanctuary in die Hochland-Teeplantagen von Bogawantalawa; südwärts führen Straßen in die Dörfer des Berglandes von Kaltota.

Die Hauptstraße A 4 steigt ostwärts weiter an. Während sie sich dem schroffen Südhang des Hochlandes nähert, quert sie mit zahlreichen Brücken seine kalten Bäche und steinigen Flussbetten. An schwer erreichbaren Steilhängen wächst ursprünglicher Wald, in winzigen Tälern legten die Bauern äußerst schmale Reisterrassen an. Das reichlich zur Verfügung stehende

Foto: Werner Lieber

SAMANALAWEWA

Wasser lässt die Landschaft leuchtend grün erscheinen. Um das kostbare Nass nicht ungenutzt nach Süden ablaufen zu lassen, kam schon 1960 der Plan auf, die beiden größeren Flussläufe Walawe Ganga und Belihul Oya unmittelbar hinter ihrem Zusammenfluss aufzustauen. 1991 waren die Bauarbeiten mit japanischer Hilfe beendet; in den folgenden Jahren füllte sich das **Samanalawewa** ❸ (Schmetterlingstank) genannte Reservoir in den tief eingeschnittenen Flusstälern. Es ist von der Hauptstraße nicht einsehbar und verschwindet hinter den meist mit *Patana* (Grasland) bedeckten Rundhügeln.

Die Landschaft ist hier trockener als am Gebirgssaum, denn sie liegt zur Zeit des Südwestmonsuns im Regenschatten und erhält besonders in den Monaten Mai bis Juli starke, heiße Winde aus Südwest. Diese haben sich schon vor Jahrhunderten die Singhalesen zunutze gemacht, um in Tausenden kleiner Rennfeueröfen Eisen herzustellen, das dank der Windverhältnisse schon Stahlqualität besaß.

Erst Ende des 20. Jh. erschloss man das Gebiet durch Straßen. Südlich liegt der Riegel der Kaltota-Berge vor den Tiefebenen von Ruhuna, dem südöstlichen Teilreich der klassischen Singhalesenkultur. Das Ruinenfeld in **Handagiriya** ❹ und auch die Tropfränder an den **Höhlen von Kuragala** ❺ weisen auf mehr als 2000 Jahre Besiedlung hin. Kuragala (B 38 Kaltota Road ab Balangoda, 25 km) wandelte sich später in ein muslimisches Heiligtum: Im 12. Jh. soll der arabische Einsiedler Muhaddi Abdul Kadr Jelani viele Jahre hier verbracht haben. In einem der steil aufragenden Felsen glaubt man sogar das Schiff zu erkennen, mit dem der heilige Mann aus Bagdad gekommen sein soll. Muslimische Pilger versammeln sich hier zu einem großen Fest im August. Doch zu jeder Zeit ist diese Stelle die Mühe der Fahrt auf holpriger Straße und den Aufstieg auf den Felsen wert: wegen ihrer unvergleichlichen **Aussicht** auf den Südosten von Sri Lanka.

Oben: Nassreisfelder bei Balangoda, am Südhang des zentralen Hochlandes.

DISTRIKT RATNAPURA

BALANGODA (☎ 045)

BUS: Colombo u. Westküste häufig; Süd- u. Ostküste via Wellawaya. Mehrmals täglich lokale Busse n. Kaltota (für Kuragala) u. Richtung Hochland Bogawantalawa.

Silver Ray Restaurant, westliche und chinesische Küche, tägl. Büfett, Bäckerei; Badulla Rd., Tel. 227 4764.

Bergwanderungen i. Hochland-Vorbergen und im Kaltota-Gebiet. Von Balangoda aus erreicht man das muslimische Bergheiligtum Kuragala (25 km auf B 38).

Das Bergheiligtum v. **Kuragala** ist am besten mit eigenem Fahrzeug zu erreichen. Das Gelände ist öffentlich; für den Eintritt in das **Höhlenheiligtum** des Muhaddi Abdul Kadr Jelani ist eine Spende willkommen.

EMBILIPITIYA (☎ 047)

BUS: Mehrmals tägl. Hambantota-Ratnapura/-Colombo.

Centauria Lake Resort, gute sri-lankische Küche, stilvoll präsentiert, als Bufett, wenn viele Gäste im Haus sind, Embilipitiya, New Town, Tel. 223 0514.

Safaris Uda Walawe, Bundala Nationalpark, Kalametiya Lagune: Centauria Hotel u. Sarathchandra Hotel, Tel. 223 0044.

RATNAPURA (☎ 045)

Bopath Falls, beliebtes Wochenendziel mit großem Gartenlokal nahe einem Wasserfall, Kuruwita, 11 km nördl. Ratnapura, Tel. 226 2726. **Rest House**, zumindest einen Tee sollte man sich in dem stilvollen alten Haus im Grünen nördl. der Stadt gönnen, Rest House Road, Tel. 222 2299.

BUS: Moderner Busbahnhof nordwestl. des Stadtzentrums; mindestens halbstündlich nach Colombo, tägl. Busse zur Südküste und ins Hochland über Haputale.

AUSFLÜGE: Die meisten Hotels bieten Fahrten zum **Sinharaja Forest** o. a. Parks an, auch Touren in die nähere Umgebung; **Ratnaloka Tour Inn**, Tel. 222 2455. **Adam's Peak**: Per Bus ca. 1,5 Std. über **Palabaddale** bis zur Endstation **Siripagama**, mehrmals täglich, der letzte Bus fährt ca. 17 Uhr. Straße 22 km; Wanderung 8,5 km, 2000 Höhenmeter ca. 8 Std., Taschenlampe empfehlenswert. Verpflegung in Siripagama erhältlich: s. S. 144).

Ratnapura National Museum, vorwiegend vorgeschichtliche Funde, insbesondere aus Ecelsteingruben, Di-Sa 9-17 Uhr, an Feiertagen geschlossen, westlich des Zentrums, ausgeschildert, Tel. 222 2451. **Gemmological Museum** von Gem Bank, 6, Ehelepola Mw, Batugedara, Tel. 223 0320. **Gem Bureau & Museum**, tägl. 9-16 Uhr, Potgul Vihara Mw. (gut 1 km südlich der Kalu Ganga-Brücke), Tel. 222 2469.

Potgul Vihara: ab Gem Museum ca. 3 km auf Pothgul Vihara Mw., dann hinter Brücke rechts 2 km und 30 Min. Fußweg.

SINHARAJA FOREST (☎ 045)

Parkeingänge: Nord: **Kalawana/Kudawa**, Ost: **Morningside**, Süd: **Pitadeniyaya**. Guide obligatorisch. Ab Parkeingang nur Fußwege, Naturlehrpfade **Waturawa** (ab Kudawa Camp 9 km) und **Moulawella** (ab Kudawa Camp bis Lehrpfad 5 km. Rundgang ca. 2 Std.). Geführte Wanderungen z. B. (ab Colombo u. a.) m. Prasanjith Caldera u. a. Naturkundlern, Tel. 011-279 1946, 071-495 1339, www.walkwithjith.com.

UDA WALAWE NATIONAL PARK (☎ 047)

Eintritt 15 US $, plus Fahrzeug- und Guidegebühren. **Safaris** durch Hotels in Parknähe, z. B. **Superson Family Guest**, 90B, CDE Place, Uda Walawe, Tel. 347 5172; **Grand Uda Walawe Safari Resort**, 912, Thanamalwila Rd, Tel. 077-799 8181; oder Safariunternehmen wie **Big Game Camp**, www.srilankabiggamesafaris.com.

SIGIRIYA

MIHINTALE

RAJARATA

Das singhalesische Kernland

**RAJARATA / MIHINTALE
ANURADHAPURA
AUKANA / YAPAHUWA
SIGIRIYA / DAMBULLA
POLONNARUWA**

RAJARATA

„Kulturelles Dreieck" nennen die SriLanker das Gebiet, das in ihrer Geschichte und Kultur die wichtigste Rolle gespielt hat und daher den Besuchern ihres Landes besonders empfohlen wird. Es ist durch die drei bedeutendsten historischen Hauptstädte definiert: Anuradhapura im Norden, Polonnaruwa im Osten und Kandy im Süden. Schwerpunkte sind der Norden und der Osten, hier liegt seit dem 6. Jh. v. Chr. *Rajarata*, das Kernland der singhalesischen Bewässerungszivilisation.

Dieses Gebiet entvölkerte sich im 13. Jh.: Kriege hatten die lebenswichtige Infrastruktur verwüstet, möglicherweise waren die Menschen auch von Seuchen heimgesucht worden; Dschungel überwucherte die meisten der großartigen Bauten und Heiligtümer. Viele von ihnen waren vergessen, als im 19. Jh. die Briten das Binnenland genauer inspizierten. Nun setzte eine Welle von Ausgrabungen der Altertümer ein, die Bewässerungswirtschaft wurde wiederbelebt, und damit konnte das an den Dschungel verloren gegangene Reisland nach Jahrhunderten der Brache erneut genutzt werden.

Vorherige Seiten: Die monumentale Ruvaneliseya Dagoba von Anuradhapura. Links: Eine Schönheit aus dem 5. Jh. (Sigiriya).

*MIHINTALE

Nur 12 km östlich von Anuradhapura, nahe der Kreuzung von A 9 und A 12, liegt inmitten bizarrer Felsformationen, eingebettet in Frangipani-Haine, der Ort der Bekehrung: *Mihintale ❶. Er ist eines der 16 wichtigsten Wallfahrtsziele des Landes, besonders zum Poson- (Juni-) Vollmondfest finden sich hier Tausende von Pilgern ein. Nach dem Mahavamsa, der Großen Chronik, war König Devanampiya Tissa (250-210 v. Chr.) hier auf Jagd, als er einen weißen Hirsch erblickte. Er setzte ihm nach, das Tier entschwand und stattdessen stand der Sohn des indischen Kaisers Ashoka, der Mönch Mahinda, ihm gegenüber, der ihn prüfte, würdig befand und zum Buddhismus bekehrte.

Steigt man zum Heiligtum hinauf, benutzt man heute die Treppen, die Generationen von Mönchen und Pilgern angelegt haben. Man wendet sich auf der ersten Plattform nach rechts, um treppauf zur **Kantaka Dagoba** 1 zu gelangen. Sie trägt den Namen von Buddhas Pferd und gehört zu den ältesten der Insel (2. Jh. v. Chr.). Vahalkadas, Altarvorbauten, in ihrem Kern aus Backstein, aber mit Kalksteinreliefs verziert, weisen in alle vier Himmelsrichtungen. Die entsprechenden Tiersymbole finden sich als Vollplastiken auf flankierenden Kalkstein-Stelen:

» Karte S. 170-171, Plan S. 174, Info S. 200-201

NORDZENTRALPROVINZ

NORDZENTRALPROVINZ

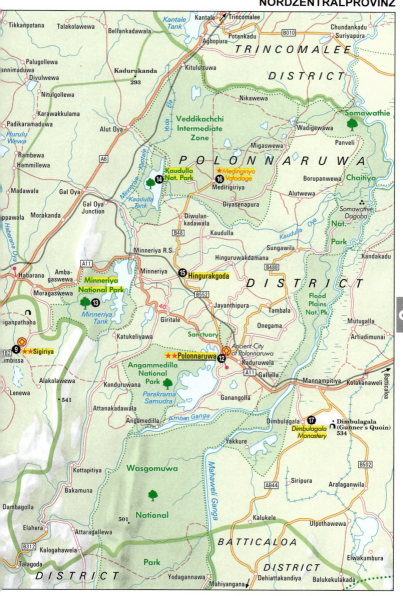

MIHINTALE

Elefant-Osten, Stier-Süden, Pferd-Westen, Löwe-Norden. Die Reliefs, am besten erhalten an der Ost- und Südseite, bestehen aus horizontalen Reihen von *Gana*, Zwergen, *Hamsa*, Gänsen, Rüsseln von *Makara*, Fabeltieren. Rund um die Dagoba hat man mehrere *Sri patul*, Steinplatten, die den Fußabdruck Buddhas symbolisieren, ausgelegt.

Höhlen für die heiligen Männer

Westlich der Dagoba türmen sich abgerundete Felsblöcke übereinander und bilden **Höhlen**. Wenn sie Einsiedlern als Behausung dienen sollten, versah man den Höhleneingang mit einer **Tropfkante**: Der Felsen am oberen Höhlenrand wurde so behauen, dass er überkragte und Regenwasser nicht ins Innere dringen konnte, sondern vor dem Eingangsbereich heruntertropfte.

Oben: Die historische Treppe zum Heiligtum Mihintale. Rechts: Auch heute noch ist das Mönchsleben an strikte Regeln gebunden.

Brahmi-Inschriften unterhalb der Tropfränder tragen Namen, Titel und Berufsbezeichnungen der Stifter dieser Wohnhöhlen. Es galt als verdienstvoll, den Arahants, den heiligen Männern, solche Einsiedlerbehausungen zur Verfügung zu stellen, 68 hat man in Mihintale gezählt. Die Schreibung der Brahmi-Zeichen erlaubt die Datierung in das 3. Jahrhundert.

Hausordnung für das Klosterleben

Von der Kantaka Dagoba gibt es einen Abstieg nach Süden zu einem kleineren Platz, neben dem einige Ruinen Hinweise auf klösterliches Leben geben: mehrere rechteckige Mönchsunterkünfte, deren wieder aufgestellte rohe Steinsäulen auf Dächer schließen lassen, sowie *Sinha pokuna*, das **Löwenbad** 2. Dem steinernen, sich aufrichtenden Löwen kann das Wasser des Auffangbeckens hinter seinem Rücken aus dem Maul fließen. Zu den Pflichten der Mönche gehörten Reinigungsbäder.

Von hier aus steigt man einige Treppenstufen höher, nach Osten, und er-

MIHINTALE

reicht eine geräumige, von großen Bäumen beschattete **Plattform**. Hier hinauf gelangt man auch, wenn man statt dem Abstecher zur Kantaka Dagoba die Haupttreppe einfach geradeaus hinaufgeht. Eine Art Torhaus ermöglicht dann den Zugang zur Plattform.

Östlich schließt sich das Zentrum des Klosterlebens an, das auf seiner Talseite durch eine mächtige Mauer aus Kissensteinen geschützt ist: Im *Dana Salawa*, der **Almosenhalle**, versammelten sich die Mönche zum täglichen Mahl. Um ein Wasserbecken im offenen Innenhof gruppierten sich die Räume für die Aufbewahrung, Zubereitung, Verteilung und Einnahme der Speisen. Ein geniales Leitungssystem aus Tonröhren versorgte das etwa 35 x 25 m große Gebäude ständig mit Frischwasser, das aus dem tiefsten Teil des Beckens abfloss. Eindrucksvoll ist auch das *Bat Oruwa*, das **Reisboot**, ein riesiger Steintrog für gekochten Reis, sowie das rechtwinklig dazu angeordnete *Kanda Oruwa*, der Trog für die Beilagen, die *Curries*. Hier konnten über 1000 Mönche versorgt werden.

Weiter südlich liegen die Fundamente vom **Statuenhaus**. Sehr aufschlussreich für das Klosterleben sind zwei aufrechte **Inschriftplatten** aus der Zeit des Königs Mahinda IV. (956-972) links und rechts vom Eingang: Sie beschreiben Mönchsleben und Klosterordnung bis in kleinste Einzelheiten, vom morgendlichen Zähneputzen der Mönche bis zur Bezahlung der Diener, die Opferblumen zu besorgen hatten.

Daneben liegt das dritte wichtige Klostergebäude: *Sannipata Salawa* oder **Versammlungshalle** 3. Herausgehoben in der Mitte des quadratischen Raums ist die erhöhte Plattform für den Abt, der von hier zu den Mönchen sprach oder predigte.

Landeplatz und Bett des Missionars

Beim weiteren Treppenanstieg sieht man in den nackten Fels eingemeißelte

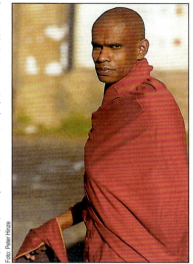
Foto: Peter Hinze

altsinghalesische Inschriften (Südseite). Hat man den neuzeitlichen Klostereingang passiert, erreicht man die „Bekehrungsplattform" mit der **Ambastala Vatadage** 4, im 1. Jh. als überdachte Dagoba errichtet, die Asche und Reliquien von Mahinda enthalten soll.

Von der palmenbestandenen und von Felsen umkränzten Plattform führt hangabwärts nach Osten ein Pfad zum **Bett des Mahinda** 5, einer Höhle mit geglätteter Liege aus Stein. Klippenaufwärts gelangt man zum **Sila-Felsen** (Aradhana Gala). Auf diesem soll Mahinda, der auf wundersame Weise auf dem Luftweg nach Sri Lanka kam, den ersten Bodenkontakt gehabt haben. Der mühselige Aufstieg zu „Mahindas Landeplatz" wird belohnt mit einem traumhaften Blick über die Ebene mit ihren Stauteichen, Bewässerungskanälen und Reisfeldern bis zu den großen Dagobas von Anuradhapura.

Unübersehbar liegt westlich dieses Felsens die **Maha Seya Dagoba** 6 oder **Große Dagoba** aus dem 1. Jh., die das Haar von Buddhas Nasenwurzel bergen soll. Älter ist die unschein-

» Plan S. 174, Info S. 200-201

MIHINTALE

bare **Mihindu Seya** gleich dahinter, vermutlich aus dem 2. Jh. v. Chr., mit ungewöhnlichen Funden in ihrer Reliquienkammer, die 1951 eröffnet wurde: Mehrere Votivdagobas kamen zu Tage, Modelle früher Stupa-Architektur.

Das Gelände hier oben auf dem nackten Felsen ist unbeschattet, nur selten gelangen Besucher über die Pfade und Stufen nach Süden zur **Et Dagoba** 7 mit ihrem unvergleichlichen Ausblick. Erfrischender ist der Weg zum *Naga Pokuna*, dem **Schlangenbad** 8 (ausgeschildert ab Klostereingang), ein natürlichen Reservoir in einer Felsspalte, von dem aus die tiefer gelegenen Teile des Klosters, wie Sinha Pokuna und Refektorium, mit Wasser versorgt wurden.

Schatzraub und Meditation

Steigt man über die Haupttreppe wieder zum Parkplatz hinunter, sieht man als Gegenstück zur Kantaka Da-

Rechts: 344 Elefanten tragen die Ruvanveliseya Dagoba in Anuradhapura.

goba östlich des Hauptweges die **Giribandhu Dagoba** 9 (Namenlose Dagoba). Ihre Reliquienkammer war ausgeraubt, aber es fanden sich Reste von Wandmalereien.

Das kleine moderne **Museum** 10 nahe der Hauptstraße und dem Parkplatz gibt hierüber Auskunft und über weitere Funde am Berg von Mihintale: das **Hospital** 11, die mahayanazeitliche Dagoba **Indikatu Seya** 12 oder das **Kaludiya Pokuna** 13, „Schwarzwasser-Bad", nahe der A 9, 500 m südlich vom Parkplatz. Dies alte Meditationszentrum strahlt noch heute unendliche Ruhe aus: Hier steht die Zeit still.

Viele der markanten Felsen in der Landschaft von Rajarata bergen solche Meditationsorte; das vom 4. bis 11. Jh. genutzte Waldkloster **Ritigala**, vom Kilometerstein 14 der Straße Habarana-Anuradhapura noch 9 km auf schlechter Piste nordwärts, ist einer der bekanntesten. Allein der massige, weithin sichtbare Felsen macht schon neugierig; hier sind alte Klosterruinen und -höhlen zu besichtigen. Ritigala ist zugleich als Naturreservat geschützt.

ANURADHAPURA

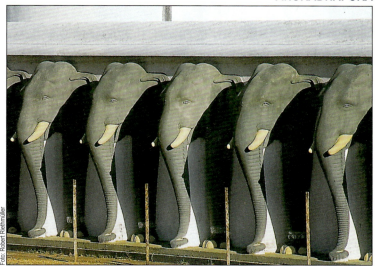

**ANURADHAPURA

Von den zahllosen, über 40 km² verstreuten Bauten des UNESCO-Weltkulturerbes **Anuradhapura ❷ ist keiner mehr im Urzustand; kein Wunder, ist doch die Stadt – tausend Jahre Sitz buddhistischer singhalesischer Königsdynastien – mehrmals zerstört und wieder aufgebaut worden, bevor die südindischen Cholas, eine mächtige hindu-tamilische Dynastie, sie 993 endgültig auslöschten. Übrig blieben fast nur Klosterruinen. Die Hauptklöster und die Königspaläste lagen westlich des Flusses **Malwatu Oya**, jenseits der heutigen modernen Stadt, nahe den drei großen Tanks. Die drei wichtigsten Klosteranlagen, jeweils mit eigener Stupa, sind das **Mahavihara** aus der Zeit der Einführung des Buddhismus im 3. Jh. v. Chr., das **Abhayagiri-Kloster**, errichtet unter Vattagamani (89-77 v. Chr.), und das **Jetavana Vihara**, davon abgespalten im 4. Jh. n. Chr. Die weiteren über das Gelände verstreuten Klöster waren, trotz ihrer Eigenständigkeit, Filialen dieser großen Klöster.

Mahvihara – Mutter aller Klöster

Vermutlich ließ der von Mahinda bekehrte Devanampiya Tissa im eigenen königlichen Garten einen Tempel für den Heiligen Bo-Baum, den *Sri Maha Bodhi ①, errichten. Den Ableger jenes Feigenbaums, unter dem Buddha seine Erleuchtung erlangt hatte, hatte Mahindas Schwester Sanghamitta an diesen ehrenvollen Platz gebracht. Von hier legte der König einen Prozessionsweg quer durch seinen Garten zur Thuparama Vatadage (s. S. 177). Mahinda selbst soll sich um die Klosterarchitektur des **Mahavihara** bemüht haben, als er den Standort der später errichteten Mahathupa mit einer großen Stele markierte.

Der Tempel des Bo-Baums ist eine der heiligsten Stätten der Insel. Es ist sogar glaubhaft, dass er nie zerstört wurde, denn auch tamilischen Hindus ist dieser Baum heilig. Vom ursprünglichen Tempel sind heute nur noch die baumtragende Plattform und Teile der Umgebungsmauer übrig geblieben. Vortempel, Mondsteine, Wächterstelen

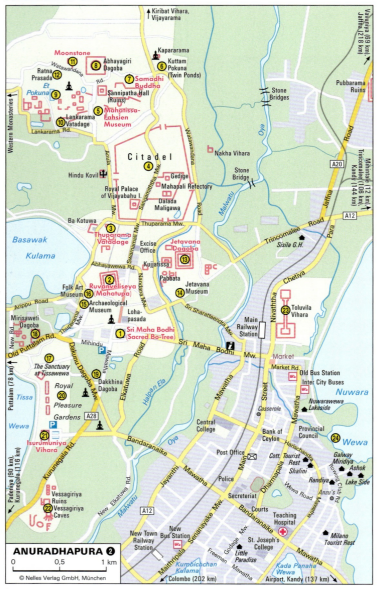

ANURADHAPURA

und Makara-Balustraden sind Zutaten späterer Zeiten. Man kann sich in die Reihe der Pilger einordnen, um im Vortempel gegen eine kleine Spende einen Baumwollfaden ums Handgelenk gewickelt zu bekommen, der Erleuchtung und Glück verheißt. Pilger befestigen auch bunte Wunsch- und Gelübdefähnchen an den Bäumen des Areals.

Verlässt man die heilige Stätte durch den Nordausgang, steht man vor dem wieder erstandenen Prozessionsweg, heutzutage mit roten Steinen gepflastert. Rechts, östlich des Weganfangs, steht der steinerne Wald aus Säulen, die einst den **Lohapasada**, den Bronzepalast, trugen. Zwar sind sie erst vor wenigen Jahren wieder zusammengetragen und aufgerichtet worden – daher die unterschiedliche Machart – doch vermitteln die auf 2500 m² verteilten 1600 Pfeiler einen guten Eindruck von den Maßen des einstmals neunstöckigen Klostergebäudes aus der Zeit von Dutthagamani (161-137 v. Chr.). Die auf den Stelen ruhende Holzkonstruktion mit Kupferdach fiel schon nach 15 Jahren einem Brand zum Opfer. Es gab Nachbauten, sieben-, fünf- und dreistöckig, doch die ursprünglichen Ausmaße wurden nie mehr erreicht. Als es im 3. Jh. n. Chr. zu Konflikten zwischen Mahavihara und dem Abhayagiri-Vihara kam und die Mönche des Mahavihara flüchteten, benutzten ihre Gegenspieler den Bronzepalast als Steinbruch. Im 9. Jh. lebten noch 32 Mönche in dem traditionsreichen Bau. Entlang dem Prozessionsweg passiert man die Reste von Mönchs- und Versorgungsgebäuden des großen Klosters.

Die riesige Kuppel der *Mahathupa* oder ⋆**Ruvaneliseya** ② (Ruvanveli Dagoba) überragt die Ruinen und die baumbestandene Parklandschaft. Mit gut 90 m Höhe und fast gleichem Durchmesser war sie zu ihrer Zeit die größte Stupa der Welt. Dutthagamani

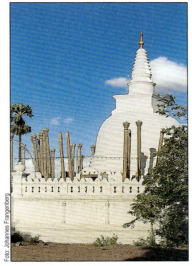
Foto: Johannes Frangenberg

Oben: Steinsäulen trugen einst das Dach der Thuparama Vatadage (Anuradhapura).

ließ sie an der von Mahinda ausgewählten Stelle erbauen. Die heutige Dagoba ist die Rekonstruktion jener, die Parakramabahu I. (1153-1186) im Stil seiner Zeit errichten ließ. Ihm ist auch der imposante **Elefantensockel** um die quadratische Plattform zu verdanken. 344 Elefanten – einst mit echten Stoßzähnen – „tragen" die Dagoba. In den letzten 100 Jahren ist sie gründlich restauriert worden. Neben kleinen Votivdagobas und einigen Buddha- oder Königsstandbildern gibt es links des Eingangs ein kleines Gebäude, in dem steinerne Statuen von Dutthagamani und Elara ausgestellt sind.

Wenig weiter westlich der Mahatupa liegt **Baswakkulama**, Anuradhapuras ältestes Reservoir, ca. 430 v. Chr. angelegt. Das Areal des Mahavihara erstreckt sich weiter nach Nordosten mit Ruinen eines Statuenhauses, eines Schreins und eines Hospitals und findet seinen nördlichen Abschluss an der ⋆**Thuparama Vatadage** ③. Sie ist, abgesehen vom Tempel des Heiligen Bo-Baums, das älteste Bauwerk der Stadt und Reliquienschrein für den rechten

ANURADHAPURA

Schlüsselbeinknochen des Buddha. 176 kapitellgeschmückte Säulen, in vier Kreisen angeordnet, trugen früher ein kuppelförmiges oder konisches Dach, das Dagoba und Umgang schützte.

Zitadelle

Nördlich, im Anschluss an das Gelände des Mahavihara-Klosters, liegt die **Zitadelle** ④, das von einem ursprünglich 5 m hohen Wall umgebene Gebiet des Königs. Die Umwallung hat einen Umfang von 5 km und hat Toröffnungen in alle vier Himmelsrichtungen. Von den am Tor kassierten Abgaben von zehn Prozent auf Lebensmittel profitierte das **Refektorium** östlich der zentralen Straße, wo jeder der bis 6000 Mönche seine Schale füllen konnte.

Daneben liegt der älteste **Dalada Maligawa** (Zahntempel). Unter dem Druck des vordringenden Hinduismus in Indien, wo der Heilige Zahn des Buddha bis Anfang des 4. Jh. aufbewahrt wurde, kam er aus Kalinga im östlichen Indien in die Hände des singhalesischen Königs Sirimeghavanna (301-328). Zu Ehren des Zahns wurden schon in Anuradhapura Peraheras, Prozessionen, durchgeführt, wie sie heute noch in Kandy üblich sind.

Eine Straße führte vom Osttor zum **Königspalast** im Westen der Zitadelle. Der einzige heute anhand von Fundamenten sichtbare Palast stammt von dem bereits in Polonnaruwa regierenden Vijayabahu (1056-1111), der sich hier eine ländliche Residenz bauen ließ. Alle früheren Paläste liegen darunter – der Bau ist auf dem Schutt seiner Vorgänger angelegt. Die ältesten Siedlungsspuren aus der Zeit von 500 v. Chr. fand man in einer Tiefe von 9 m.

Das Abhayagiri-Kloster

Das **Abhayagiri-Kloster** liegt nördlich des Zitadellenareals. **Uttara Vihara**, nördliches Kloster, hieß es ursprünglich, wurde dann aber nach seinem Stifter, Vattagamani Abhaya

Oben: Der Baswakkulama (5. Jh.) ist der älteste Tank von Anuradhapura. Rechts: Kuttam Pokuna (Zwillings-Badebecken).

ANURADHAPURA

(103/89-77 v. Chr.) umbenannt. Der König war, im Jahr 103 von Tamilen verdrängt, für viele Jahre zu geheimem Unterschlupf verdammt, u. a. in den Höhlen von Dambulla. Der aus dem Mahavihara verstoßene Mönch Mahatissa ermöglichte ihm die Rückkehr auf den Thron. Der König wies ihm Land nördlich jenseits seiner Stadtmauer zu. Als im orthodoxen Mahavihara Kritik am Ausschluss dieses Mönchs geübt wurde, solidarisierten sich weitere 500 Mönche mit ihm und gründeten das Uttara Vihara, wo Mahatissa Abt wurde.

Er akzeptierte die damals modernen Ideen des Mahayana-Buddhismus und des Tantrismus und ließ die Verehrung von Bodhisattvas (buddhistischen Heiligen, die angebetet werden) zu. Trotz ihrer gemeinsamen Verehrung von Buddha standen sich seitdem die Klöster Mahavihara und Abhayagiri unversöhnlich gegenüber. Letzteres war sich königlicher Unterstützung sicher, zumal ihm im 4. Jh. die Aufsicht über die Heilige Zahnreliquie übertragen wurde. Es entwickelte sich zur führenden theologischen Institution. Seine Kontakte reichten bis China und Burma, selbst bis Java. Seit dem 5. Jh. n. Chr. war es rein mahayanisch geprägt. Wie alle Klöster von Anuradhapura erlebte es nach der Befreiung von den Cholas im 11. Jh. eine Renaissance, doch wurde es im 12. Jh. unter Parakramabahu I. (1153-1186) mit den anderen Klöstern zwangsvereinigt. Von wenigen Mönchen bis ins 16. Jahrhundert bewohnt, wurde es dann aufgegeben.

Es umfasst eine Fläche von 240 ha und beherbergte bis zu 7000 Mönche. Leider ist die Chronik dieses Klosters verloren gegangen, und aus verständlichen Gründen schweigt sich das Mahavihara, dem die Abfassung der Geschichtschronik Mahavamsa oblag, über dieses Konkurrenzkloster aus.

Die von der UNESCO unterstützten Ausgrabungen haben inzwischen mehr Licht auf diese riesige Klosteranlage werfen können. Im vorbildlichen *Ma-

Foto: Herbert Jennerich

hatissa-Fahsien-Museum ⑤ (benannt nach dem Klostergründer und nach Faxian, einem chinesischen Reisenden des 5. Jh., dessen Aufzeichnungen auch seinen Besuch in Anuradhapura enthalten), dem modernen Gebäudekomplex südlich der zum Kloster gehörigen riesigen Dagoba (⑧), findet der Besucher einen Einblick in historische Zusammenhänge und interne Funktionen des Klosterlebens sowie gut ausgewählte neuere Grabungsfunde (ab Thuparama Vatadage der Straße Anula Mawatha nach Norden folgen).

Beginnt man mit der Besichtigung des Klostergeländes von Osten her, bietet sich an der nordöstlichen Biegung der Straße **Vatavandana** (*Outer Circular Road*, Äußere Ringstraße) ein besonders gelungenes Beispiel von Architektur, die in die Landschaft passt: Das **Kuttam Pokuna** ⑥ oder Zwillingsbecken setzt sich aus zwei rechteckigen Becken zusammen, das nördliche ist mit 30 x 17 x 5 m um 12 m kürzer und 1 m flacher als das südliche. Seine Wände bestehen aus treppenförmig angeordneten Steinbalken und

ANURADHAPURA

dienten den Mönchen bei unterschiedlichen Wasserständen als Sitzbänke. Die vier Eingänge zum Bad zieren *Kumbakalasa*, Vollsteinvasen, aus denen Lotosknospen ragen. Eine imposante **Naga-Stele** bewacht den Zufluss ins nördliche Becken. Das Wasser wurde raffiniert gefiltert: Am nördlichen Rand der Badeanlage befindet sich ein kleines Vorbecken, in das Wasser unterirdisch aus dem nächstgelegenen Stauteich floss. Geschickt arrangierte Überläufe hielten die Sedimente zurück, erst dann gelangte das geklärte Wasser ins Badebecken.

Der sich durchs Gelände schlängelnde Hauptweg verliert sich nach Westen in mehrere Pfade. Nach 300 m trifft man auf das eingezäunte, bewachte Gelände eines Tempels, dem die Buddhisten auch heute noch Verehrung zollen. Der *Samadhi Buddha ⑦ (Buddha in Meditationshaltung) aus dem 4. Jh., zum Schutz überdacht von einer ästhetisch fragwürdigen modernen Betonkonstruktion, ist die einzige vollständig erhaltene von einem Ensemble aus vier Buddhastatuen, die sich hier an den vier Kardinalpunkten um einen nicht mehr vorhandenen Bo-Baum gruppierten. Pandit J. Nehru, indischer Premierminister 1947-1964 und großer Verehrer Buddhas, meditierte in britischer Gefangenschaft vor einem Abbild dieser Statue.

Unübersehbar ist, noch weiter westlich, die **Abhayagiri Dagoba** ⑧, mit 115 m Höhe und ca. 90 m Durchmesser die zweitgrößte der Insel (Bild S. 183). Sie steht am Platz einer älteren, die Vattagamani nach der Rückkehr aus seinem Exil an der Stelle einer Eremitage eines *Jaina* (Anhänger einer indischen Sekte), der ihn vor seiner Flucht verhöhnt hatte, errichten ließ. Die aktuelle Form fand unter König Gajabahu I. (114-136 n. Chr.) ihre Vollendung.

Seit Jahren restauriert man mühevoll diese riesige Ruine. Rasch breiten sich Pflanzen darauf aus. Die üppig verzierte Vortempel sind weitgehend zerstört. Nur an der Südseite der Dagoba befin-

*Oben: Detail des berühmten Mondsteins.
Rechts: Verkaufsstand mit Opfergaben, Anuradhapura.*

ANURADHAPURA

den sich noch zwei bemerkenswerte Stelen von Padmanidhi und Samkanidhi, den wohlgenährten Begleitern des hinduistischen Reichtumsgottes Kubera, der auch Symbol für den Norden ist. Hier zeigt sich einerseits die Symbiose von hinduistischem und buddhistischem Gedankengut, andererseits eine an die hiesigen Verhältnisse angepasste Interpretation der hinduistischen Gottheiten: Wohlstand ist Wasser und kommt in Indien meist von Norden, das Wasser in Sri Lanka aber reichlicher aus dem Süden, so dass die Wohlstandsgottheiten hier die entgegengesetzte Blickrichtung erhielten. Von der Dagoba führt ein Weg Richtung Süden zum Mahatissa-Fahsien-Museum.

Um die Dagoba als Zentrum liegen die Ruinen der Klosteranlagen in einer offenen Parklandschaft, in der an vielen Stellen Ausgrabungen im Gange sind. Bereits ergraben ist das **Refektorium** mit einem großen „Reisboot", einem Steintrog für Reis als Hauptnahrungsmittel, und einem kleinen für die Curries, die Beilagen. An die 7000 Mönche mussten hier bis zwölf Uhr mittags ihre Schale gefüllt haben, für den Rest des Tages waren ihnen weitere Mahlzeiten nicht erlaubt. Nur ein solch riesiges Reisboot machte es möglich, so viele Mönche gleichzeitig zu bedienen.

Ebenfalls südlich der Straße stand ein Bodhighara, Schrein für einen Bo-Baum, der, wie beim Samadhi-Buddha an der Outer Circular Road, auch von Buddha-Statuen an den Kardinalpunkten umgeben war. Davon fand man drei mit ihrem *Asana*, Thron; einer verblieb im Gelände, während die anderen ins Museum gebracht wurden. Zwei steinerne Inschriftplatten, die man hier ausgrub, preisen die Schönheit des nahen Edelsteinpalastes.

Zahlreiche *Kuti*, Mönchsbehausungen, umgeben den **Et Pokuna** ⑨, Elefantenteich, eine der größten Badeplätze für Mönche in Anuradhapura. Behauene Steinsäulen, bienenwabenartig ausgelegt, dienten als Uferbefestigung.

Foto: Herbert Jennerich

Weiter südlich trifft man auf die **Lankarama Vatadage** ⑩, eine ehemals überdachte Dagoba. Sie war Zentrum des Lankarama-Klosters, eines Ablegers vom Abhayagiri-Kloster und wie dieses auch von Vattagamani gestiftet. Drei konzentrische Säulenkreise trugen das frühere Holzdach. Lankarama gilt den Buddhisten in Sri Lanka als wichtige Pilgerstation.

Vom stillen Parkgelände zurück zur von Touristen und Andenkenverkäufern belebten Outer Circular Road, ca. 300 m nordwestlich der Abhayagiri-Dagoba: Vor dem Eingang eines Statuenhauses (irreführend „Mahasenas Palast" genannt) liegt der berühmte ****Mondstein** ⑪, der in klassischer Abhayagiri-Tradition gearbeitet ist. Sein äußerer Ring stellt die Flammen des Verlangens dar, im zweiten findet sich dreimal die Folge der Tiere Elefant-Stier-Löwe-Pferd, mit einem weiteren Elefanten als Abschluss, Symbole für das menschliche Leben bzw. seine Plagen von der Geburt bis zum Tod. Überwindet man sie, wie Buddha es tat, erreicht man, wie im folgenden

» Stadtplan S. 176, Info S. 200–201

ANURADHAPURA

Bogen dargestellt, Schlingpflanzen und Blätter, die Lebenskraft bedeuten, und anschließend die Gänse, jene Tiere, die Wasser und Milch trennen, also Gut und Böse unterscheiden können. Überschreitet man die Schnörkellinie, die die Erleuchtung symbolisiert, kommt man zum Lotos im Zentrum, Sinnbild des Nirwana. Gnome zieren die Treppenstufen oberhalb des Mondsteins. Den Eingang flankieren die Begleiter des Wohlstandsgottes Kubera und zwei singhalesische Löwen.

Etwas weiter westlich liegt der **Ratna Prasada** ⑫, Edelsteinpalast, wie das Kapitelhaus des Klosters genannt wird. Die heute sichtbaren Ruinen gehen zurück auf König Mahinda II. (777-797), der den Palast angeblich für 300 000 Bronzemünzen bauen ließ. Von dem ursprünglich vorwiegend hölzernen Gebäude sind nur noch die steinernen Fundamente erhalten. Unter

Oben: Hutaffe – possierlicher Begleiter von Pilgern und Touristen. Rechts: Die Abhayagiri Dagoba, die zweitgrößte Stupa Sri Lankas, bedarf ständiger Restaurierung.

den Ruinen hat man einen Vorgängerbau aus dem 1. Jh. v. Chr. entdeckt, das wohl erste Kapitelhaus des Abhayagiri-Klosters. Der *Wächterstein am Eingang zählt zu den prächtigsten Sri Lankas: Der Naga-König (Wassergott) hält die Vase des Überflusses und den Blumenzweig des Wohlstands in Händen, beschirmt von Kobras und begleitet von einem Gnom.

Die Waldmönche

Verlässt man das Gelände des Abhayagiri-Klosters Richtung Westen, begleitet die Outer Circular Road auf einer längeren Strecke den historischen Tank **Bulankulama**.

Im anschließenden Dschungel liegen vierzehn Klosteranlagen der Waldmönche, die sich besonders strengen Praktiken in der Waldeinsamkeit unterwarfen. Ihren Namen *Pamsakullika* (Friedhofstücher) erhielten die Mönche nach ihren aus Leichentüchern hergestellten Roben, die ihre Bedürfnislosigkeit noch unterstreichen sollten.

Solch ein **Waldkloster** ist entsprechend dieser Mönchsordnung sehr schlicht gestaltet, wenn auch nicht ohne Finessen: Manche weisen Wege zum Meditieren auf, eines sogar eine ausgeklügelte Klimaanlage: Ein zentraler Fels wird von einem Graben umgeben, sein Wasser kühlte die doppelte Plattform des gewachsenen Steinblocks und dessen Bauten.

Rätsel geben die erstaunlicherweise reich verzierten **Urinalsteine** auf: So gibt es einen von einem eleganten Makara-Bogen umkränzten Lotostisch, der einen Spültopf trägt, in das Urinal daneben sind Löwen eingemeißelt. Sollte damit Verachtung des Luxus ausgedrückt werden?

Unter den Urinalanlagen finden sich drei ineinander übergehende Tongefäße, in denen Kies, Sand und Holzkohle nacheinander den Urin reinigten. Ob der Genuss filtrierten Urins Teil eines Selbstreinigungsrituals und damit eine

ANURADHAPURA

spezielle Form der Meditation war, ist nicht belegbar. Neuere Grabungen beweisen, dass solche Urinalsysteme im klassischen Singhalesenreich sehr verbreitet waren.

Jetavana Dagoba

Die einst größte Dagoba der Welt entstand durch den Streit um die Vorherrschaft von Klerus und Königtum in Anuradhapura. König Mahasena (Regierungszeit 274-301 n. Chr.) sympathisierte mit einem aus dem Mahavihara ausgestoßenen Mönch und seinen Anhängern und stiftete ihnen das **Jetavana-Kloster** unmittelbar östlich des Mahavihara. Als nach schweren Repressalien gegen das orthodoxe Mahavihara dieses aber wieder eine gewisse Stärke erlangte, offenbarte der König mit der Stiftung der riesigen ★**Jetavana Dagoba** ⑬ trotzig seine persönliche Vorliebe zum abtrünnigen Kloster.

Mit damals rund 120 m überragte dieses halbkugelförmige buddhistische Monument alle übrigen Gebäude der Stadt, ihr gewaltiges Gewicht erforderte ein mehrere Meter tiefes Backsteinfundament; insgesamt wurden 90 Millionen Ziegelsteine verbaut. Nach der Restaurierung der über 1700 Jahre alten Stupa muss nun der unverputzte Baukörper ständig von Bewuchs befreit werden.

Vorwiegend westlich und südlich der riesigen Dagoba erstreckt sich der Klosterbezirk mit einigen eindrucksvollen Ruinen: Das **Statuenhaus** mit dem riesigen Türrahmen, der sich nach Osten öffnet, hat zwar seine Buddhafigur verloren, aber der Lotosthron ist wiederhergestellt. Für die heutigen Besucher aufschlussreich ist eine tiefe Öffnung, die einen Blick unter den Thron erlaubt: Man schaut auf einen riesigen *Garbhagrha*, eine Art Setzkasten für die Aufbewahrung von verschiedenen Reliquien, damit wird die Wichtigkeit dieses heiligsten Platzes des Gebäudes offenbart.

Südlich davon liegen die meisten *Panchakavasa*, rechteckige Wohneinheiten mit je vier Kuti (Mönchsbehausungen) und einem zentralen Andachtsraum. Auch die Einrichtung für

ANURADHAPURA

ein heißes **Bad** gehörte zum Kloster. Ein gutes Beispiel für die Umsetzung von Holzkonstruktionen in Stein ist ein **buddhistischer Zaun** im Süden des Geländes. Kapitelhaus und Refektorium sowie das moderne **Jetavana Museum** ⑭ schließen sich an.

Museen und Rest House

Vom Heiligen Bo-Baum als Zentrum des sogenannten Heiligen Bezirks von Anuradhapura ist es ein kurzer Fußweg zu zwei seit langem etablierten Museen. Sie liegen nahe beieinander an der Straße östlich des Baswakkulama-Tanks. Nahebei befindet sich auch einer der Zugänge zum Heiligen Bezirk.

Das **Nationale Museum für Archäologie** ⑮ sammelt die wichtigsten Fundstücke des Anuradhapura-Distrikts und besitzt eine kleine archäologische Bibliothek.

Oben und rechts: Weltlicher Schmuck des Isurumuniya-Klosters – die „Liebenden" (heute im Museum) und das Elefantenrelief (neben dem Aufgang zum Tempelfelsen).

Das **Folk Art Museum** ⑯ wird angesichts des Übergewichts der Archäologie in dieser Gegend leider oft übersehen. Es bietet eine Zusammenstellung von traditionellen Gegenständen des täglichen Lebens und der Volkskunst.

Das größte der drei historischen Reservoire (Tanks) im Westen der Stadt ist der **Tissa Wewa** südlich der Museen. Das nahe Hotel **The Sanctuary at Tissa Wewa** ⑰ trägt seinen Namen. Dies Rest House aus britischer Kolonialzeit wurde sehr stilvoll renoviert. Da es im Heiligen Bezirk liegt, wird dort kein Alkohol ausgeschenkt. Der Standort ist ideal, die historischen Stätten kennen zu lernen. Besonders an den allmonatlichen Poya-Tagen ist es ein unvergessliches Erlebnis, sich bei Vollmondschein unter die Pilger zu mischen und im Schein unzähliger flackernder Öllämpchen auf dem jahrtausendealten Prozessionsweg zu wandeln.

Kleine Klöster und des Königs Park

Die **Mirisaweti Dagoba** ⑱ nordwestlich des einstigen Rest House ist eine der Haupt-Pilgerstätten Sri Lankas. Sie soll das Smaragdszepter von Reichseiniger Dutthagamani enthalten und von ihm gestiftet worden sein. Vom zugehörigen Kloster sind ein Reisboot des Refektoriums und imposante Kapitelhaus-Säulen erhalten.

Die **Dakkhina Dagoba** ⑲, 500 m südöstlich vom Rest House, zählt ebenfalls zu den über 2000 Jahre alten Bauten. Sie ist im 2. Jh. n. Chr. zur heutigen Form verändert worden und soll die Asche von Dutthagamani enthalten haben. Das Kloster stellte zur Zeit der Glaubenskämpfe die Gründer des mahayanischen Jetavana-Klosters.

Unmittelbar hinter dem hohen Damm des Tissa Wewa liegen die **Königlichen Gärten** ⑳. Der Tank bewässerte den Park und machte Bäder und Wasserkaskaden möglich. Die meisten Bauwerke waren hölzerne Pavillons.

ANURADHAPURA

Ein in den Felsen geschlagener Raum war wassergekühlt und enthielt steinerne Liegen. Diese königliche Luststätte war ursprünglich wohl ausgemalt, der Garten selbst mit Lotos- und Goldfischteichen anmutig gestaltet und üppig mit Blumen und Bäumen bepflanzt.

Südlich schließt sich das ***Isurumuniya-Kloster** ㉑ an, das schon Devanampiya Tissa zur Zeit der Einführung des Buddhismus mit Höhlen für Einsiedler ausstattete. Eher weltlich muten die **Elefantenreliefs** an der Ostseite der Felsgruppe an, die einen Badeteich flankieren. Eine menschliche Gestalt, die hinter einem Pferdekopf hervorschaut, wird als der indische Waldgott Aiyanar interpretiert. Zu den zahlreichen weltlichen Reliefs, die außerdem auf dem Klostergelände gefunden wurden, zählen auch **Die Liebenden**, das gelungenste Beispiel der zahlreichen Werke im indischen Guptastil des 7. Jh. Sie haben einen ehrenvollen Platz in dem kleinen **Museum** neben der modernen Tempelanlage erhalten.

Auch das **Vessagiriya-Kloster** ㉒ stammt aus der Frühzeit des sri-lankischen Buddhismus und ist ein schönes Beispiel für die hiesige Architektur, die natürlichen Felsen mit Kunstbauten zu verbinden. Die meisterhafte Ausformung erhielt es erst im 5. Jahrhundert, als Kassapa, der Bauherr der Felsenfestung von Sigiriya, das mittlerweile zerstörte Kloster neu errichten ließ. Zu den drei großen Felsgruppen führten in den Stein geschnittene Treppen hinauf, deren Seitenwände verputzt und mit einer Art Freskomalerei dekoriert waren, was heute noch an einigen Spuren erkennbar ist.

Alte Klöster und moderne Stadt

Weitere Klosteranlagen aus dem 3. und 10. Jh. finden sich außerhalb des heutigen Heiligen Bezirks. Sie sind alle regelmäßig um eine quadratische Plattform angelegt. Dagoba, Kapitelhaus, Statuenhaus und Bo-Baum bilden den Kern, daran schließen sich die Mönchsgebäude an, rundherum ein Wassergraben. So liegt z. B. östlich des Bahnhofs das **Toluvila Vihara** ㉓, dessen berühmter Meditationsbuddha einem

AUKANA

begegnet, sobald man das Nationalmuseum in Colombo betritt.

Die moderne Stadt Anuradhapura ist geschäftige Hauptstadt des größten Distrikts von Sri Lanka und hat über 60 000 Einwohner. Die meisten **Hotels** liegen nahe dem riesigen Tank **Nuwara Wewa** ㉔, der schon in klassischer Zeit die Reisfelder östlich des Malwatu Oya bewässerte. Reisenden mit viel Zeit wird die reizvolle 6-7 Stunden dauernde Bahnfahrt Colombo – Anuradhapura empfohlen; schneller voran kommt man auf der Straße.

*AUKANA BUDDHA

Knapp 50 km südöstlich von Anuradhapura liegt 10 km abseits der A 9 der ländliche Ort **Kalawewa** ❸ am Nordrand des von König Dhatusena (455-473) erbauten riesigen Stausees **Kala Wewa**. Auf seiner hohen Deichkrone führt eine Straße mit schöner Aussicht auf den See entlang. Heute versorgt der wieder instand gesetzte Tank über 100 Dörfer mit Wasser.

Eines davon ist *****Aukana** ❹, 3 km westlich des Damms; berühmt ist sein Kloster, dessen Mittelpunkt der *****Aukana Buddha** ist. Mit 12 m, einschließlich Lotosthron 14 m Höhe, ist er die größte Monumentalskulptur von Sri Lanka. Die aus dem anstehenden Gestein herausgeschlagene Plastik, die zum Kala Wewa schaut, ist nur an ihrer Rückseite mit dem Felsen verbunden. Die Statue zeigt Buddha in *Asisha Mudra*, segnender Handhaltung, mit der Rechten, während die Linke das Gewand rafft, um den Schritt über den ewigen Fluss des Kreislaufs der Wiedergeburten zu tun. Das Alter der Statue ist umstritten wie auch der Grund ihrer Erbauung. Man nimmt an, dass sie zwischen dem 6. und 8. Jh. entstanden ist. Sie war von einem Statuenhaus geschützt, dessen Grundmauern auch heute noch die riesige Skulptur umgeben. Das Kloster ist ein beliebtes Pilgerziel.

Oben: „Segen spenden" bedeutet die Handhaltung des Aukana Buddha. Rechts: Kommunikativer Treffpunkt – der Dorfbrunnen.

SASSERUWA

*BUDDHA VON SASSERUWA

Nur 10 km Luftlinie entfernt steht westlich von Aukana der *Buddha von Sasseruwa ❺, fast ebenso hoch und vermutlich aus der gleichen Epoche. Dorthin zu gelangen ist wegen schlaglochreicher Straßen etwas mühselig, die Zufahrtswege aus verschiedenen Richtungen sind ausgeschildert mit **Resvehera**, dem Namen des idyllisch an einem Tank gelegenen dazugehörigen **Klosters**. Kommen Gäste, naht meist ein freundlicher Mönch mit riesigem Schlüssel, um die Türen zu den in **Felshöhlen** untergebrachten ausgemalten **Statuenhäusern** zu öffnen.

Auch dieser stehende, am Osthang des Berges aus dem Felsen gemeißelte Buddha befand sich, wie Balkenlöcher im Gestein rund um die Figur zeigen, in einem Statuenhaus, das aber inzwischen verfallen ist. Die Figur blieb aus ungeklärten Gründen unvollendet.

10 km westlich von Sasseruwa, am besten erreichbar über die B 126 (von der A 28 ab Galgamuwa Richtung Osten) und von Gallewa 6 km Nebenstraße, dann 15 Minuten Fußweg, liegt einsam in lichter Dschungellandschaft der schön verzierte **Bodhighara** von **Nillakgama** ❻. Die quadratische Plattform des ursprünglich von einer Holzkonstruktion überdachten Umgangs für diesen Baumtempel ist außen mit Reliefplatten verkleidet, die u. a. Gänse- und Rankenbänder, vor allen Dingen aber Löwen enthalten. Durch ungewöhnliche Türrahmen betritt man von zwei Seiten das Heiligtum. Der Bo-Baum im Zentrum ist an den Kardinalseiten von leeren **Asanas** (Thronen) als Symbole für den Buddha umgeben.

Archäologisch Interessierte finden 3 km westlich von Mahagalkadawala (A 28) die ungewöhnliche Vatadage des Klosterkomplexes **Rajangana** ❼. Da die Anlage frühzeitig aufgegeben und nicht verändert wurde, hat sich hier die frühe Form einer ehemals überdachten Dagoba auf quadratischer Plattform erhalten.

Ein auffälliger Felsen nahe dem Bahnknotenpunkt **Maho** überragt alle Hügel in der Umgebung und ist schon aus weiter Entfernung zu erkennen:

YAPAHUWA

*YAPAHUWA

Statt wie sein Vorgänger von Dambadeniya aus zu herrschen, fand Bhuvanekabahu I. (1272-1284) einen noch imposanteren Felsen für seine Festung in *Yapahuwa ❽. Diesen Standort hatten die Singhalesen schon in den Jahren der Magha-Herrschaft (1215-1236) als Beobachtungsposten benutzt. Zwei starke Mauerringe (wiederhergestellt) und ein Wassergraben umgaben den Felsen im Süden; seine fast 100 m hohen Wände stellten den übrigen Schutzwall dar.

Man vermutet, dass in dem geräumigen Gelände zwischen beiden Mauern Häuser der Stadtbewohner lagen, während sich die wichtigeren Bauten für den Herrscher und seine unmittelbaren Gefolgsleute im inneren Ring befanden. Hier sind die Fundamente größerer rechteckiger Bauwerke erhalten.

*Oben: Wasser holen ist Frauensache.
Rechts: Aus allen Himmelsrichtungen weithin sichtbar – der einst von Lustgärten umgebene Sigiriya-Felsen.*

Unübersehbar ist auf einer natürlichen Plattform am Südosthang des Felsens der **Zahntempel**. Eine reich verzierte, steile **Freitreppe** führt hinauf. Sie endet an einem steinernen Türrahmen, der von zwei Fensteröffnungen flankiert wird. Sie waren ursprünglich mit kunstvollen **Steingittern** versehen, die nun in den Museen von Colombo und Yapahuwa einen besser geschützten Platz erhalten haben. Von dem Gebäude sind nur noch Backsteinfundamente erhalten. Südindische Pandyas raubten die kostbare Reliquie 1284 aus diesem Tempel und zerstörten die Festung; sie blieb verlassen.

Man erreicht den Ausguck der einstigen Wachtposten über einen Fußpfad zum Gipfel. Wer den damaligen künstlerischen Einfluss aus Indien studieren möchte, schaue sich Reliefs und Plastiken der Treppe im modernen **Museum** (oberhalb des Kassenhäuschens) an.

Eine **Klosterhöhle** an der Ostseite des Felsens wird seit dem 2. Jh. bis heute benutzt und ist zu besichtigen. Ca. 3 km entfernt liegt eine moderne **Ayurvedaklinik** (Restaurant).

SIGIRIYA

★★SIGIRIYA

Mord und Totschlag waren zu allen Zeiten ein beliebtes Mittel, die Thronfolge zu beeinflussen. Nirgendwo jedoch entstand in der Folge auf ein Kapitalverbrechen ein ähnlich originelles Bauwerk wie die Palastanlage von ★★Sigiriya ❾. Ihr Bauherr war Kassapa I. (478-497), der seinen Vater Dhatusena bei lebendigem Leib einmauern ließ, weil dieser ihm weder die geforderten Reichtümer noch die Thronfolge zusagen wollte. Auch hielt der Sohn Rache und Strafe für angemessen, da der Vater wegen eines Familienstreits aus nichtigen Gründen seine eigene Schwester hatte verbrennen lassen. Der rechtmäßige Thronerbe, Kassapas Halbbruder Moggallana, floh daraufhin entsetzt ins südindische Exil.

Von Anuradhapura aus zu herrschen getraute sich Kassapa jedoch nicht. Er wählte den 200 m hohen, nach allen Seiten steil abfallenden Gneisfelsen von Sigiriya („Schlund des Löwen") 60 km südöstlich der Hauptstadt. Ihm waren 18 Jahre vergönnt, die Palastfestung zu bauen und zu genießen, bis Moggallana mit einem südindischen Heer ihn zur Aufgabe zwang. Kassapa erdolchte sich, sein Bruder ließ die Anlagen schleifen, überließ den Felsen mit seinen Höhlen Mönchen und regierte wieder von Anuradhapura aus.

Die gesamte Anlage ist UNESCO-Welterbe und umfasst den Felsen sowie dessen Vorland nach Westen und Osten, das mit einer dreifachen bzw. doppelten Umwallung mit dazwischenliegenden Gräben gesichert war. Man hat den innersten Graben auf der Westseite restauriert, dort befindet sich damals wie heute der Eingang. In neuerer Zeit hat man Zufahrten von Norden und Süden geschaffen; man kann die Felsenanlage am südlichen Parkplatz verlassen. Hier ist man in auch der Nähe der Hotels und Restaurants von Sigiriya.

Kassapas Wolkenpalast

Am westlichen Parkplatz finden sich Verkaufsbuden und das neue archäologische **Sigiriya Museum**. Vom **Westtor** am inneren Wassergraben führt ein

SIGIRIYA

schnurgerader Weg durch die symmetrisch angelegten **Lustgärten** vorbei an Teichen und Wasserspielen, die nach heftigem Regen immer noch funktionieren. Unwillkürlich zieht der mächtige Felsen mit dem ockerfarbenen Band der Spiegelgalerie die Blicke an.

Es lohnt sich, nicht sofort geradeaus zum Hauptfelsen zu streben, sondern zwischen den Gesteinsblöcken im Südwestteil an den Höhlen mit Tropfrändern vorüberzugehen; sie haben bereits als **Mönchsbehausungen** gedient, bevor Kassapa das Areal für seine Zwecke beschlagnahmte. An der **Kobra-Höhle** – ein mächtiger senkrechter Steinblock mit einem Überhang in Form eines Schlangenkopfs – und an der **Asana-Höhle** – eine Höhlung mit eingemeißeltem Steinthron – beweisen Putz- und Bemalungsreste deren Nutzung während der Königszeit. Im Felsen darüber ist eine **Zisterne** kunstvoll

Oben: Beginn des Aufstiegs zum Wolkenpalast durch riesige Löwenpranken. Rechts: Bettler am Höhlenkloster von Dambulla.

eingelassen, der kleinere Felsblock nebenan deutet mit seiner sorgfältig abgeplatteten Oberfläche auf eine **Audienz-** oder **Gerichtshalle** hin. Pfostenlöcher in ihrem Boden lassen auf Vorrichtungen für eine Überdachung schließen.

Über Treppenanlagen erreicht man den Hauptfelsen und nähert sich der **Spiegelgalerie**; sie ist die äußere Wand des am Gestein aufgehängten Zugangs zu den oberen Teilen der Festung. Diese Schutzwand ist mit einem Gemisch aus Quarzmehl, Öl und Leim verputzt, sodass die glasartige Oberfläche wirklich spiegelnd wirkt. Die Putzmischung ist für tropische Verhältnisse ideal, wie der ausgezeichnete Zustand der Galerie beweist. An ihrer Innenseite entdeckte man singhalesische Graffiti, die ältesten profanen Dokumente in dieser Sprache. Touristen des 7. bis 12. Jh. haben sie eingeritzt und preisen u. a. die Landschaft, besonders aber die ***Wolkenmädchen** (Bild S. 14). Vermutlich waren einst große Teile des Felsens mit Malereien übersät, die diese prächtig geschmückten, leicht bekleideten Damen zeigten. Sie könnten

SIGIRIYA / DAMBULLA

die frühen Besucher der Felsenburg an den wolkenumkränzten Himalayaberg Kailasa erinnert haben, Wohnsitz des genussfreudigen Gottes Kubera. Helle Gewitterprinzessinnen und dunkle Wolkenmädchen umtanzten den Gipfel. Ob Kassapa mit dieser Anspielung sein Gottkönigtum untermauern oder seinen Thronraub legitimieren wollte?

Auch wenn viele Fragen offen bleiben – warum sind die Mädchen nur bis zur Taille abgebildet, obwohl sie angeblich tanzen? Warum trägt das dunkle Mädchen stets die Attribute der Dienerin (gesenkter Kopf, Darreichung einer Blumenschale), das helle immer die der Herrin (Haupt erhoben, reicherer Schmuck)? Warum immer paarweise Darstellung? –, so überzeugt doch die Meisterschaft dieser freihändig gemalten Figuren. Auf einer Grundierung von Leim und Öl wurden die Farben aufgetragen. Diese verbanden sich mit dem Putz und ließen so einen Effekt entstehen, der italienischen Fresken ebenbürtig ist. Heute sind, geschützt von einem Überhang, noch etwa 20 Mädchen zu sehen. Man erreicht sie über eine enge Wendeltreppe von der Galerie aus.

Über die Spiegelgalerie gelangt man zu einer Plattform auf der Nordseite des Felsens. Von hier geht es über eine moderne Treppenkonstruktion zwischen riesigen **Löwenpranken** aus Backstein hindurch. Nur noch die Vorderläufe des *Sinha*, des Löwen, Symboltiers der Singhalesen, sind übrig geblieben.

Die Oberfläche des Felsens ist von den Ruinen der seit dem 6. Jh. zerstörten Palastanlagen überdeckt. Die Funktion der einzelnen Gebäude ist kaum mehr zu ermitteln. An der höchsten Stelle im Norden befand sich der **Königspalast**, am unteren Ende des sanft nach Süden abfallenden Geländes ist eine schwimmbadgroße Zisterne ausgehoben. Der Rundblick ist wahrhaft göttlich. Die Anlage ist ab 7 Uhr geöffnet und stark besucht. Ein früher Aufstieg ist zu empfehlen.

Foto: U. Schweitzer (PhotoPress)

*DAMBULLA

Über einem **Museum** mit Internetcafé thront ein moderner goldener Buddha – hier ist der Zugang zum über 2000 Jahre alten UNESCO-Welterbe ***Höhlenkloster von Dambulla** ❿: Man steigt über blanken Fels und Treppen, an Bettlern vorbei, hinauf zu Höhlen auf halber Höhe eines riesigen Felsbuckels. Der weite Blick über die Ebene und in Richtung auf das Bergland entschädigt für die Mühen des Aufstiegs. Dies ist vermutlich der Ort, an dem König Vattagamani sich nach seiner Flucht vor tamilischen Eindringlingen 103-89 v. Chr. versteckt hielt.

Eine Brahmi-Inschrift aus dem 1. Jh. v. Chr. über dem Eingang der ersten Höhle berichtet über die Klostergründung. Die Höhle wird von der 14 m langen **Figur des sterbenden Buddha** beherrscht. Sie ist aus dem anstehenden Fels gemeißelt und erfuhr im Laufe der Zeit unzählige Bemalungen. Am Fußende steht Buddhas Lieblingsschüler Ananda, am Kopfende Vishnu. Dessen göttliche Kraft soll die Entstehung der

» Karte S. 170-171, Info S. 200-201

DAMBULLA

Höhlen möglich gemacht haben; danach heißt diese erste **Devarajalena** oder Gottkönigshöhle.

Die zweite und größte Höhle, die ***Maharajalena**, bevölkern 16 stehende und 40 sitzende **Statuen** von Buddha und die der Götter Saman und Vishnu, bekränzt von den Pilgern. Auch zwei überlebensgroße Königsskulpturen stehen hier: *Vattagamani*, der das Kloster im 1. Jh. v. Chr. beehrte, und *Nissanka Malla*, der im 12. Jh. 50 Statuen vergolden ließ, wie eine Steininschrift nahe dem Klostereingang mitteilt. Die Höhle heißt deshalb *Maharajalena*, Höhle der großen Könige.

Das aus dem Felsen geschlagene Buddhastandbild in der linken Raummitte wird von den hölzernen Figuren der Bodhisattvas Maitreya (links) und Avalokiteshvara oder Natha (rechts) begleitet. Eine Dagoba und ein Brunnen mit heilkräftigem Wasser, das aus einer Deckenspalte tropft, haben ebenfalls Platz in diesem Raum. Wertvoll ist die kandyzeitliche Temperamalerei an der Höhlendecke aus dem 18. Jh., die Szenen aus Buddhas Leben zeigt, vom Traum der Mahamaya bis zur Versuchung durch den Dämonen Mara. Weitere Bildergeschichten erzählen wichtige historische Begebenheiten des Landes (Taschenlampe mitbringen!).

Die dritte Höhle, das **Maha Alut Vihara**, das Große Neue Kloster, stattete König Kirti Sri Rajasinha (1747-1782), der berühmte Erneuerer des Buddhismus, mit Decken- und Wandmalerei in typischer Kandy-Manier aus. Neben 50 Buddhastatuen ist auch das Standbild des Königs zu sehen.

Die vierte und die fünfte Höhle sind kleiner, später entstanden und weniger kunstvoll ausgestattet. Hohe Verehrung genießt ein kleiner **Vishnu-Devale** zwischen der ersten und zweiten Höhle.

Nachdem sich eine Touristin auf einer Buddhastatue sitzend hatte fotografieren lassen, galt vorübergehend Fotografierverbot; man respektiere die Hausordnung! Jeder sollte geziemende Kleidung tragen – Knie bedeckt.

Oben: Die Götter Vishnu und Saman in der Maharaja-Höhle des Klosters Dambulla.
Rechts: Am Kandalama Tank bei Dambulla.

POLONNARUWA

***Nalanda – das „Abu Simbel"
von Sri Lanka**

20 km südlich vom Dambulla-Tempel liegt, 1 km östlich der A 9, das Kleinod des ***Nalanda Gedige** ⓫. Das ungewöhnliche **Statuenhaus** versetzte man im Rahmen des Mahaweli Ganga-Programms beim Bau des Bowatenne Tank hierher, nahe dem Ort Nalanda.

Das Gedige ist wie ein hinduistischer Tempel gebaut mit *Mandapa* (Vorhalle, einst überdacht), kurzem Durchgang zur unverzierten *Cella* und Umgang um das heilige Zentrum. Hinduistische Gottheiten wurden hier nicht verehrt; der Tempel soll Buddhisten gedient haben. Auch die 1975 mühevoll zusammengesetzten schmuckreichen Fassadenteile zeigen überwiegend Einfluss südindischer Stilelemente, die eine nur vorsichtige Datierung ins 8. bis 11. Jh. erlauben. Immerhin erscheint Gott Kubera auf der Südseite des Giebelfelds über dem Sanktuarium, dies ist nur in Sri Lanka üblich. Zauberhaft in die Landschaft eingebettet, lädt der Tempel zum längeren Verweilen ein.

**POLONNARUWA

Nachdem die südindischen Cholas 993 die Stadt Anuradhapura gestürmt hatten, richteten sie ihre neue Hauptstadt im 90 km weiter südöstlich gelegenen ****Polonnaruwa** ⓬ ein. Nur 10 km weiter östlich fließt der Mahaweli Ganga als Grenzfluss zur historischen Provinz Ruhuna, von wo die Singhalesen ihr Land wiederholt zurückerobert hatten. Dies gelang Vijayabahu (1056-1111); er machte die von den Südindern errichtete Hauptstadt zu seiner eigenen.

Zwei weitere singhalesische Könige, Parakramabahu I. (1153-1186) und Nissanka Malla (1187-1196), prägten sie ebenfalls mit ihren Bauten. Im 13. Jh. wurde sie aufgegeben; Dschungel überwucherte Paläste und Klöster.

Am Meer des Großen Parakrama

Noch heute kommt das Wasser für die über 12 000 Einwohner der weitläufigen Distrikthauptstadt Polonnaruwa aus dem riesigen Stausee **Parakrama Samudra** ❶, dem „Meer" des großen

POLONNARUWA

(*bahu*) Parakrama, dem es mit äußerster Härte gelungen war, noch ein einziges Mal das klassische Singhalesenreich zu einigen und die Bewässerungsanlagen zu erneuern. Der einige Kilometer lange Staudamm begrenzt die historische Stadt im Westen. Sie steht auf der Liste des UNESCO-Welterbes und misst 5 km von Norden nach Süden, ihre Fläche, soweit bisher archäologisch erfasst, beträgt 9 km².

Nahe dem Südende des Damms steht eine überlebensgroße würdevolle Steinplastik, von der man annimmt, dass sie den großen König darstellt. Was er in Händen trägt ist ungeklärt: ein Joch oder ein Palmblattmanuskript (Symbole entweder der Königswürde oder von Klugheit). Die **Statue des Parakramabahu** schaut durch die lichte Dschungellandschaft auf das 200 m entfernte **Potgul Vihara**, das Bibliotheks-Kloster. Auf der letzten von vier ummauerten Terrassen steht das Heiligtum, ein merkwürdiger Rundbau

Oben: Statue des Königs Parakramabahu, des größten Königs von Polonnaruwa.

mit Eingangskorridor. Hier könnten die heiligen Bücher aufbewahrt worden sein: Der große König soll nämlich ein Kloster gestiftet haben, in dem die Jatakas, Legenden aus Buddhas früheren Existenzen, rezitiert wurden. Auf der dritten Plattform gruppieren sich Mönchsgebäude um die zentrale Terrasse.

Nordwärts auf Dammkrone stößt man nach knapp 2 km auf eine kurze, in den See hinausragende Halbinsel, dem Gelände des früheren Lustgartens des Parakramabahu. Am Südrand errichtete man 1954 anlässlich des Besuchs der britischen Königin ein sehr einfaches **Rest House** 2 mit herrlichem Ausblick – die Queen's Suite des Zehn-Zimmer-Hotels kostet Aufschlag.

Zwei Könige – zwei Palastbezirke

Unterhalb des Rest House, nahe dem breiten Bewässerungskanal, ist das moderne *****Archäologische Museum** 3 zu empfehlen. Nördlich davon blieb eine alte **Dammschleuse** erhalten. Den historischen Kanal quert ein Pfad: So kommt man am Becken der **Badeanlage** des Königs vorüber, um dann den **Palastbezirk von Nissanka Malla** 4 zu betreten. 100 m weiter, nahe dem Seeufer, steht ein fensterloses, mehrstöckiges Gebäude, das man als das **Mausoleum** dieses Königs bezeichnet. Hinter den Resten einer Trennmauer liegen sein **Palast**, von dem nur noch die Fundamente erhalten sind, und seine **Ratshalle** auf einer länglichen rechteckigen Plattform, deren äußere Verzierung mit Reliefplatten nahezu verschwunden ist. Sichtbar sind die flüchtig behauenen, stämmigen Säulen mit den Namen der Höflinge, die die ihnen zugewiesenen Plätze einzunehmen hatten. Das Holzdach ist vergangen. Am Südende steht der wuchtige **Löwenthron**.

Ein zweiter Palastbezirk, nämlich der von **Parakramabahu**, befindet sich innerhalb der hohen Mauern der *****Zitadelle** 5. Sie bildet den zentralen Teil des ebenfalls von einer Mauer

POLONNARUWA

umgrenzten historischen Stadtgebiets. Eine moderne Grenze besitzt dieser streng gesicherte **Archäologische Bezirk** mit seinen Stacheldrahtzäunen und Schlagbäumen. Er schließt die Zitadelle, den östlichen Teil der historischen Stadt und die nördlich sich anschließenden Klosterbereiche ein. Eintrittskarten erhält man im **Museum**.

Die Zitadelle im Archäologischen Bezirk liegt südlich des beschilderten Eingangs. Ihre hohe Backsteinmauer umgibt ein weiträumiges Areal, dessen auffälligstes und höchstes Gebäude der **Palast von Parakramabahu** ist. Seine Residenz war von zwei Mauern umgeben, die eine Galerie bildeten und den quadratischen Palast (50 x 50 m) und den ebenso großen Hof umschlossen. In den mächtigen Mauern der Ruine lassen sich noch heute die Löcher für die Decke aus Holzbalken, die steinerne Treppe zum ersten Geschoss, die Säulen des Atriums, eine weitere große Halle und die Zellen der Dienerschaft entlang der Außenmauer erkennen. Von den übrigen sechs Etagen des angeblich 1000 Zimmer umfassenden Palastes ist nichts mehr zu sehen.

100 m östlich erhebt sich Parakramabahus **Ratshalle**, deren Außenflächen mit Elefanten-, Löwen- und Gnomenfriesen umgeben sind. Den Eingang betritt man über Polonnaruwa-Mondsteine (bei den Tiersymbolen fehlt die Kuh, bzw. der Nandi-Stier aus Rücksicht gegenüber den damals zahlreichen Hindus im Lande), die Balustraden zieren Löwen und Makaras (mythische Seeschlangen). Sorgfältig bearbeitete Säulen hielten früher ein Holzdach.

Außerhalb der Zitadellenmauer, nahe dem Hauptkanal im Süden, konnte sich der große König im **Kumara Pokuna** oder Königsbad erfrischen. Es ist quadratisch mit elegant ausgesparten Ecken, zur Seite steht ein mit Löwenreliefs verzierter **Badepavillon**.

Die Zitadelle hat nur einen Zugang von Norden. Verlässt man ihn, schaut man auf den **Shiva-Tempel Nr. 1** 6, in

» Plan S. 195, Info S. 200-201

POLONNARUWA

dessen Unterbau mit fein gegliederter Fassade die Statuennischen nahezu alle leer sind, aber in der Cella befindet sich bis heute der Lingam, das Phallussymbol des Gottes Shiva. Das aus Backsteinen gemauerte Dach ist bis auf Reste verschwunden. Dieser Tempel war Fundort einer großen Sammlung von bronzenen Götterdarstellungen, die heute im Nationalmuseum in Colombo zu sehen sind.

Dalada Maluwa: *Heiliges Viereck

Auf einer erhöhten Fläche von ca. 100 x 100 m, die **Dalada Maluwa**, *Heiliges Viereck 7 (wörtlich Zahn-Platz), genannt wird, stehen weit entfernt von den Klöstern, aber in nächster Nähe zur Zitadelle, mehrere Tempelanlagen, die im Zusammenhang mit den regierenden Königen standen. Da die Reliquie des Heiligen Zahns zum entscheidenden Symbol der Königswürde

Oben: Lingam im Shiva-Tempel Nr. 1, Polonnaruwa. Rechts: Tempelwächter an der Vatadage von Polonnaruwa.

geworden war, veranlassten die drei herausragendsten Herrscher, jeweils ihren eigenen *Dalada Maligawa*, Zahntempel, zu errichten.

Der Rundbau links vom Hauptaufgang wird **Vatadage**, überdachte Dagoba, genannt und ist der Zahntempel des Parakramabahu, wurde aber von Nissanka Malla, der sich gemäß einer Inschrifttafel den Bau selbst zuschreibt, später verändert. Drei Säulenkreise trugen das Holzdach für die zentrale Dagoba und den Umgang, der äußere ist in einen feinen buddhistischen Zaun einbezogen. Eine massive Backsteinmauer unterstützte die Konstruktion. Um die Dagoba sitzen an den Kardinalpunkten vier Meditationsbuddhas, vor ihnen liegt jeweils ein Aufgang, der mit Makaras, Wächterstelen und Mondsteinen kunstvoll verziert ist.

Nördlich gegenüber liegt der Zahntempel von Nissanka Malla. Das **Hatadage** („Haus der 60 Reliquien") ist von einer Mauer umgeben. Die Steintreppe in der Vorhalle führte einst in das hölzerne Obergeschoss zum Zahnreliquienschrein.

POLONNARUWA

Nebenan steht das ebenfalls ursprünglich zweistöckige **Atadage** („Haus der acht Reliquien"), das Vijayabahu für die Zahnreliquie erbauen ließ. Der König überließ tamilischen Söldnern die Aufsicht über den Tempel, um sie mit dieser Pfründe zu entlohnen, wie aus einer Inschrift neben dem Gebäude hervorgeht.

Die **Statue eines Bodhisattva**, der mit zierlichen Knospensäulen ausgestattete **Meditationstempel von Nissanka Malla**, ein Statuenhaus mit dem Backsteinkern eines liegenden Buddha und ein Bodhighara, ein **Baumtempel**, befinden sich nördlich des **Thuparama** genannten Statuenhauses aus dem 12. Jh. Die mit Nischen und Pilastern versehene Fassade, von einem Elefanten- und Gebäudefries umkränzt, zeigt südindische Einflüsse. Die innere Kuppel ist ein „falsches Gewölbe", bei dem sich die Mauern nach innen verdicken und in der Mitte treffen. Nur noch Ziegelreste der kolossalen Buddhastatue sind im Allerheiligsten zu erkennen, die übrigen Statuen sind Grabungsfunde aus anderen Teilen der Stadt.

An den nordöstlichen Rand des Heiligen Bezirks gedrängt sind das **Gal Pota**, Steinbuch, in das die Ruhmestaten des Nissanka Malla graviert sind, und das **Satmahal Pasada**, ein siebenstöckiger pyramidenförmiger Bau, der Einflüsse aus dem Khmer-Reich zeigt.

Tempel und Klöster im Dschungel

Innerhalb der Stadtmauern finden sich hinduistische Tempel für Shiva, Vishnu und Ganesha, die entweder während der Zeit der singhalesischen Könige für deren tamilische Frauen erbaut wurden oder aus der Chola-Zeit stammen, wie z. B. der kleine, meist verschlossene **Shiva Devale Nr. 2** 8 aus dem 11. Jh. in der Nordostecke des Stadtbereichs. Vier Nandi-Stiere umstehen ihn, er ist vollständig intakt und wird alljährlich an zwei Junitagen von hinduistischen Pilgern besucht.

Foto: Werner Stuhler

Einige Königinnen waren buddhistisch und ließen auffällige Dagobas errichten, wie die **Pabulu Vihara** nahe diesem Shiva Devale, oder, bereits außerhalb der Stadtmauer, nahe dem kleinen Kloster **Menik Vihara** 9, die riesige **Rankot Vihara** 10.

Nördlich der großen Rankot Dagoba führt ein breiter Fußweg durch die umfangreichen Anlagen des **Alahana Pirivena** (Kloster am Verbrennungsplatz). Vorbei an vielen Kuti (Mönchswohnungen) und einem Hospital, erkennbar an einer steinernen, den menschlichen Körperumrissen nachgeformten Kräuterbadewanne, gelangt man auf den höchsten Platz des Areals zu den Fundamenten des **Baddhasima Pasada** 11, der Versammlungshalle. Eine Plattform in der Mitte des umfangreichen Gebäudes markiert den Standort des Predigers. Das Statuenhaus unterhalb davon, **Lankatilaka** 12, Juwel von Lanka, war ursprünglich 30 m hoch und einstöckig, obwohl seine Fassade mehrere Etagen vortäuscht. Die riesige stehende, ehemals 13 m hohe Buddhafigur im Inneren umwandelte man in einer Pro-

POLONNARUWA

zession oder betrachtete sie von dem Mandapa, dem mit Löwenfriesen verzierten **Meditationsgebäude** gegenüber dem Eingang. Die weiß gekalkte **Kiri-Dagoba**, Milch-Dagoba, und kleinere Gedächtnisdagobas begrenzen das Klostergelände im Norden.

**Gal Vihara

Hier trifft man auf den Hauptweg und einen Park- und Rastplatz neben einem kleinen Stauteich. An Kiosken oder von fliegenden Händlern erhält man Erfrischungen und Souvenirs.

Ein Fußweg auf der Dammkrone und ein breiter Sandweg östlich davon führen zum **Gal Vihara** ⓭, Steinkloster. Das Ensemble der vier aus dem anstehenden Gneisfelsen herausgemeißelten Statuen sind für viele der Höhepunkt des Besuchs in Polonnaruwa. Zur Zeit von Parakramabahu, der das Kloster stiftete, waren die Statuen bemalt und befanden sich jeweils in ihrem eigenen Statuenhaus, Balkenlöcher im Fels und in Umfassungsmauern davor machen dies deutlich.

Den linken, größeren der beiden Meditationsbuddhas umgibt ein fein gearbeiteter Heiligenschein, sein Lotosthron ist mit Blitzen und Löwen verziert. Diese 5 m hohe Figur schmückt die Front des Felsens, während für den benachbarten und nur 1,40 m hohen sitzenden Buddha eigens eine Höhle ausgemeißelt wurde. Er wird von einem steinernen Schirm beschützt und von Palmwedelträgern flankiert. Die Höhle zeigt noch Putzreste und Bemalungsspuren.

Rechts daneben ist die Front des Felsens geglättet und enthält eine Inschrift über das Konzil, das Parakramabahu 1160 einberufen hatte, um die buddhistischen Orden zu einigen. Die stehende Statue in Tivanka-Haltung („dreifache Beugung") rechts daneben gab Rätsel

Rechts: Zwei der vier eindrucksvollen Buddha-Statuen im Gal Vihara, Polonnaruwa.

wegen der ungewöhnlichen gekreuzten Armhaltung auf; inzwischen herrscht kein Zweifel mehr, dass es sich hier wirklich um eine Buddhadarstellung handelt.

Den eindrucksvollen Abschluss der Gruppe bildet der gut 14 m lange liegende Buddha beim Übergang vom Diesseits ins Nirwana. Das verzierte, eingedrückte Kissen, die Armhaltung, der Faltenwurf des Gewandes, all dies zeigt das meisterliche Können des Bildhauers im Umgang mit dem schwierigen Material.

Ein schmaler Fußpfad von hier durch den Dschungel führt in wenigen Minuten zur vollständig überwachsenen, abgeplatteten Riesenstupa **Demalamahaseya** ⓮ (Tamilen-Dagoba), vermutlich von tamilischen Kriegsgefangenen im 12. Jh. gebaut, ihr Plateau schließt mit einer kleinen Dagoba ab. Der Pfad erreicht den Hauptweg nach wenigen Metern. Westlich der nordwärts führenden Sandstraße liegt das bezaubernde **Lotosbad** ⓯, ein in Form einer achtblättrigen Lotosblüte gestalteter ritueller Badeteich der Mönche. Die Straße endet am Statuenhaus vom **Jetavana-Kloster**; seinen Namen **Tivanka** ⓰ erhielt das Gebäude durch die dreimal leicht von der Geraden abweichenden Haltung der stehenden Buddhastatue darin. Berühmt ist es wegen seiner erhaltenen Malereien aus dem 12. Jh., die zahlreiche Jatakas erzählen.

Rund um Polonnaruwa – Pilgerziele im Elefantenland

Zwischen Polonnaruwa und Habarana liegen südlich bzw. nördlich der A 11 zwei neuere **Nationalparks**, berühmt für ihre Elefanten und die Vogelwelt: **Minneriya** ⓭ und **Kaudulla** ⓮.

Richtung Osten darf, wer gern mal von der Hauptstraße auf schmalere, aber gut asphaltierte Wege abweicht, besondere Perlen erwarten: Über **Hingurakgoda** ⓯ gelangt man nach **Medirigiriya**: Im Dschungelland breitet sich

MEDIRIGIRIYA-VATADAGE

auf felsigem Untergrund ein einsames **Kloster** mit einer besonders kunstvollen ★**Vatadage** ⓰ aus. Sie stammt aus dem 12. Jh. und ähnelt der von Polonnaruwa, hat aber eine viel schönere Lage. Vier Statuenhäuser schließen sich westlich an, zu einer kleinen Dagoba auf dem nördlichen Felsen führen uralte Steintreppen. Außerhalb des seit dem 2. Jh. bekannten Klosters liegen die Ruinen eines Hospitals und ein malerischer Lotosteich.

Östlich von Polonnaruwa quert die Hauptstraße A 11 den Mahaweli Ganga seit 2007 über die Mannampitiya-Brücke. In dieser einsamen Gegend und weiter nördlich, bis in das Gebiet westlich der A 12 und von Trincomalee, Richtung **Horowupotana**, fühlen sich wilde **Elefanten** wohl.

Sichtbar aus weiter Ferne ragt aus der Ebene jenseits der breiten Flussniederung der gewaltige Bergklotz des 534 m hohen **Dimbulagala** hervor, sowohl idealer Ausguck für Feldherren als auch verschwiegene Behausung für Einsiedler bereits vor zwei Jahrtausenden.

Im Rahmen des Mahaweli-Programms entstanden in der Neuzeit in dem Gebiet östlich des großen Flusses nicht nur zahlreiche neue Reisfelder und Dörfer, sondern mit japanischer Entwicklungshilfe auch ausgezeichnete Straßen. In wenigen Minuten gelangt man so von **Mannampitiya** an der A 11 zum **Dimbulagala-Kloster** ⓱ am Westausläufer des Berges. Die wenig befahrene Straße AB 44 ermöglicht, wenn man es eilig hat, eine rasche Fahrt in einer guten Stunde nach dem 90 km entfernten Mahiyangana.

Teilgebiete des heute intensiv kultivierten Landes waren bis vor wenigen Jahrzehnten angestammter Lebensraum von Wedda-Ureinwohnern. Um die Integration der ansässigen Bevölkerung mit den Tausenden von Zuwanderern aus anderen Teilen des Landes bemühte sich der buddhistische Mönch Silalankara 40 Jahre lang, bis zu seiner Ermordung durch die Tamil Tigers 1995. Die **Höhlen** des im 5. Jahrhundert gestifteten Klosters sind inzwischen modern gestaltet und werden von vielen Pilgern besucht.

ANURADHAPURA / DAMBULLA / HABARANA

ANURADHAPURA (☎ 025)

Central Cultural Fund verkauft Tagestickets an den Zugängen (s. u. Heiliger Bezirk), auch im Voraus durch: www.ccf.lk.

Das Restaurant im Kolonialhotel **The Sanctuary at Tissawewa**, Tel. 222 2299, serviert stilvoll feine sri-lankische und westliche Küche, evtl. kann man auf der Veranda mit Blick auf die schattige Parklage sitzen. **Casserole**, chinesische, westliche und lokale Kost: billig, modern, schnell, über dem Supermarkt, 279 Main Street, Tel. 222 4443.

BAHN: 6-8-mal tgl. Colombo; nach Kandy: Umsteigen in Polgahawela.
BUS: Häufig n. Colombo, direkt zur Westküste/Puttalam, Dambulla/Kandy; großer Busbahnhof in der südl. gelegenen New Town.

Heiliger Bezirk, die Hauptwege sind per Auto befahrbar; per Fahrrad oder zu Fuß kann man viele Details besser entdecken. Eintrittskarten für 25 US$ sind an den Kassen-Eingängen (tägl. 7-19.30 Uhr) südl. des Jetavana-Klosters und am Archäologischen Museum erhältlich. Am Sri Maha Bodhi (Heiliger Bo-Baum), Isurumuniya Tempel und Folk Art Museum wird ein besonderer Eintritt verlangt.
Archäologisches Museum, Thuparama Mw., tägl. 8-17 Uhr. **Volkskunde-Museum**, Thuparama Mw., Di-Sa 9-17 Uhr. **Mahatissa-Fahsien-Museum** (auch **Abhayagiri-Museum** genannt): Zugang von Abhayagiri-Dagoba und von Süden, Anula Mw., tägl. 7.30-17.30 Uhr. **Jetavana Museum**, 250 m östl. des Jetavana-Eingangs, tägl. 8.30-17 Uhr.

Wilpattu National Park-Exkursionen organisieren umliegende Hotels und spezialisierte Agenturen; informative Website: www.wilpattunationalpark.com.

DAMBULLA / KANDALAMA (☎ 066)

BUS: Täglich häufige Verbindungen nach Colombo, Kandy, Anuradhapura, mehrmals Polonnaruwa.

Höhlentempel, Zugang vom modernen **Golden Temple Dambulla** (dort Parkplatz), tägl. 7-19 Uhr, Eintritt 10 US$; www.goldentemple.lk. Im Tempel dürfen Menschen nicht fotografiert werden; auf gesittete Kleidung wird Wert gelegt. **Museum** zur buddhistischen Kultur (unterhalb der goldenen Buddhastatue) ist etwas kahl und unergiebig, Eintr. 100 Rs. **Dambulla Arboretum**, Kandalama Road, ein Wächter ist vor Ort.

Wasgomuwa National Park: Hotels in der Umgebung und Spezial-Agenturen (s. Wilpattu) organisieren Safaris. Hauptzugang von Süden (B 484 ab Hettipola, B 274 ab Matale/A 9 oder Hasalaka/A 26).
Per Rad zur **Felsenfestung Sigiriya** vom Kandalama-Tank ca. 15 km, von Dambulla ca. 20 km entfernt, etwas für hitzeresistente Radler. Radverleih im Hotel Gimanhala, Dambulla, Tel. 228 4864

Internetcafé im rechten Gebäudeteil des Golden Temple Museums.
Ayurveda-Behandlungen in den Hotels: Heritance Kandalama, Tel. 555 5000, Amaya Lake, Tel. 446 1500.

HABARANA (☎ 066)

BAHN: Zweimal tgl. Colombo bzw. Polonnaruwa (Bahnhof 2 km von Hotels).
BUS: Täglich häufig Colombo, Kandy, Anuradhapura, Polonnaruwa.

AUSFLÜGE: Sigiriya 17 km, Dambulla 22 km, Aukana 32 km, Medirigiriya 35 km, Polonnaruwa 45 km, Mihintale 50 km, Anuradhapura 57 km; 15 km westlich von Habarana: **Ritigala**, ein über 700 m hoher bewaldeter Berg mit Naturschutzgebiet u. alten Höhlenklöstern.
Kaudulla (ca. 20 km) und **Minneriya National Parks** (ca 15 km) beliebt für Jeepsafaris zu großen **Elefantenpopulationen**.
Elefantenritte bieten die Hotels und zahlreiche Unternehmen an der Dambulla Road.
Naturexkursionen per Ruderboot u. Besuch im nahen Dorf Hiriwaduna mit Naturkundler Tharaka Koggala, Tel. 077-299 0287 und über Hotel Cinnamon Lodge, Tel. 227 0011.

MAHO / POLONNARUWA / SIGIRIYA

AYURVEDISCHER ARZT: Dr. S.M.H. Wijesinghe, landesweit bekannter Orthopäde, behandelt Knochenbrüche und erklärt ayurvedische Methoden „Siriwedaniwasa", Horiwila, Palugaswewa, 12 km von Habarana westwärts auf A 11, dann n. Süden.
AYURVEDISCHE BEHANDLUNGEN: im Hotel **Cinnamon Lodge**, Tel. 227 0011-2.

MAHO / YAPAHUWA (☎ 037)

BAHN: Tägl. zehnmal nach Colombo. Bahnknotenpunkt der Linien nach Anuradhapura/Vavuniya, Polonnaruwa/Ostküste.
BUS: Ab Daladagama (an der A 28, 3 km westl. Maho) häufig Anuradhapura, Colombo, Kurunegala, Kandy. Maho-Yapahuwa 5 km, *threewheeler* empfehlenswert.

Archäologisches Museum, täglich 8-17 Uhr, Yapahuwa.

AYURVEDISCHE BEHANDLUNGEN: **Yapahuwa Paradise**, Hotel, Restaurant, ca. 1 km v. Yapahuwa-Felsen, Tel. 397 5055, www.hotelyapahuwaparadise.com.

MIHINTALE (☎ 025)

BUS: Häufig n. Anuradhapura, 12 km; Vavuniya/Jaffna u. Trincomalee.

Archäologisches Museum, tägl. 8-17 Uhr, nahe Parkplatz.

POLONNARUWA / UMGEBUNG (☎ 027)

Im Archäologischen Museum gibt es u. a. Eintrittskarten (25 US$) und touristische Auskünfte.

Polonnaruwa Resthouse, wo Königin Elizabeth II. mit schönstem Ausblick auf den Parakrama Samudra speiste, genießt man heute einfache, gute sri-lankische Currys oder Tee, Potgul Mawatha, Tel. 222 2299.

BAHN: Station 4 km östl. vom archäologischen Bezirk; 2-mal tägl. Colombo.
BUS: Tägl. Colombo, Kandy, Anuradhapura.

Archäologisches Museum tägl. 8-17 Uhr, Ticketverkauf ab 7.30 Uhr. Eingang zum **Archäologischen Bezirk**: östl. der A 11, 300 m nördl. vom Museum, tägl. 6-19 Uhr. Die Anlagen südlich vom Damm des Sees Parakrama Samudra und der Palastbezirk am Rest House sind ständig zugänglich.

Holzverarbeitung: Mehrere Werkstätten für Schnitzerei und Möbelherstellung nahe dem westlichen Ausgang des archäologischen Bezirks und entlang der A 11 westl. Polonnaruwa. Die Holzarten und ihre Verwendung werden erklärt – Souvenir- und Möbelgeschäft neben den Werkstätten.

SIGIRIYA (☎ 066)

Sri Lanka Tourist Board hat vor Ort keine Vertretung, aber die Website www.sigiriyatourism.com enthält praktische Infos und, neben Werbung, Wesentliches zur Geschichte des Felsens; hervorragenden Fotos illustrieren die Anlage.

Hotel Sigiriya, feine westliche und sri-lankische Kost, schöner Blick auf Sigiriya-Felsen, Tel. 493 0500, www.serendibleisure.com. **Grand Tourist Holiday Resort**, gute lokale Speisen unter Palmwedel-Dach, preiswert, Sigiriya Rd. Galakotua Pothana, Kimbissa (nahe Zufahrt Hotel Elephant Corridor), Tel. 567 0136.

BUS: Tägl. Colombo, stündl. Dambulla.

Felsenfestung tägl. 7-17.30 Uhr, Eintrittskarte 30 US$. Ticketkassen an den Zufahrtsstraßen. Haupteingang von Westen über den inneren Festungsgraben, Ausgang mit Souvenirshops südlich des Felsens. **Archäologisches Museum**, tägl. 8-17 Uhr.

AYURVEDISCHE BEHANDLUNGEN: Im Boutique Hotel **Vil Uyana**, in stiller Nassreis-Landschaft, Tel. 492 3585-6, www.jetwinghotels.com. Keine Kuren, aber elegantes Spa im superluxuriösen **Elephant Corridor**, Tel. 228 6950-5, www.elephantcorridor.com.

DER OSTEN

BUTTALA

DER OSTEN

Ziele für Individualisten

BUTTALA
LAHUGALA
POTTUVIL / ARUGAM BAY
GAL OYA NATIONAL PARK
BATTICALOA
TRINCOMALEE

PILGERZIELE

Ruinen und alte Tempel in der gesamten **Ostregion** beweisen, dass sie einst zum klassischen Singhalesenland gehörte. Berühmte Verbindungswege zwischen ★**Tissamaharama** ❶ (s. S. 116) und dem Norden sind u. a. durch *Gavta-Säulen*, Meilensteine aus der Zeit des Königs Nissanka Malla (1187-1196), bekannt. Die alte Straße von Süden nach Norden führte über Buttala durch das östliche Bergland.

Für die Wallfahrt zum berühmtesten Heiligtum des Gottes Skanda nach ★**Kataragama** ❷ (s. S. 117) benutzen Pilger immer noch die Strecke Buttala-Kataragama (B 35), heute mit Bus oder Auto, und besuchen dabei unterwegs die historischen Denkmäler.

Sightseeing mit den Pilgern

1 km westlich des städtischen Verkehrsknotens **Buttala** ❸ zweigt ein Sandweg nach Norden ab: Nach 2 km erreicht man die kleine, gut restaurierte Klosteranlage **Culagani Vihara**. Dagoba, Mönchsgebäude, Statuenhaus sowie Bodhighara (Steinumfriedung

Vorherige Seiten: Fischer an der Dutch Bay in Trincomalee. Links: Beim tamilischen Erntedankfest Thai Pongal (Mitte Januar) dankt man am dritten Tag den Rindern.

für den heiligen Bo-Baum) stammen aus dem 12. Jh. Eine Buddhastatue daneben wird in das 6.-7. Jh. datiert.

3 km nordwestlich ruft die überraschend große Dagoba von **Yudaganawa** Erstaunen hervor: Auf ihrer abgeplatteten Oberfläche sitzt eine weitere Dagoba. Doch das ist typisch für Dagobas aus der Zeite des mächtigen Königs Parakramabahu I. (1153-1186). Der riesige Backstein-Rundbau wird für die Gedächtnisdagoba gehalten, die der berühmte König am Verbrennungsplatz seiner Mutter Ratnavali errichten ließ. Darüber hinaus bedeutet *yudagana pitiya* soviel wie „Kampfplatz", so dass diese Stelle auch als das Schlachtfeld gedeutet wird, auf dem Dutthagamani, der spätere Einiger des Singhalesenreichs, seinen Bruder Sadhatissa besiegte, der sich nach dem Tod des Vaters des Throns bemächtigt hatte (2. Jh. v. Chr.).

Ab Buttala ist die restaurierte Tempelanlage **Dematamal Vihara** ausgeschildert (von der A 4 südwärts, 7 km östlich der B 35, Richtung **Okkampitiya**). Die Dagoba auf rechteckiger Plattform ist sorgfältig wiederhergestellt. Beim älteren Statuenhaus nutzte man die vorhandenen Steinsäulen für den modernen Kern des Gebäudes, beim größeren neuen Statuenhaus nahm man sich den herkömmlichen Grundriss als Vorbild. Ein Bodhighara, Relikte von

» Karte S. 207, Info S. 216-217

BUTTALA

Statuen und ein steinerner Türrahmen zeigen, dass die Anlage einst bedeutend größer war.

Viele einheimische Pilgertouristen besuchen die restaurierte Kolossalstatue des *Buddha von Maligawila ❹ (9 km ab Okkampitiya), die mittlerweile wieder aufrecht auf ihrem Lotosthron steht. Mit 12 m ist sie fast so hoch wie die von Aukana in Rajarata, allein ihr Kopf wiegt ca. 6 t. Die gewaltige Steinsäule soll von Prinz Agghabodhi in der ersten Hälfte des 7. Jh. gestiftet worden sein. König Dappula (659 n. Chr.) wird als Erbauer des sie umgebenden Statuenhauses angesehen. Davon hat man nur die Grundmauern restauriert, so dass heute die Statue mit ihrer vollen Größe unter freiem Himmel beeindruckt. Das Gebäude ist zusätzlich von einem Wassergraben umgeben.

Dappula stiftete auch die andere Kolossalstatue, die nach einem Spaziergang von ca. 500 m durch üppigen Urwald beim Dorf **Dambegoda** sichtbar wird: Über Treppen erklimmt man die fünfte Plattform eines pyramidenförmigen Hügels, wo unter einer modernen Überdachung ein reich verzierter **Maitreya Buddha**, der zukünftige Buddha, steht. Zwar trägt er in seiner Krone als kleines Symbol nur einen einzigen Dyani Buddha (meditierenden Buddha), was ihn streng genommen als Boddhisattva Avalokiteshvara ausweist, aber traditionsgemäß können auch Maitreya oder der Gott Natha so dargestellt sein. Beide Riesenstatuen gehören zu demselben Klosterkomplex, der noch weitgehend unausgegraben im dichten Dschungel liegt. Seine große Zeit war während der Periode des Mahayana-Einflusses in Sri Lanka (ca. 7.-10. Jahrhundert).

Von Okkampitiya aus erreicht man die Hauptstraße A 4 nach etwa 7 km. 10 km weiter östlich liegt die Distrikt-Hauptstadt **Monaragala ❺**. Der kleine Ort mit nur sehr bescheidenen Unterkünften wird von seinem gewaltigen, 1111 m hohen Hausberg beherrscht. An seinem Nordhang liegen bei dem Dorf **Obbegoda** die Überreste des einstigen

Oben: Bodhighara im Klostergelände des Magul Maha Vihara bei Lahugala.

Palastes von **Galebedda**. Man nimmt an, dass er einem örtlichen Herrscher des 12. Jahrhundert gehörte, der hier seine Hauptstadt Udundora besaß (kurzer Fußweg von der A 4). Von den Palastanlagen ist ein attraktiver Badeteich restauriert, als „**Bad der Königin**" bezeichnet, der entfernt an Kumara Pokuna, das Bad des Parakramabahu I. in Polonnaruwa, erinnert (s. S. 195).

Dünn besiedeltes, waldreiches Gebiet und gelegentlich Zuckerrohrfelder begleiten die Straße. In **Siyambalanduwa** zweigt die landschaftlich schöne Straße A 25 nach Ampara (57 km) ab, von dort sind es noch etwa 75 km bis nach Batticaloa an der Ostküste (s. S. 211).

LAHUGALA NATIONAL PARK

Sobald die A 4 aus dem Gebirge in die Ostprovinz herausführt, wird das Land überschaubarer. Wie Wahrzeichen stoßen bizarre Felshügel als unverwechselbare Landmarken aus dem Dschungel hervor. Einige von ihnen haben schon vor über 2000 Jahren Eremiten angelockt. Eins der heutigen Waldklöster nennt sich **Maha Tapowanaya** und lädt zur Meditation am nur 1 km nördlich der Straße aufragenden Felsbuckel ein.

Bevor die Hauptstraße die Küste erreicht, durchquert sie einen der kleinsten Nationalparks des Landes, **Lahugala Kitulana National Park** ❻. Nur 16 km² umfasst das seit 1980 geschützte Areal. Es ist ratsam, hier langsam zu fahren, denn nicht selten begegnet man **Elefanten** auf der Straße oder sieht die Dickhäuter im Reservoir schwimmen und äsen. Auch für Vogelfreunde ist der kleine Park eine Fundgrube: 110 verschiedene Vogelarten zählte man in diesem vielgestaltigen Gebiet.

Vom Dorf **Lahugala** ❼ zweigt ein Sträßchen nach Süden zum 1 km entfernten Kloster **Magul Maha Vihara** ab, erbaut von König Dhatusena (515-524), Sohn des Mogellana. Dieser war

SRI LANKAS OSTEN

POTTUVIL

der Bruder des unrechtmäßigen Thronfolgers Kassapa, Herr der Sigiriya-Festung. Inschrifttafeln aus dem 14. Jh. erzählen die lange Klostergeschichte. Eine Umfassungsmauer umschließt die Relikte der wesentlichen Teile des alten Klosters: Dagoba, Statuenhaus, Versammlungshalle, Mönchsgebäude und einen gut erhaltenen Bodhighara.

POTTUVIL

Reis- und Weideland überzieht die Ebene bis zum stark von muslimischen Moors geprägten Küstenstädtchen **Pottuvil ❽**. Die gut asphaltierte A 4 biegt hier nordwärts nach Batticaloa ab. Die Flutwelle nach dem Seebeben im östlichen Indischen Ozean prallte 2004 direkt und besonders verheerend auf die gesamte sri-lankische Ostküste.

Der mehrere Meter hohe Dünenwall am Strand schirmt Pottuvil vom Seewind ab und lässt keinen Hafen zu. Der Nordostmonsun versetzt die Dünen immer weiter landeinwärts, sodass sie küstennahe Bauwerke unter sich begraben. Der **Mudu Maha Vihara** (Großes Kloster am Meer) beweist die jahrhundertelange Zerstörung: Spärliche Reste der Dagoba finden sich nur noch als Ziegelbruchstücke in den Dünen verstreut. Etliche Meter hoch ist ein Sandwall in bedrohlicher Nachbarschaft zu der seit vielen Jahren restaurierten **Ruine des Statuenhauses**; es zeigt reich geschmückte Figuren aus der Epoche des Mahayana-Einflusses – jener Zeit, als die göttlichen Bodhisattvas Eingang in den Buddhismus fanden.

Nach Westen dehnt sich die fischreiche **Lagune von Arugam** aus, auf der **Bootstouren** für naturliebende Touristen angeboten werden. Eine neue Brücke führt nach Süden und verbindet das etwas verschlafen wirkende Pottuvil mit den wenigen Dörfern im Süden. Busse fahren bis Panama; dann geht die Landschaft in die Wildnis der östlichen Teile des Yala Nationalparks über.

Eine zauberhafte weite Bucht öffnet sich südöstlich der Brücke, und für manche beginnt hier das Paradies:

Oben: Kindertransport an der Ostküste.
Rechts: Frühmorgens an der Arugam Bay.

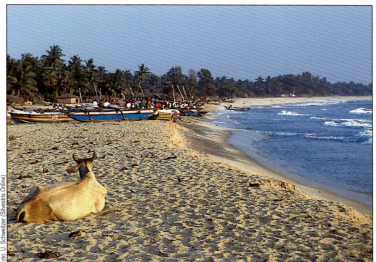

*ARUGAM BAY

Die 2004 vom Tsunami schwer getroffene, aber inzwischen wieder neu erblühte *Arugam Bay ❾ mit ihren **Sandstränden** ist ein **Surferparadies** erster Güte und unter Wellenreitern weltweit bekannt. Kleine Fischerhäuser und bequeme Bungalowhotels für Individualisten wie das legendäre *Stardust Beach Hotel* bestimmen das Ortsbild. Die bestens asphaltierte breite Dorfstraße macht den Ort überschaubar: Im Norden konzentrieren sich, zumeist auf der Ostseite, am Meer, die eher bescheidenen, kleinen Hotels; auf der Westseite wachsen auch einige mehrstöckige Häuser heran. Der Südteil des Dorfes ist ganz in der Hand der Fischer und zieht sich zwischen dem **Bootsstrand** und einem begrünten Hügel entlang. Wo der am Meer eine sanfte Landspitze bildet, treffen sich Body-Surfer aus aller Welt und schätzen hier die langen, bis über 1,5 m hohen Brandungswogen, Zuschauer genießen das Schauspiel. Die Ausrüstung kann man sich im Dorf ausleihen.

Arugam Bay ist auch bei Sri-Lankern ein beliebter Urlaubsplatz, besonders an den häufigen „langen Wochenenden" aufgrund der vielen Feiertage.

Der Jahresgang des Regens und der Winde bestimmt die möglichen Aktivitäten: Ab Mitte Dezember bis April sind die Bedingungen zum Windsurfen in der Bucht besonders günstig. Liebhaber des Wellenreitens sind begeistert von den Wogen ab April bis in den September, zur Zeit des Südwestmonsuns.

Das Land hier im Osten wird dann immer trockener, dies zwingt von August bis Oktober die Wildtiere, auch die zahlreichen **Elefanten**, sich zu den schwindenden Wasserstellen zu begeben: Dort kann man man sie gut beobachten. Ab Oktober sind passionierte Birder hier wegen der Winterrast asiatischer Vögel. November bis Mitte Dezember fallen an der Ostküste die stärksten Regen, und das fast parkähnliche Hinterland bedeckt sich nach der Trockenzeit wieder mit frischem Grün.

Die Landschaft ist sehr reizvoll: Noch ein paar Bewässerungsteiche und Reisfelder, dann enden im Dorf **Pana-**

ARUGAM BAY

ma ❿ die Teerstraße und der Busverkehr. Die Bauern nutzen die nahen Naturreservate als Rinderweide. Die Naturschutzbehörde gestattet dies in den Reservaten von Kudimbigala und dem Kumana National Park, die südlich von Panama liegen. Nicht selten grasen die Rinder nahe den Wildtieren.

Büros und Unterkünfte der Wildhüter vom Department of Wildlife Conservation liegen in **Okanda** ⓫, am **Eingang** zum **Kumana National Park**. Weiter südlich erstreckt sich die für ihren Vogelreichtum bekannte Brackwasser-Lagune von **Kumana** ⓬.

Der **Pilgerweg Pada Yatra** verläuft durch dieses Gebiet, er führt von der Halbinsel Jaffna nach Kataragama. Bewohner der östlichen und nördlichen Provinzen wählten schon in ferner Vergangenheit den beschwerlichen Fußweg entlang Sri Lankas Ostküste und durch dieses offene Dschungelland.

Die Kataragama-Pilger nutzten – selbst in Bürgerkriegszeiten – hier im Südosten die Rastplätze in Okanda, Madametota bei Kumana, Pothana, Yala, Warahana (Menik Ganga) und Katagamuwa und folgten dem Menik Ganga bis Kataragama.

Zahllos waren die Klöster und Einsiedeleien dieses riesigen, heute wieder von der Natur eingenommenen Gebietes, das seit dem 3. Jh. v. Chr. bis in das 10. Jh. n. Chr. besiedelt war und insbesondere in den aus der Landschaft aufragenden Felsgruppen Mönche beherbergte. Nur noch wenige Waldmönche leben an den historischen Plätzen, z. B. im Kloster **Sastravela** gut 5 km südlich der Bucht. Von Panama kann man u. a. in einem anspruchsvollen Tagesausflug zu Fuß den markanten **Kudimbigala-Felsen** westlich des Sumpfs der **Helawa-Lagune** erreichen, dort sind Pilgerbehausungen und ein großer Brunnen.

Oben: Am Unterlauf des Gal Oya schuf das unabhängige Ceylon ab 1949 sein erstes großes Bewässerungsprojekt. Rechts: An der Ostküste leben viele Muslime (Moors).

GAL OYA NATIONAL PARK

Reisfelder und Lagunensümpfe begleiten die Hauptstraße A 4 von Pottuvil nach Norden. Die weite Reislandschaft bei **Akkaraipattu** ⓭ ist das Ergebnis des ersten landwirtschaftlichen Großprojekts des jungen Staates ab 1949. Zwei Gefahren drohten den Bauern am Unterlauf des 110 km langen Flusses **Gal Oya**: Fiel der Monsunregen zu reichlich, kam es zu Überschwemmungen, regnete es zu wenig, verdorrte der Reis. Deshalb schuf man 1949-51 den mit 78 km² größten **Stausee** des Landes, nach dem ersten Premier **Senanayake Samudra** (*samudra*: Meer) benannt. So konnte der Wasserhaushalt ausgeglichen, neues Anbauland geschaffen und Elektrizität gewonnen werden. In dem bisher v. a. von Tamilen und Muslimen bewohnten Gebiet siedelte man mehr Singhalesen an, was zu ethnischen Konflikten führte.

Das Reservoir und weite Gebiete des Umlandes (259 km²) bilden seit 1954 den **Gal Oya National Park** ⓮, der noch nicht wieder geöffnet wurde. Wege gibt es kaum, der **Bungalow** in **Ekgal Aru** des Department of Wildlife Conservation ist derzeit unbenutzt, und es ist zu hoffen, dass der Bootsverkehr am Staudamm von **Inginiyagala** bald wieder auflebt. Als modernes städtisches Zentrum legte man **Ampara** ⓯ an, das auch über einen Flugplatz verfügt. In dem ausgedehnten Ort finden sich akzeptable Unterkünfte.

Digavapi – Buddhas Rastplatz

Das Land am Unterlauf des Gal Oya ist altes Siedlungsgebiet, der historische Pilgerweg von Jaffna nach Kataragama führt auch hier hindurch und berührt **Digavapi** ⓰, die Stelle, die Buddha anlässlich seines dritten Besuchs in Sri Lanka besucht haben soll, nachdem er seinen berühmten Fußabdruck auf dem Adam's Peak hinterlassen hatte (6 km nach Süden ab Ampara auf der A 25, dann 11 km ostwärts, ausgeschildert). Heute bietet die Anlage von Digavapi eine restaurierte große **Dagoba** und ein kleines **Archäologisches Museum**.

GAL OYA / BATTICALOA

Foto: Hans-Georg Roth

BATTICALOA

Die A 31 führt durch dicht besiedeltes, ebenes Reisland und verbindet Ampara mit der Küstenstraße A 4. Die Orte zwischen Lagunen und Meer haben tamilische Namen, doch die Zusammensetzung der Bevölkerung ist komplizierter. Im Distrikt Ampara bilden die Tamil sprechenden muslimischen Moors, im Distrikt Batticaloa die überwiegend hinduistischen Tamilen die Mehrheit. Schon zur Zeit des tamilischen Königreichs (13.-16. Jh.) lebten hinduistische Tamilen an der Ostküste.

Als die Portugiesen im 16. Jh. von der Westseite her die Insel zu kolonisieren begannen, sahen sie in den Moors ihre gefährlichsten Widersacher: Traditionell beherrschten die selbstbewussten Muslime den Handel. Kandy-König Senarath (1604-1635) stellte den von den Europäern verfolgten Moors Land östlich des Berglands zur Verfügung.

Die Tamil sprechenden Moors kooperierten im Lauf der Geschichte eher mit den Singhalesen. Distriktverwaltungen haben zudem einen hohen

» Karte S. 207, Info S. 216-217

BATTICALOA / KALKUDAH

Anteil an singhalesischen Beamten. Der bewaffnete Kampf der Tamilen um Unabhängigkeit hatte hier verheerende Folgen, zudem traf der Tsunami das Gebiet schwer. Seit Ende des Bürgerkriegs blickt man wieder optimistisch in die Zukunft.

Das Zentrum der Distrikthauptstadt **Batticaloa** ⓱, im 17. Jahrhundert holländischer Stützpunkt, liegt auf einer **Insel** in der großen Lagune. Regierungsbehörden und der *Kachcheri*, die Gemeindeverwaltung, befinden sich im trutzigen rechteckigen **Fort** der Niederländer von 1665. Als Endstation der Bahnstrecke von Colombo ist die Stadt mit ihren knapp 100 000 Einwohnern ein bedeutendes Zentrum, hat aber außer den legendären „singenden Fischen", die man mit viel gutem Willen – am besten in einer Vollmondnacht – an der Brücke über die Lagunenöffnung bei Kalladi hören kann, keine Sehenswürdigkeiten.

*Oben: Fähre an der Koddiyar-Bucht.
Rechts: Am einladenden Strand von Nilaveli, mit Blick auf Pigeon Island..*

*PASSEKUDAH

Touristen zog es schon vor dem Bürgerkrieg, vor 1983, an die wunderschönen **Sandstrände** zweier benachbarter Buchten bei **Kalkudah** ⓲: ***Kalkudah Bay** und *****Passekudah**. Doch der Krieg und der Tsunami 2004 zerstörten alle touristischen Einrichtungen.

2011 eröffnete in Passekudah als erstes Strandhotel das **Maalu Maalu**, schick gestylt und modern. Inzwischen wetteifern weitere mit ihm. Einfache **Guesthouses** wie Moni's finden sich an der Straße vom Ort Kalkudah zum Strand. Im Süden der Passekudah-Bucht nutzen Sri Lanker gern den familienfreundlichen **Flachwasserstrand**. Touristen erfahren nahebei, im **Coconut Cultural Park**, Wissenswertes und Erstaunliches über die Kokospalme.

Entlang der Ostküste

A 11 und Bahnlinie verlassen westwärts beim Industrieort **Valaichchenai** die Küste. Die asphaltierte Küstenstraße A 15 führt ohne Unterbrechung

TRINCOMALEE

durch gering besiedeltes Land nach Norden. Das stille **Vakarai** bietet Gästen komfortable Strandhütten.

Den Nebenarm des Mahaweli **Verugal Aru** überspannt bei **Verugal** ⓭ eine **Brücke**. In Serunuwara zweigt die asphaltierte **B 10** westwärts nach Kantale ab, sie bildet die Grenze des **Somawathie Chaitiya National Park** ⓮ im Überschwemmungsgebiet des **Mahaweli** (Elefanten, Zufahrt bei Somapura; Anfahrt zum Stupa via Sungawila!).

Südlich von **Serunuwara** führt ein Abzweig von der A 15 zu der über 2000 Jahre alten **Dagoba** von **Seruwila** ⓯, einem viel besuchten Pilgerort. Von hier stammt ein berühmter Meditationsbuddha, den eine Kobra schützt (Original im Nationalmuseum, moderne Replik vor Ort).

Im Norden unterbrachen bis vor einigen Jahren die Mündungsarme von Sri Lankas größtem Fluss **Mahaweli** die A 15, doch dank neuer Brücken kann man die weite **Koddiyar-Bucht** nun umfahren und ist so nicht auf die oft unsichere Fährverbindung zwischen **Mutur** ⓰ und Trincomalee angewiesen.

*TRINCOMALEE

*__Trincomalee__ ⓱ mit seinen herrlichen Stränden wurde selbst während des Bürgerkriegs gelegentlich von Urlaubern besucht. Die Stadt liegt auf einer Gruppe von felsigen Landzungen, die den mehrfach gegliederten **Inner Harbour**, den Inneren Hafen, von drei Seiten umschließen. Kein zweiter srilankischer Hafen ist für die Schifffahrt von Natur aus so gut ausgestattet: Er bietet Tiefwasser und ist geschützt bei Nordost- und Südwestmonsun.

Als zu Beginn des Kandy-Königtums die Ostküste zum Singhalesenreich gehörte, bestand dort längst ein kleiner Hafen, der ursprünglich Gokanna hieß. Auf ihren Erkundungsfahrten im Indischen Ozean erkannten die Europäer die Gunst dieser Stelle. Seit dem Beginn des 17. Jh. bis zur Landung der Engländer 1795 hatte Trincomalee mehr als zehnmal seinen Herrn gewechselt: Portugiesen, Holländer, der König von Kandy, Franzosen und Engländer kämpften immer wieder um den Besitz dieses strategisch so idealen

TRINCOMALEE

Hafens. Er war im 2. Weltkrieg sogar Flottenstützpunkt der Alliierten. Aber für landesweite Bedeutung fehlte es der Stadt an Hinterland und Verkehrsverbindungen; Sri Lankas Schwerpunkt von Bevölkerung und Wirtschaft liegt im Südwesten, und davon ist „Trinco" weit entfernt. Doch mit 100 000 Einwohnern ist der Ort noch vor Batticaloa der wichtigste an der Ostküste. Verwaltung, Schulen, Militär, Geschäfte, Fischerei, Industrie, Hafenanlagen und zukünftig wohl wieder der Tourismus bieten Arbeitsplätze.

Sehenswertes in „Trinco"

Fort Frederick, das unter Portugiesen, Holländern und Engländern eine wichtige Verteidigungsanlage war, ist heute noch Militärstützpunkt. Genau dort steigt man zum ★**Swami Rock** hinauf. Die felsige Halbinsel ist an ihrem äußersten Ende malerisch zerklüftet und bietet aus über 100 m Höhe einen prachtvollen Blick auf den sandigen Küstenstreifen von der städtischen **Back Bay** bis zum Badestrand von **Uppuveli**. Das wunderbar klare, türkisgrüne Wasser des Golfs von Bengalen bricht sich schäumend an den Felsen.

Von dort oben, wo sich heute Hutaffen tummeln, soll sich 1887 die liebeskranke holländische Kaufmannstochter Francina van Rhede gestürzt haben. Sicher ist, dass die missionseifrigen Portugiesen 1622 den berühmten Shiva-Tempel auf diesem Felssporn zerstörten, seine Bausteine fürs Fort verwendeten und die Heiligtümer ins Meer warfen. Taucher hoben den Shiva-Lingam und er befindet sich jetzt in dem 1963 errichteten farbenprächtigen ★**Koneswaram Kovil**, etwa an der ursprünglichen Stelle jenes alten Shiva-Heiligtums mit seinen legendären 1000 Säulen. Das buddhistische Kloster Gokanna Vihara, dessen An-

Foto: Richard Taylor (4Corners/Schapowalow)

Oben: Kali-Tempel hinduistischer Tamilen, nahe dem Trinco Hindu College.

fänge auf König Mahasena (275-301) zurückreichen, machten die Portugiesen so gründlich dem Erdboden gleich, dass keine Überreste zu erkennen sind.

Besonders die östlichen Stadtviertel hinterlassen einen friedvollen, anheimelnden Eindruck. Der perfekt restaurierte Kolonialbau des holländischen Marinekommisars wurde zum **Naval and Maritime Museum**, seine Themen reichen von der Geschichte des Marinehafens bis zur Meeresnatur. Gegenüber, am langen **Sandstrand** der Bucht ★**Dutch Bay**, wird es bei Sonnenuntergang lebendig: Hier trifft man sich zum abendlichen Beisammensein, fast wie auf dem Galle Face Green in Colombo.

Die bewaldete Halbinsel im Süden der Stadt, wo erst die Holländer, später die Engländer vom **Fort Ostenburg** den Hafeneingang kontrollierten, ist mit Erlaubnis der Marinebasis zugänglich: Das **Hoods Tower Museum** zeigt vor allem ausrangierte Marinetechnik und alte Kanonen. Von der Landspitze hat man den allerbesten Rundumblick auf Trincos malerische Buchten.

» Karte S. 214, Info S. 216-217

NILAVELI

RUND UM *PIGEON ISLAND

Einige Landstriche im Trincomalee-Distrikt hatten sich in den 1980er-Jahren geleert: Aus Furcht vor Übergriffen der LTTE verließen Bauern ihre Dörfer und Fischer ihre Strände, stark betroffen war die muslimische Bevölkerung. Aber schon während des Waffenstillstands 2002-2008 kehrten manche Bewohner wie auch Touristen zurück. Der Tsunami 2004 beeinträchtigte den Tourismusbetrieb nur vorübergehend.

Seit 2009 füllen sich die Hotels an der schönen Küste wieder, eine neue entstehen. Im stadtnahen *Uppuveli ㉔ geht der Trend zur Luxussanierung der vorhandenen Hotels und Guesthouses. In *Nilaveli ㉕ etablierten sich mehrere neue Unterkünfte; hier reizen vor allem der wunderbare **Sandstrand** und die Koralleninsel *Pigeon Island (20 Min. per Boot), Sri Lankas zweiter **Meeres-Nationalpark**. Auf der Küstenstraße B 424 ist **Kuchchaveli** ㉖ rasch erreicht, das Hotel **Jungle Beach** erschloss als erstes den schönen **Sandstrand**.

Sehr sehenswert ist **Tiriyai** ㉗ 10 km nördlich. Die berühmte **Vatadage** steht auf einem dicht überwucherten Hügel, über 300 Stufen führen zu dem uralten Tempel mit der einst überdachten Dagoba hinauf. Die fantastische **Aussicht** über Küste und Hinterland lohnt allein schon die Mühe des Aufstiegs.

Im Dschungel, 10 km nordwestlich von Trinco, findet sich das verfallene Kloster **Velgam Vihara** ㉘ aus dem 2. Jh. v. Chr. **Inschriften** tamilischer Eroberer belegen das Fortbestehen dieser einzigartigen Anlage unter den Chola-Besetzern: Sie war wohl ursprünglich tamilisch-buddhistisch. Bisher sind Statuenhäuser, Dagoba, Bodhighara und Buddhastandbilder ausgegraben.

Seit Ende des Bürgerkriegs werden die **Heißen Quellen** von **Kanniya** ㉙ wieder viel besucht (ausgeschildert an der A 12). Man übergießt sich mit dem heiligen Wasser, das man aus sieben eingefassten Brunnen schöpfen kann.

AMPARA (☎ 063)

Western & Chinese Food Court, preiswert und gut, große Bandbreite an Gerichten, mittags und abends geöffnet, Gabada Rd./nahe Kreuzung mit A 31, Tel. 222 2215.

BUS: Tägl. mehrmals Richtung Batticaloa, Colombo, Kandy, Wellawaya/Südküste.

Archäologisches Museum Digawapi, 25 km östlich von Ampara; täglich 8-17 Uhr.

Touristische Dienste im **Gal Oya Nationalpark** gibt es derzeit nicht.

ARUGAM BAY (☎ 063)

Stardust Beach Hotel, gute einheimische und europäische Küche, großer Beliebtheit erfreuen sich die Grillplatten mit Hummer, Tel. 224 8191. **Arugam Bay Surf Resort**, sri-lankische und intern. Küche, Restaurant mit Seeblick, Tel. 224 8189.

BUS: Tägl. mehrmals Colombo-Pottuvil, von dort ca. stündlich Richtung Panama. Ohne Vierradantrieb kein Verkehr südlich von Panama möglich, während der Regenzeit November/Mitte Dezember schwieriges Vorwärtskommen zum Kumana National Park. Pottuvil-Batticaloa: Meist umsteigen in Kalmunai, Anschluss problemlos. *TAXI:* Transfers z. T. durch Hotels, Threewheeler Pottuvil-Arugam Bay um 200 Rs.

WINDSURFEN: Mitte Dezember bis April.
SURFEN: April bis Mitte September. Mehrere Surfbrett-Verleiher vor Ort, z. B. **A-Bay Surf Shop**, Tel. 077-707 0307.

AUSFLÜGE: Lahugala Nationalpark (20 km), Elefanten u.Vogelwelt sind z. Z. nur von der Straße A4 aus zu betrachten.
LAGUNENTOUREN, SAFARIS: Viele Hotels bieten naturkundl. Bootstouren, Kanufahrten, Walbeobachtung, Ausflüge an.

BATTICALOA / TRINCOMALEE

Ausflüge in das parkähnliche Küstenhinterland südl. Arugam Bay/Panama: **Waldklöster** wie **Kudumbigala** oder **Sastravela** aus der klassischen Singhalesenzeit sowie Tierbeobachtung. Aspaltstr. und Busverkehr bis Panama, ab dort nur mit privatem Vierradantrieb oder längere Fußmärsche, örtlichen Führer aus einem der Dörfer (z. B. Arugam Bay, Panama) sowie Verpflegung und Wasser mitnehmen. Das Betreten des **Kumana National Park** mit den vogelreichen Lagunen von **Kumana**, sowie vom **Kudimbigala Schutzgebiet** ist möglich. Pilgerweg entlang der Ostküste u. durch den Yala-Park nach Kataragama: www.padayatra.org.

BATTICALOA (☎ 065)

BAHN: Zweimal tägl. von/nach Colombo.
BUS: Tägl. in alle Landesteile inkl. Jaffna. Entlang der Ostküste Richtung Pottuvil meist umsteigen in Kalmunai. Das neue, übersichtliches Busterminal mit Shops liegt zwischen Munai Street und dem Ufer der Lagune.

Snacks und Getränke in **Busterminal-Imbissen**. Gepflegtestes Restaurant, gute einheimische Küche: **Riviera Resort**, New Dutch Bar Rd., Kallady, Tel. 222 2165.

MONARAGALA (☎ 055)

Victory Inn, einfaches Hotel-Restaurant mit lokalen Gerichten, 65 Wellawaya Road, Tel. 227 6100.

BUS: Ständige Abfahrten Richtung Colombo, Südküste und Bergland. Zahlreiche Lokalbusse vom modernen Terminal.

Kurzer Fußweg zu den Ruinen des Palasts von **Galebedda**, an der A 4 ausgeschildert.

TRINCOMALEE (☎ 026)

IM STADTZENTRUM: **Dutch Bank Cafe**, schickes Lokal in Kolonialbau, Küche sri-lankisch u. international, 88, Inner Harbour Road, Tel. 222 2377.

AM STRAND NÖRDLICH DER STADT: Hotel-Restaurants z. B. im **Chaaya Blu**, gute sri-lankische und westliche Küche, abends ausgezeichnetes Büfett, auch Strandcafé, 3, Samapaltivu Post, Uppuveli, Tel. 222 1611, www.cinnamonhotels.com.

BAHN: Tägl. ein Nachtzug von/nach Colombo (planmäßige Fahrtzeit 8 Std. 10 Min.), Fahrplan: www.eservices.railway.gov.lk/schedule
BUS: Täglich mehrmals Colombo, Kandy, Anuradhapura, Jaffna, Habarana, Polonnaruwa; nach Batticaloa entlang der wiederhergestellten Küstenstraße A 15 zweimal tägl, Fahrtzeit 3 Std.; Lokalbusse nach Nilaveli, Pulmodddai entlang der Küstenstraße B 424.

Küstenstraße B 424 nördlich v. Trincomalee ist bis Pulmoddai durchgehend asphaltiert.
Die **Straße A 15** Trincomalee / Mutur nach Batticaloa ist durchgehend asphaltiert, alle Fähren wurden durch Brücken ersetzt; die Fähre Trincomalee-Mutur wurde eingestellt.

Naval and Martitime Museum, Marinetechnik u. Meeresnatur, in restauriertem Kolonialbau mit Blick auf die Dutch Bay, Lavender Lane, Mo-Fr 8.30-17.30 Uhr. **Hoods Tower Museum**, wegen der Aussicht zu empfehlen, Fort Ostenburg, Nähe Flughafen; da Navy-Gelände, nur begleitet zu besuchen. **Vatadage Tiriyai**, ca. 35 km nördl. Trincomalee über B 424, dann ca. 3 km landeinwärts, freier Zugang, Spende erbeten. **Konesvaram Kovil**: Spitze v. Fort Frederick; Militärareal, Kontrolle am Tor. **Velgam Vihara:** Militärgelände, freier Zugang zu den heiligen Stätten. **Raja Maha Vihara Seruwawila** (Seruwila), Tempel und Pilgerziel südl. der Koddiyar Bay; 14 km südl. Mutur; auch über A 6 ab Kantale: B 10 nach Serunuwara; hier 1 km südlich an der A 15 Abzweig nach Seruwila. Tempelanlage frei zugänglich, **Archäologisches Museum**, tgl. 8-17 Uhr. **Kanniyai**: Von einem Tempel verwalteter Badeplatz mit heiligen heißen Quellen, ca. 10 km westl. von Trinco und 1 km südlich der Straße A 12 (ausgeschildert), tagsüber geöffnet; beliebtes lokales Touristenziel, Souvenir- und Imbissstände.

TAMILISCHER NORDEN

TAMILISCHER NORDEN

DER TAMILISCHE NORDEN

Zurück auf der Landkarte

**VAVUNIYA / PADAWIYA
KOKKILAI / CHUNDIKKULAM
MANTAI / MANNAR
HALBINSEL JAFFNA
JAFFNA**

DER TAMILISCHE NORDEN

Hinweis: Für Reisen von Nicht-Sri-Lankern in die Nordprovinzen ist eine Erlaubnis des Verteidigungsministeriums (Ministry of Defence) einzuholen.

VAVUNIYA

Wegen der Zerstörung der Schienen im Bürgerkrieg endete die 400 km lange Bahnfahrt von Colombo nach Jaffna jahrelang in **Vavuniya** ❶, 140 km vor dem Ziel. Doch schon 2014 konnte die komplette Bahnlinie wiedereröffnet werden, dank indischer Hilfe. Damit wurde es in Vavuniya wieder ruhiger; die Stadt war während der Krise ein hektischer Grenz- und Warenumschlagsort gewesen. Schon immer fungierte die Distrikthauptstadt von 75 000 Einwohnern als Verkehrsknotenpunkt für alle vier Himmelsrichtungen.

PADAWIYA

Landschaftlich schön und historisch interessant ist das östliche Umland von Vavuniya um das kleine ländliche Zentrum von **Kebitigollewa** (Straße A 29) und darüber hinaus: Das alte Kultur-

Vorherige Seiten: Bewässerungstanks ermöglichen Nassreisanbau auch im trockenen Norden. Links: Wäscher bei Jaffna.

land ist voll wiederbelebter Tanks und Nassreisfelder, spärlicher Dschungel wächst im Brachland. Viele der vereinzelt aus der fast ebenen Landschaft aufragenden Felsbuckel bergen historische Eremitenhöhlen, Inschriften und Ruinen – Zeugnisse des frühen Buddhismus. An der Strecke von Kebitigollewa nach **Padawiya** ❷ (B 211) betreiben hie und da Bauernfamilien *Chena*, Brandrodungsfeldbau. Ihre Gemüse- oder Tabakfelder zäunen sie mit abgestorbenen Dornsträuchern ein, um wilde Tiere fernzuhalten.

Den großen **Tank von Padawiya** zählt König Parakramabahu I. (1153-1186) zu seinen Werken, wie eine Inschriftensäule am 1960 wieder errichteten Staudamm aussagt. Doch er hat nur repariert, was schon Moggallana II. (535-555) erneuert hatte. Nissanka Malla (1187-1196) erklärte das Gebiet um den Tank sogar zum Naturreservat.

Der Ort hinter dem Damm muss bereits zu Sadhatissas Zeiten (137-119 v. Chr.) bestanden haben. Zu einer ausgedehnten Hauptstadt hatte er sich im Laufe der Jahrhunderte in Uttara Passa, der Nordprovinz, entwickelt. Die Größe der Anlage beeindruckt bis heute, obwohl nur ein Teil ausgegraben und wiederhergestellt wurde. Innerhalb der Befestigung mit Wall und Graben befinden sich **Dagobas**, **Statuenhäuser** und weitere Hinweise auf Klosteran-

» Karte S. 223, Info S. 229

TAMILISCHER NORDEN

lagen. Auch die südindischen Cholas siedelten hier im 11. Jh. und hinterließen verschiedene Hindu-Heiligtümer, darunter einen großen **Shiva-Tempel**.

Das Bewässerungsland des Reservoirs von Padawiya ist eingebunden in das nationale Mahaweli-Ganga-Projekt, kann aber erst jetzt, nach dem Bürgerkrieg, wieder davon profitieren.

Kokkilai / Chundikkulam

Die Straße B 60 führt vom Padawiya-Tank ab **Bogahawewa** zum Küstenort **Pulmoddai** ❸ (nach Verlängerung der Küstenstraße B 424 kann man auch aus Trincomalee hierhin gelangen). Besonders zur Wintersaison sind die **Vogelschutzgebiete** der **Lagunen** von **Kokkilai** und, 75 km weiter nördlich, von **Chundikkulam** berühmt für **Flamingos** und viele andere Wasservögel.

Im Küstenstreifen von **Mullaitivu** wurde 2009 die LTTE von der sri-lankischen Armee überwältigt. Pläne,

Oben: Charakterbaum der Region – die Palmyra-Palme.

diese Gegend in einen Nationalpark zu verwandeln, sind noch nicht ausgereift.

RUND UM MANNAR

Die Heilige Jungfrau von Madhu

Die Straßen A 30 und A 14 sind wieder für christliche Pilger auf dem Weg nach **Madhu** ❹ zugänglich: Am 15. August besuchen die sri-lankischen Katholiken ihre wichtigste Wallfahrtsstätte: die **Kirche** mit der **Heiligen Jungfrau vom Rosenkranz**, deren Marienfigur – zu Zeiten der Katholikenverfolgung durch die protestantischen Holländer 1670 hierher in Sicherheit gebracht – man Wunder zuschreibt. Regierungstruppen und Rebellen beschossen mehrmals die Kirche, in der Kriegsflüchtlinge Zuflucht gesucht hatten; mitten in dem 267 km² umfassenden Naturschutzgebiet **Madhu Road Sanctuary**. 2010 kehrte die ausgelagerte Statue **Our Lady of Madhu** in das restaurierte Gotteshaus zurück, und Papst Franziskus stattete ihr 2015 einen Besuch ab.

Ein Giganten-Tank

Viele kleine Tanks liegen im Küstenhinterland, der größte ist heute ein **Vogelschutzgebiet** (40 km²): der **Giant's Tank** ❺. Er gilt als einer der großen Reservoire von Parakramabahu I. (1153-1186). Nachdem die Bewässerung jahrtausendelang vergessen war, wurde dieser Tank bereits 1897, während der englischen Kolonialzeit, wiederbelebt.

Mantai

Hinweis: Die Gegend ist derzeit nicht auf Touristen eingerichtet.

Die Jaffna-Halbinsel schirmt den Nordostmonsun, die **Insel Mannar** den Südwestmonsun von der Bucht **Palk Bay** ab; hier ist ein sicherer Hafen für kleine Schiffe. Alte Quellen sprechen

TAMILISCHER NORDEN

von **Mahatittha**, „Großer Landeplatz". **Mantai** ❻ oder das nahe **Mantota** waren vermutlich Nachfolgeorte des ersten Eingangstors zur Insel Lanka. Hier fand man u.a. römische Münzen. Das Mahavamsa berichtet von Mahatittha als Einschiffunghafen der Braut des legendären Prinzen Vijaya. Möglicherweise bestand dieser Hafen bereits vor der singhalesischen Einwanderung. Er war einer der empfindlichen Punkte, an denen südindische Eroberer in das Land einfallen konnten.

Bei Mantai liegt **Tirukketiswaram**, ein verehrtes, uraltes **Shiva-Heiligtum**, von vielen Hindus besucht zum Maha Shivarathri-Fest im Februar. Es mag längst bestanden haben, bevor der Buddhismus in Sri Lanka Fuß fasste.

Insel Mannar

Wie ein Zeigefinger weist die **Insel Mannar** in Richtung Indien. Die Stadt **Mannar** ❼ erreicht man per Straße, die Zugverbindung harrt noch ihrer Eröffnung. Die Hauptstadt des Distrikts hat rd. 30 000 Einwohner und war wichtige Schaltstelle auf dem Weg nach Indien: 40 km weiter westlich liegt der Fähranleger von **Talaimannar** ❽, von wo aus bis in die 1980er-Jahre eine Fähre nach Rameswaram im südindischen Staat Tamil Nadu ablegte. Sie war oft das Barometer für die politischen Beziehungen zwischen Sri Lanka und Indien. Politische Unstimmigkeiten zwischen den beiden Ländern oder meteorologisches Schicksal – schlech-

TAMILISCHER NORDEN

te Wetterbedingungen – führten zur Einstellung des Fährbetriebs, ebenso der sri-lankische Bürgerkrieg. Die jahrzehntelang fast isolierte Insel wünscht sich sehnlich eine Normalisierung und die Reaktivierung der Rameswaram-Fährverbindung. Schon jetzt schippern Boote der srilankischen Marine Touristen von der alten Talaimannar-Landungsbrücke am Leuchtturm in die stille Inselwelt der **Adam's Bridge**, wenn die Wetterbedingungen es zulassen.

Wie eine Verlängerung der sich nach Westen weit vorschiebenden flachen Kalkinsel Mannar setzen sich nämlich in der **Palk Strait** Inselchen und Untiefen in fast gerader Linie in Richtung Indien fort, beinahe wie eine Brücke. Diese „Adam's Bridge" ist nach dem altindischen Epos Ramayana wohl die Stelle, wo der Affengeneral Hanuman mit seinem Heer in großen Sprüngen von Indien nach Sri Lanka übersetzte, um die vom wilden Ravana nach Lanka entführte Sita zu retten.

In Mannar kontrollierte ein portugiesisch-holländisches **Fort** die Meerenge zur Insel Lanka. Fischfang und Salzgewinnung sind das Haupteinkommen der Bevölkerung. Geschickte Schiffer lenken ihre Boote durch die gefährlich flache Küstenregion.

Die Distrikte Mannar und Vavuniya sowie die nördlich angrenzenden Distrikte **Kilinochchi** und **Mullaitivu** gehören zu den am dünnsten besiedelten Gebieten Sri Lankas. Die LTTE vertrieb hier muslimische Fischer und Bauern; dies trug zu weiterer Verringerung der Bevölkerung bei, mit dem Effekt der Erhöhung des Tamilen-Anteils. Im Mannar-Distrikt war der Anteil der Moors mit über 20% besonders hoch. Die Rückkehrbewegung hat inzwischen eingesetzt. Tamilen sind in Mannar mehrheitlich Christen, in den übrigen Distrikten überwiegend Hindus.

Rechts: Der Bullock Cart (Ochsenkarren) ist oftmals noch das wichtigste Transportmittel der Bauern.

*HALBINSEL JAFFNA

Personen ohne srilankischen Pass dürfen derzeit nur mit Erlaubnis des Verteidigungsministeriums in den Norden reisen. Für anspruchslose Individualisten ist er ein reizvolles Ziel. Die Eisenbahnfahrt mit dem legendären Expresszug „Yal Devi" ist ein Erlebnis und dauert von Colombo-Fort bis Jaffna laut Fahrplan knapp 8 Stunden.

Am dünnen „Hals" von Sri Lanka zogen früher Elefanten durch die seichte Bucht, die die ***Halbinsel Jaffna** vom übrigen Lanka abschnürt. Die Straße A 9, während des Bürgerkriegs die einzige Landverbindung nach Jaffna und damals z. T. von der LTTE kontrolliert, passiert am **Elephant Pass** ❾ Salzpfannen – so trocken ist das Gebiet.

Hart sind die Lebensbedingungen in diesem nördlichsten Zipfel der Insel: Die flache Jaffna-Halbinsel besteht aus Kalk, anders als der überwiegende Teil des übrigen Sri Lanka. Das poröse Gestein schluckt recht rasch den Niederschlag und führt ihn dem Grundwasser zu. Es liegt hier als spezifisch leichtere Schicht, „schwimmt" gewissermaßen, auf dem in das Gestein von allen Seiten bis in Meereshöhe eindringenden Salzwasser des Indischen Ozeans. Offene Tanks (Stauseen) sind hier nicht praktikabel, hier muss das Süßwasser aus Brunnen geschöpft werden.

Die Jaffna-Halbinsel besteht aus wenig mehr als 1000 km² Landfläche, einschließlich der dazugehörigen Inseln. Die Bevölkerung von knapp 900 000 Einwohnern 1983, vor dem Bürgerkrieg, machte den Distrikt Jaffna zu den am dichtesten bewohnten Gebieten von ganz Sri Lanka und wurde darin nur vom städtischen Großraum Colombo übertroffen. Flucht, Auswanderung und Bürgerkriegsverluste ließen die Einwohnerzahl auf derzeit knapp 600 000 schrumpfen. Das einst blühende Land ist nun dabei, die Schäden zu beseitigen und zur Normalität zurückzukehren.

JAFFNA

Charakterbaum Palmyra-Palme

Ein Touristenmagnet war dieser Nordzipfel des Landes nie, doch die Besucher erleben ihn als angenehme Überraschung. Flach ist das Land und Meer oder Lagunen sind nie weit entfernt. Auch wenn viele Landstriche trocken und sandig sind, verwandelten die Bewohner sie in grüne Gemüsegärten. Charakterpflanze ist die Palmyra-Palme mit ihren eleganten Blattfächern. Man zapft auch ihr den Toddy ab, den Saft der angeschnittenen Blüte. Er lässt sich, wie der Blütensaft von Kokos- und Kittulpalme, zu Arrack destillieren oder zu Jaggery, Palmzucker, verarbeiten. Die fast kreisrunden Blattfächer dienen häufig als dekorative Zäune.

Im wüstenähnlichen Dünengebiet **Manalkadu Desert** stehen anmutige Gruppen von Palmyra-Palmen vor dem tiefen Blau des Golfs von Bengalen. Hier zieht sich die lang gestreckte nordöstliche Strandlinie hin, an deren Nordende der kleine Hafen **Point Pedro** ❿ liegt, fast der nördlichste Punkt des Landes. 1936 wurde 6 km südlich von Point Pedro im Dorf **Vallipuram** eine in eine dünne Goldplatte geprägte Inschrift gefunden; sie berichtet über die Stiftung eines buddhistischen Klosters aus der Zeit des Königs Vasabha (67-111). Der kleine Ort, in dem sich ein viel besuchter Vishnu-Tempel befindet, soll Vorläufer der Hauptstadt des Königreichs von Jaffna gewesen sein.

Keerimalai – Süßwasserbad am Meer

Das tiefblaue Meer begleitet die Straße entlang der Nordküste, aber es lädt nicht überall zum Baden ein: Flache Korallenbänke breiten sich vor der Küste aus. Nahe dem Industrie- und Hafenstandort **Kankesanturai** hat sich am Meer schon das Thalsevana Holiday Resort etabliert. Der Flughafen **Palaly** liegt nicht weit entfernt im Binnenland. Nach Westen, entlang der Küstenstraße, kommt man in ruhigere ländliche Gebiete. In **Keerimalai** ⓫ erlebt man ein ungewöhnliches Freibad gleich neben dem Strand: zwei große, tiefe **Badeteiche** (einer für Herren, der

JAFFNA

andere für Damen) mit klarem Süßwasser – eine Kostbarkeit in einem wasserarmen Land! Dies wunderbare Nass soll im 8. Jh. einer Chola-Prinzessin geholfen haben: Nach häufigem Baden erhielt ihr Antlitz wieder seine frühere Schönheit zurück, nachdem es nach einer Verwünschung wie ein Pferdegesicht aussah. Zum Dank stiftete sie den Skanda-Kovil von **Maviddapuram**.

Inselschicksale

Zur Zeit des Bürgerkriegs spielte die Inselgirlande südwestlich der Stadt Jaffna die Rolle eines strategischen Schutzwalls für die Halbinsel. Das waren sie auch für die Kolonialherren, sichtbar am portugiesischen **Urundi Fort** auf **Kayts**, der Inselfestung **Fort Hammenhiel** oder dem **Fort Eyrie** auf **Karaitivu** ⓬. Nach und nach werden die Spuren der Militärs des 20. Jh. getilgt und man erfreut sich wieder der stillen **Sandstrände** und der freundlichen, sauberen Dörfer mit ihren sorgfältigen Zäunen aus Palmblättern.

Hinduistische und buddhistische Pilger wallfahren nun wieder zur kleinen Insel **Nainativu** ⓭ südwestlich von Kayts. Hier erbitten die Hindus Heil für Neugeborene im **Naga Pooshani Ambal** oder Tempel der Minakshi, wie die Gattin des Gottes Shiva in Südindien heißt, die hier als Ambal Devi verehrt wird. Das Tempelfest im Juni/Juli lockt Zehntausende Pilger an.

Der andere bedeutende Tempel der Insel ist **Nagadipa Vihara**. Die sri-lankischen Buddhisten halten seinen Platz für die Stelle, an der Buddha während seines zweiten Sri-Lanka-Besuchs landete: eins der 16 wichtigsten Pilgerziele der Singhalesen.

Christliche Pilger aus Sri Lanka und Indien reisen seit 2002 wieder zum Antoniusfest auf die winzige Insel **Kachchaitivu**. 20 km nordöstlich liegt **Delft** oder **Neduntivu** ⓮, eine zauberhaft natürliche Insel mit archaischen Dörfern, Wildpferden, urigen Baumindividuen und schönen Sandstränden.

Rechts: Der Kandaswamy Kovil in Nallur, ein religiöses Zentrum der Hindus, enthält einen Schrein für den Kriegsgott Murugan.

JAFFNA

JAFFNA

Die weitläufige Großstadt **Jaffna** ⓯ (rund 90 000 Einwohner, 90 % Hindus) hat im Bürgerkrieg schwer gelitten. Davor hatte sie wohlhabend gewirkt; kunstvoll geschnitzte Sichtblenden versteckten die Hausfronten, und manche Viertel wirkten fast vornehm.

Wichtige städtische Einrichtungen der kulturellen Hauptstadt der Sri-Lanka-Tamilen sind auf mehrere Zentren verteilt: Westlich des wiederhergestellten, blendend weißen Bahnhofs erneuern sich Märkte und Geschäftsstraßen. Im Süden, nahe der breiten, derzeit eher kahlen Esplanade, die das Jaffna Fort umgibt, ist die 1981 von der singhalesischen Polizei niedergebrannte **Bibliothek** ① im indosarazenischen Stil wieder erstanden, während *Kachcheri* (Distriktverwaltung), Gemeindeverwaltung und Landwirtschaftsbehörde etwa 2 km weiter östlich ein kleines Zentrum bilden, das schon zur britischen Kolonialzeit der Verwaltung diente. Das Universitätsviertel behielt seinen Platz am nördlichen Stadtrand. Die vormalige Königsstadt Nallur ist heute ein Stadtteil, 2 km nordöstlich des Forts.

Jaffna Fort – Militär und Kirche

Das sternförmige **Jaffna Fort** ②, früher das beste Beispiel niederländischer Festungsbaukunst in Sri Lanka, war im Bürgerkrieg Militärbasis und geriet daher unter schweren Beschuss. Mit seiner Südwestseite grenzt es an die Lagune von Jaffna. Schon die Portugiesen hatten hier nach der Eroberung 1619 eine Festung errichtet. Die Niederländer nahmen sie 1658 ein und bauten sie 1660-80 zur heutigen Größe aus, mit drei Bastionen zur Landseite. Die Anlage erhielt 1792 einen zusätzlichen Außenwall, kurz bevor 1796 die Engländer die Macht übernahmen.

Der frühere Zugang war eine Zugbrücke zum geräumigen Innenhof. Die historischen Bauten wurden im Krieg vernichtet, auch die barocke *Groote Kerk* von 1706. Die ihren Fußboden bedeckenden Grabplatten mit den Namen niederländischer Kolonialbediensteten

» Karte S. 223, Stadtplan S. 226, Info S. 229

JAFFNA

wurden während des Kriegs ausgelagert. Stellenweise wird das einst so imposante Fort restauriert, der reparierte Wall erlaubt bereits weite Ausblicke.

Nallur – Tempel des Kriegsgottes

Ein spektakuläres Fest findet zwischen den Vollmondzeiten im Juli und August in Jaffnas Oberkasten-Stadtteil **Nallur** – von 1215-1624 Residenzstadt des Tamilen-Königreichs Jaffna – statt: Der hiesige ★**Kandaswamy Kovil** ③ birgt prachtvolle, riesige Festwagen, die während des Festivals zu Ehren des schrecklichen Gottes Murugan (Skanda, Kataragama, Gott des Krieges) und seiner beiden Frauen Prozessionen anführen, die Tausende Gläubige begleiten. Der heutige reich verzierte Hindutempel stammt von 1807 und wurde seither erweitert, zuletzt 2011 um einen neuen **Gopuram**. Die Portugiesen hatten 1624 den ursprünglichen Kovil auf dem Gelände des Königspalasts und die damalige Stadt zerstört.

Dagobas im Land der Hindus

Auf halbem Weg zwischen Jaffna und Kankesanturai, westlich des Ortes **Chunnakam**, machte 1913 der Verwaltungsbeamte P. E. Pieris in dem Dorf **Kantarodai** eine außergewöhnliche archäologische Entdeckung: Auf nur ungefähr 8000 m² ergrub das Archäologische Amt annähernd 70 Dagobas, von denen knapp 50 aber nur einen Durchmesser von 2 bis knapp 4 m haben. Man deutet sie als Votiv-Dagobas. Statuen, Gebäudereste und Inschriften auf dem Gelände lassen auf eine Nutzung als Kloster zwischen dem 2. und 7. Jh. schließen.

Das Gelände mit den erstaunlich vielen Dagobas ist offen zugänglich. Ein wenig Information dazu bietet das kleine **Archäologische Museum** in Nallur. Auf dem Areal von Kantarodai steht auch ein moderner buddhistischer Tempel.

Oben: Die Votiv-Dagobas im Ausgrabungsgelände von Kantarodai sind von Palmyra-Palmen umgeben.

TAMILISCHER NORDEN

Ausländische Touristen, die das Gebiet nördlich von Vavuniya und den Distrikt Jaffna bereisen wollen, benötigen eine Erlaubnis des Verteidigungsministeriums (s. S. 243). Diese Region ist nach jahrzehntelangem Bürgerkrieg im Aufbau begriffen, Luxus sollte man hier nicht erwarten. Beachten Sie unbedingt die Sicherheitshinweise zu vermintem Gelände und zum Fotografieren!

JAFFNA / JAFFNA-HALBINSEL (☎ 021)

Jaffna Green Grass, die weithin geschätzte Küche kombiniert Einflüsse aus Indien, China und Jaffna, 33, Aseervatham Lane, Hospital Rd., nahe dem Bahnhof, Tel. 222 4385. **Mangos**, unverfälschte südindische Küche, in einem luftigen Pavillon, 359/3 Temple Rd. Nallur, Tel. 077-766 1083.
Old Park Restaurant, kräftige nordsri-lankische Kost im gemütlichen Innenbereich und dem Garten, 40 Kandy Road, Tel. 790 0627.
Imbisse und Restaurants rund um den Busterminal.

BAHN: Vier- bis sechsmal täglich nach Colombo-Fort, der klimatisierte Intercity braucht 6 Std. 15 Min. *FLUG:* **Helitours** fliegt Mo, Mi, Fr. Ratmalana-Jaffna über Trincomalee; Büro in Jaffna: 268, Stanley Rd., www.helitours.lk. *BUS:* Klein- und Luxusbusse (z. B. Thinakaran, www.thinakaran.lk/img/tkn_bus/jaffna_bus.asp) fahren direkt Jaffna-Colombo (i. a. Nachtbusse), in Colombo ab Wellawatte.
Der lokale Bus- und Fährverkehr auf der Jaffna-Halbinsel und zu den vorgelagerten Inseln erfordert etwas Geduld. Empfehlenswert fürs Fortkommen sind Taxis, Dreiradtaxis und Fahrräder.

Archäologisches Museum, historisch-archäologisches Regionalmuseum, Navalar Rd., tgl. 8-17 Uhr.
Kantarodai Dagobas, ab Ortsmitte Chunnakam (Straße Jaffna-Kankesanturai, AB 16) ca. 2 km westl. an kleiner Dorfstraße.
Jaffna Fort, wird z.Z. restauriert.
Bibliothek Jaffna, östlich des Forts, öffentlich zugänglich.

MANNAR / TALAIMANNAR (☎ 023)

Touristische Besuche sind noch etwas für Wissensdurstige; eine entsprechende Infrastruktur ist kaum vorhanden.

BUS: Colombo direkt, über Anuradhapura.
BAHN: Strecke Medawachchiya-Mannar-Talaimannar nahezu vollendet (Anfang 2015).

MEDAWACHCHIYA (☎ 025)

Die touristische Infrastruktur ist nur wenig entwickelt.

BAHN: Strecke Colombo-Jaffna, tägl. 6-8 Züge.
BUS: Tägl. Colombo, mehrmals tägl. Anuradhapura.

AUSFLÜGE: Erkundigen Sie sich vorher nach dem Straßenzustand!
Tantirimalai, über die A 14 Richtung Mannar bis Mankulam-Neriyakulam, dann 12 km nach Süden zur weitläufigen Klosteranlage mit Felsenstatue, Archäologisches Museum tgl. 8-17 Uhr.
Padawiya über Kebitigollewa ca. 60 km. Zum Ruinengelände biegt man man vor dem südl. Ortseingang von Padawiya zum Damm des Padawiya Wewa ab, vor markanter Rechtskurve des Damms kurzer Fußweg nach Norden in das Dschungelgelände. Der Zugang westlich v. Padawiya-Ortszentrum führt über einen schlechten Sandweg. Ausgedehntes Gebiet, ein Wächter wohnt in dem Areal.
Vogelschutzgebiet Kokkilai: Über Küstenstraße B424 Trincomalee-Pulmoddai erreichbar. Touren durch Spezialagenturen wie JetwingEco, Sri Lanka Ecotourism etc. oder das Jungle Beach Hotel, Kuchchaveli (s. S. 216).

VAVUNIYA (☎ 024)

Archäologisches Museum, an A 9 Richtung Jaffna, tägl. 8-17 Uhr.
Our Lady of Madhu, Kirche und Pilgergelände sind dank der wiederhergestellten Straßen gut zu erreichen.

TEE

TEE FÜR DIE WELT

Das ceylonesische Bergland ist ideal für die Teeproduktion, und so rasch, wie sich 1823-1873 der Kaffeeanbau ausgebreitet hatte, dehnte sich, nach dessen fatalem Ende wegen der Kaffeerost-Pflanzenkrankheit, die Teekultur aus – sie umfasst heute 2040 km².

Schaut man über die sorgsam gepflegte Heckenlandschaft der Teeplantagen, könnte man vergessen, dass die Teepflanze eigentlich ein Baum ist; die aus China stammende *Camellia sinensis* würde 10 m hoch wachsen, wenn man sie nur ließe. Die Plantagenpflanzen werden im Lauf ihres hundertjährigen Lebens so beschnitten, dass sie sich schon in Bodennähe stark verzweigen und die flinken Hände der Teepflückerinnen die jungen Triebe noch erreichen können. Für die überaus arbeitsintensiven Teeplantagen wurden

Vorherige Seiten: Hindu-Brautpaar. Oben: Teetester kontrollieren die Qualität. Rechts: Nur die jungen Triebe dürfen gepflückt werden (tamilische Pflückerin).

im 19. Jh. Hunderttausende Tamilen aus Südindien angeworben – Männer für die Kultivierungsarbeiten, Frauen für das Pflücken der Teeblätter.

Grüppchenweise ziehen mehrmals am Tag die Teepflückerinnen in bunten Saris ins Gelände, um die Stirn einen Sack oder Korb gebunden, der über den Rücken heruntergängt, in der Hand einen langen, geraden, dünnen Stock, um die Hüften meist eine Schürze aus einem alten Plastiksack. Mit dem Stock markiert die Frau den Bereich der Hecke, an dem sie pflücken will, und schiebt ihn mit fortschreitender Arbeit weiter. Geschickt und rasch reißt sie die Knospe und die obersten beiden Blätter der Teezweige ab und wirft sie in den Behälter auf ihrem Rücken.

An der Sammelstelle steht ein Aufseher mit der Waage. Geduldig warten die Frauen, bis Korb oder Sack entleert, die Menge gewogen und der Betrag aufgeschrieben ist. Der karge Tageslohn einer Teepflückerin entspricht dem Gegenwert von etwa 3 kg Reis.

Die Ernte gelangt unverzüglich in eine der 700 Teefabriken des Landes.

TEE

Die frischen, grünen Blätter an den Zweigenden sollen welken, so dass sie einen Teil ihres Wassergehalts verlieren. Bis zu 24 Stunden haben sie Zeit dazu, aber man kann das beschleunigen, indem man die Blätter zur Gebläsevortrocknung auf Drahtroste wirft.

Die gewelkten Teeblätter rutschen durch eine Art Trichter ein Stockwerk tiefer direkt auf die Rollteller, wo die Blätter zerrieben und zerstückelt werden. Sie verlieren dabei allmählich ihre grüne Farbe, denn die nun freigelegten Inhaltsstoffe der Blattzellen beginnen zu oxidieren. Dieser Prozess wird nach Zerkleinerung der Blätter auf einer großen Zement- oder Fliesenfläche fortgesetzt: Über die nur wenige Zentimeter hohe Schicht zerbröselten Tees strömt befeuchtete Frischluft. Diese letzte Fermentation, oft weniger als 30 Minuten lang, prägt entscheidend das Aroma des Tees. Um den erwünschten Zustand zu bewahren, kommen die rotbraunen Krumen sofort anschließend in einen Trockenofen, wo sie bei mindestens 85 °C eine halbe Stunde geröstet werden. Damit ist der schwarze Tee fertig.

Foto: Josef Beck

Es folgt die Sortierung und Verpackung. Nach dem Aussieben mit Schüttelsieben klassifiziert man verschiedene Qualitäten. Die mit hohem Blattanteil und damit besserem Aroma sind dunkler; hellere Färbung ergibt sich durch höheren Stängelanteil. Beim Schütteln wird gleichzeitig nach Partikelgrößen sortiert, dabei ist *Fannings* die feinste Sortierung, *Fannings Broken Orange Pekoe* die nächste, darauf folgen *Broken Orange Pekoe* und weitere Qualitätsabstufungen. *Dust* ist staubfein, aber kein Schmutz: Bei dunkler Färbung kann es sich ebenfalls um qualitätvollen Tee handeln – ideal für Teebeutel, denn er zieht sehr schnell.

Die Teepflanze braucht regelmäßige Feuchtigkeit, wenigstens 1250 mm im Jahr, aber Frost nimmt sie übel. Diese Bedingungen werden im Südwesen, besonders im Hochland, erfüllt, wobei das jeweilige Anbaugebiet Auswirkungen auf den Geschmack hat. In Sri Lanka unterscheidet man drei Lagen nach Höhenabstufungen: Hochland-Tee (40 Prozent der Anbaufläche) ab 1200 m, Mittelland-Tee (25 Prozent) in 600-1200 m Höhe und Tiefland-Tee (35 Prozent), der noch in Meereshöhe gedeiht. Am raschesten wächst er in feuchten, niedrigen, am langsamsten in relativ trockenen, hohen Lagen. Die Häufigkeit des Teepflückens variiert daher mit dem Standort und den klimatischen Bedingungen. Im Tiefland wird alle fünf bis sieben Tage gepflückt, im Hochland ca. alle neun bis zwölf Tage. Bei langsamem Wachstum entwickelt sich das feinste Aroma, und deshalb erzielt der Hochland-Tee die höchsten Preise bei den Auktionen in Colombo.

Über 90 Prozent der Jahresproduktion von 340 000 t exportiert Sri Lanka und gehört mit Indien, China und Kenia zu den vier bedeutendsten Tee-Exportländern der Welt. Der Tee beschäftigt ca. 6 Mio. Menschen im Land und bringt knapp 20 Prozent aller Exporterlöse ein. Hauptabnehmer ist zu über 50 Prozent die Russische Föderation.

ZIMT, KARDAMOM UND CURRY

ZIMT, KARDAMOM UND CURRY

Zwei Gewürze hat Sri Lanka der Welt geschenkt: Ceylonzimt (*Cinnamonum verum*) und Kardamom (*Elettaria cardamomum*). Als die Portugiesen 1505 erstmals mit der Insel in Berührung kamen, begriffen sie bald, was für ein Schatz in den feuchtheißen Küstenwäldern schlummerte: der Zimtbaum, dessen Rinde ein äußerst feines Aroma besaß. Erst standen sie, im 16. Jh., konkurrenzlos mit ihrem höchst profitablen Zimthandel da, aber die niederländische Vereinigte Ostindische Kompanie sicherte sich 1636 das Monopol der Zimtausfuhr, bis Großbritannien es 1796 übernahm (und bis 1832 halten konnte). Den Niederländern gelang 1668 der Anbau von Zimt in Plantagen an der Westküste, den *Caneel-Landen*.

Zimt zu schälen ist eine Kunst. Darauf verstehen sich die *Chaliyas*, die Angehörigen der Zimtschäler-Kaste, die die Zweige geschickt von ihrer Rinde befreien. Wenn sie nach zweimaligem Fermentierungsprozess trocknet, rollt sie sich. Mit großer Fertigkeit schieben die Chaliyas diese langen, schmalen Rindenröllchen ineinander, dadurch nehmen sie beim Verpacken ein geringeres Volumen ein und sind beim Transport nahezu bruchsicher.

Diese über 1 m langen, *Quills* genannten ganzen Stangen werden gebündelt und erzielen den höchsten Preis, aber auch die zerbrochenen *Quillings*, die von minderwertigen, krummen Ästen stammenden *Featherings* und *Chips*, der Bruch, finden zu entsprechend geringeren Preisen Abnehmer. Chips verwendet man außerdem zur Herstellung von hochwertigem Zimtöl.

Kardamom benutzen die Sri-Lanker weitgehend für die eigene Küche, nur fünf bis zehn Prozent werden exportiert. In arabischen Ländern würzt man damit den Kaffee, in Kaschmir den Tee, in Europa das Weihnachtsgebäck.

In fast jeder Curry-Gewürzmischung ist Kardamom enthalten; er soll Gerichten, in denen viel Knoblauch enthalten ist, dessen Geruch entziehen. Kardamom ist eine Wildpflanze des Berglands. Sie gedeiht am besten in Höhen zwischen 900 und 1500 m und ist wie geschaffen für die ursprünglichen Bergwälder von Sri Lanka: Die zur Familie der Ingwergewächse zählende Pflanze braucht Schatten und wächst im Unterholz. Daher pflanzt man sie in Waldstücke, an schattige Ränder von Teeplantagen, also dorthin, wo sie das ganze Jahr über erreichbar sind und mühelos abgeerntet werden können. Die Knuckles und die Umgebung des Sinharaja Forest sind besonders ertragreiche Kardamom-Gebiete. Das Kraut, übermannshoch und mit schmalen, langen Blättern, treibt kurz über dem Erdboden Rispen mit weißen, rötlich gefleckten Blüten aus, die entfernt an kleine Orchideen erinnern. Die dreiteiligen, ein bis zwei Zentimeter langen Fruchtkapseln enthalten kleine, süß-scharfe, aromatische Samen. Sie werden gesammelt, getrocknet und kommen so auf den Markt.

Curry – bunt gemischt

Der Begriff „Curry" ist so verwirrend wie die Gerüche am Stand eines Gewürzhändlers. Currypulver stammt nicht von einer einzigen Pflanze, sondern ist eine vielfältige Gewürzmischung, die je nach Intuition des Kochs oder der Hausfrau Abwandlungen erfahren kann und oft auch Zimt und Koriander enthält.

Curry als Würze wiederum ist nicht wegzudenkender Bestandteil der meisten „Curries", der Beilagen, die in kleinen Schüsseln appetitlich um den großen Teller mit Reis gestellt werden, der üblicherweise den Hauptbestandteil einer Mahlzeit in Sri Lanka darstellt. In jedem Schälchen steckt ein

Rechts: Frische Muskatnuss – Tropengewürze waren in Europa einst Gold wert.

ZIMT, KARDAMOM UND CURRY

Foto: Peter Hinze

Löffel, mit dem man sich die Curries in gewünschter Menge auf den Reisberg schöpft. Und dann: Guten Appetit! Aber wo bleibt das Besteck? Das trägt jeder Mensch mit sich herum! Es ist die rechte Hand, mit der man Reis und Beilagen mischt und knetet, die man portionsweise in den Mund schiebt.

Hier ein Currypulver-Rezept für Fleisch- und Geflügelgerichte:
80 g Koriander, 50 g Fenchel,
30 g Kreuzkümmel, 10 Nelken,
10 Kardamom, 2 cm Zimtstange,
5 Lorbeerblätter (in Sri Lanka werden die feineren *curry leaves* verwendet)
50 g Reis, 2 Teelöffel Senfkörner,
20 g Pfeffer, 20 g Chilipulver
1 Teelöffel Gelbwurzelpulver (aus der Wurzel von *Curcuma longa*, einem Ingwergewächs, häufig fälschlicherweise als Safran bezeichnet. Das gelbe Pulver gibt dem Curry die Farbe.)

Alle Zutaten bis auf Chili- und Gelbwurzelpulver in der Pfanne ohne Fett rösten. Die noch warmen Zutaten mit Chili- und Gelbwurzelpulver mischen und in einer Kaffeemühle zu feinem Pulver vermahlen.

Kokos – diese Nuss ist ein Muss

Die Kokosnuss gehört zum täglichen Leben. In jeder Küche finden sich die gezahnten Schaber, mit denen das weiße Fleisch aus der Nuss gerieben wird. Für diejenigen, die sich vor der brennenden Schärfe der Curries fürchten: Frisch hergestellte Kokosraspel sind ein ideales Mittel zur Geschmacksmilderung, und man kann sich ein Schälchen davon zu den Curries servieren lassen. Sie sind aber auch selbst Bestandteil von vielen Curries, und man gewinnt aus ihnen die dicke Kokosmilch, die vielen Gerichten einen abgerundeten, nussigen Geschmack verleiht. Dazu versetzt man frisch geriebene Kokosraspel mit etwas Wasser und presst die Masse aus. Auch die in der Nuss enthaltene, wässrige dünne Kokosmilch kann zum Kochen verwendet werden.

Kokosöl ist ungemein vielfältig verwendbar: nicht nur zum Braten und Kochen, sondern für die Haar- und Körperpflege, und nicht zuletzt für die Abertausende von Öllämpchen in den Tempeln oder Hausaltären.

AYURVEDA

Weit über zwei Jahrtausende alt sind die indischen medizinischen Kenntnisse des Ayurveda, des „Wissens um das Leben von der Geburt bis zum Tod". Ayurvedische Medizin wird vor allem in Sri Lanka und Indien von amtlich zugelassenen Ärzten praktiziert, die im Schnitt eine fünf- bis sechsjährige Ausbildung genossen haben. Ayurveda ist nicht in erster Linie, wie die westliche Medizin, auf die Krankheiten des Körpers gerichtet, sondern hat den Menschen in seiner Gesamtheit im Blick und sieht ihn als Teil des Universums: Zu einem gesunden Menschen gehört, dass er im Einklang mit sich selbst und seiner Umgebung steht. Ziel ayurvedischer Medizin ist die Herstellung der persönlichen Balance, einer Harmonie im Inneren und Äußeren.

Unwillkürlich denkt man an Wellness-Angebote und ihre Wohlfühl-Behandlungen: Der Patient genießt ein duftendes Blütenbad, wird von liebevollen Händen massiert oder erhält eine exotische Salbung; da gönnt man sich etwas Gutes, um mal kurzfristig abzuschalten vom Alltagsstress.

Im Ayurveda gibt es zahlreiche solcher unendlich wohltuenden Behandlungen, Prospekte zeigen im Allgemeinen nur diese, meist in verführerisch exotischem Ambiente, z. B. den Stirnguss, die Simultanmassage durch zwei Masseure oder Bäder voll herrlicher Tropenblüten. In Sri Lanka mit seiner langen Tourismustradition werden heutzutage in jedem größeren Touristenhotel solche ayurvedischen Behandlungen angeboten: Das hat Lokalkolorit und ist ein unverfälschter Teil der hiesigen Tradition. Diese Anwendungen sind zweifellos eine wahre Wohltat, aber – für sich gesehen – in erster Linie ein Wellness-Angebot. Will man indes eine ernsthafte ayurvedische Kur machen, sind die asiatischen Wohlfühl-Treatments nur ein kleiner Teil einer sinnvollerweise mindestens dreiwöchigen medizinischen Kur.

Für den Gast in Sri Lanka ist es also wichtig, schon im Vorweg zu entscheiden: Will ich mich im Urlaub nur „ayurvedisch" verwöhnen lassen (was sicherlich seine positiven Wirkungen hinterlässt!), oder will ich eine echte, durchaus anstrengende und nicht immer nur angenehme *Panchakarma*-Kur absolvieren, die intensivste der ayurvedischen Behandlungsformen? Nach dieser Entscheidung wählt man sich sein Hotel: Urlaubs- oder Kurhotel (Resort). Resorts sind zumeist klein und überschaubar und liegen oft in geradezu verwunschenen Teilen des Landes. Eine echte Reinigungs- und Regenerationskur bedeutet die Unterwerfung unter ein recht strenges Reglement, z. B. ist Baden im Meer eher kontraproduktiv, man lebt alkohol- und nikotinfrei und „nebenher" lassen sich Besichtigungsausflüge praktisch nicht unternehmen, denn jegliche Anstrengung soll vermieden werden.

Die ayurvedische Medizin geht davon aus, dass viele Krankheiten, aber auch nur unbestimmtes Unwohlsein oder innere Unruhe von einer Disharmonie der sog. Bioenergien *(Doshas)* rühren. Dies gilt es, für Gesunde und Kranke gleichermaßen, ins Gleichgewicht zu bringen. Man unterscheidet drei Doshas: Das *Vata* umfasst Bewegungen von Körper und Geist und die Funktion der Sinnesorgane. Das *Pitta* ist verantwortlich für Veränderungen, für Stoffwechsel und Verdauung und die Intelligenz. Das *Kapha* ist zuständig für zusammenhängende Struktur, auch für Wachstum und Kraft sowie das Immunsystem.

Der ayurvedische Arzt hat sich nach gründlicher Untersuchung und intensiver Befragung ein Bild davon gemacht, zu welchem Bioenergie-Typ sein Patient gehört, ob dieser ein Vata, Pitta- oder Kapha-Mensch ist. Dies geht in

Rechts: Ayurveda-Behandlung im Resort Amaya Lake, Dambulla.

AYURVEDA

den Plan einer Panchakarma-Kur ein. Sie besteht aus drei Phasen:

Die vorbereitenden Behandlungen haben die Aufgabe, den Körper dazu zu befähigen, die während der Hauptkur auszuleitenden Abfallstoffe „aufzuweichen". Dazu werden reichlich medizinische Öle verwendet: Man trinkt sie, der ganze Körper wird mit heilsamen Ölen massiert *(Abhyanga)*, warmes Öl wird auf die Stirn gegossen *(Shirodhara)* u.a.m. Danach soll man kräftig schwitzen, sodass viele Gifte schon durch die Haut ausgeschieden werden.

Panchakarma bedeutet wörtlich „fünf Tätigkeiten"; gemeint sind die fünf therapeutischen Wege, auf denen in der Hauptkur die Giftstoffe den Körper verlassen: mit *Vamana* bezeichnet man das Erbrechen, mit *Virechana* das Abführen, mit *Basti* die verschiedenen Einläufe aus Kräutersuden oder Ölen, mit *Nasya* die Nasenreinigung und mit *Rakta Moksha* das Ansetzen von Blutegeln oder den Aderlass. Diese Behandlungsphase, das eigentliche Panchakarma, ist wahrlich kein Zuckerschlecken, die meisten Patienten spüren jetzt aber, wie etwas Positives mit ihrem Körper geschieht: Oft fühlt man sich regelrecht leicht oder befreit von früheren Schmerzen, die Haut des ganzen Körpers wird jugendlich zart.

Die dritte Phase dient dazu, den nunmehr recht geschwächten Körper wieder zu kräftigen. *Rasayana* heißt diese Regenerations- und Verjüngungskur, bei der nicht nur leichte, schmackhafte Kost, abgestimmt auf den Dosha-Typ, eine wichtige Rolle spielt, sondern auch aufbauende Medikamente sowie Yoga, Tanz oder Musik. So kann sich die Harmonie von Körper und Geist wieder einstellen.

Nimmt man schon vor der Kur Abstand vom Alltag, z.B. bei einer kurzen Sri-Lanka-Rundreise, lässt sich der Erfolg deutlich steigern, ebenso wenn man die abschließende Erholungsphase, versehen mit den Ratschlägen des Ayurveda-Arztes, zu Hause fortsetzt.

Ayurvedische Resorts behandeln das ganze Jahr über. Als optimale Jahreszeit für die Kur gilt die feuchtheiße Regenzeit im Mai-Juni – gut auch für den Geldbeutel: Das ist die Nebensaison.

HEIRATSANNONCEN

Sonntags sind in Sri Lanka die Zeitungen besonders dick und unterhaltsam. Im Kulturteil *Magazine* des *Sunday Observer* etwa stehen die *Marriage Proposals*, die Heiratsanzeigen – ein Spiegel der sri-lankischen Gesellschaft zwischen Traditon und Moderne.

Wer inseriert hier? In der Regel sind es die Eltern, die für ihre Tochter bzw. ihren Sohn einen Lebenspartner finden möchten, aber auch andere Familienangehörige beteiligen sich an der Suche: oft Bruder oder Schwester, aber auch Tante oder Großmutter.

Partnerwahl und Heirat sind extrem wichtig für die ganze Familie, und die überlässt man nicht dem Zufall der Liebe zweier junger Leute zueinander. Da muss das passen, was für solch eine neue Einheit für wichtig gehalten wird: Bildung, Wohnort, Religion, Kaste, wirtschaftliche Verhältnisse, Horoskop und noch viel mehr.

Was also erwähnen die Inserenten, um sich selbst, und damit ihre Familie, vorzustellen? Ihre Kastenzugehörigkeit nennen die allermeisten, obwohl in vielen Anzeigentexten deutlich gesagt wird, dass die Kaste des erwünschten Partners unwesentlich sei: Sich in dieser Weise vorzustellen, enthält die Information, aus welcher Volksgruppe die Inserentenfamilie stammt: *Govigama, Karawa, Salagama, Durawa, Vishwakula, Radala* u.a. sind singhalesische Kasten, dagegen ist *Vellala* die höchste tamilische Kaste.

Diese Zuordnung wird meist noch differenziert durch die Religionsgemeinschaft, also da inserieren z. B. *Vellala Roman Catholic parents*: römisch-katholische Eltern aus der tamilischen Landbesitzer-Kaste, *Govigama Buddhist mother*: eine buddhistische Mutter aus der singhalesischen Landbesitzer-Kaste, *Karawa Catholic mother*: eine katholische Mutter aus der singhalesischen Fischer-Kaste.

Wenn einer Familie die Kastenzugehörigkeit gleichgültig ist, reicht z. B. die Angabe *Anglican Tamil parents*: anglikanische tamilische Eltern. Bei *Govigama / Vellala parents* wird deutlich, dass die Braut aus einer Mischehe von Singhalesen und Tamilen stammt. Moors, Malaien und Burgher können sich kürzer fassen, hier gibt es keine Kasten, und die Religionszugehörigkeit ist in der Regel eindeutig.

Besonders gern nennen Eltern ihren Wohnort. Auch die Ausbildung der suchenden Familienmitglieder scheint schon gewisse Standards auszudrücken: *Ceylon Moor Engineer brother seeks...*: Sri Lanka Moor, Ingenieur, Bruder sucht... Ebenso können die Angabe von Besitz und Geld dem Interessenten die richtige Richtung angeben: *Govigama Catholic wealthy Colombo 7 business parents*: Diese katholischen singhalesischen Eltern aus der Landsitzer-Kaste, wohnhaft in Colombo 7, Cinnamon Gardens, Colombos feinstem Viertel, betonen, dass sie reiche Geschäftsleute sind.

Was verraten die Angehörigen über die Braut? Körpergröße und Alter erfährt man fast immer, gelegentlich gibt es Hinweise auf ihr Sternzeichen. Über ihr Aussehen verliert man nicht viele Worte, weitaus wichtiger sind – je nachdem, was zutrifft – ihre Häuslichkeit, Schulausbildung, Diplome, Beruf, Gehalt und ihre Mitgift. Besonders über letztere werden oft sehr exakte Angaben gemacht, z. B.: Gehalt 6500, Mitgift bar fünf *Lakhs* und 15 *Lakhs* in Sachwerten (ein *Lakh* = 100 000, gemeint sind Rupien); oder: Anlagevermögen, Auto, voll eingerichtete Wohnung, Landbesitz; oder: Monatseinkommen 15 000 aus Vermietung; oder: Mitgift umfasst Bargeld, Grundbesitz und Juwelen im Wert von einer Million. Wenn von Mitgift nicht die Rede ist, hat die Zukünftige einen einträglichen Job,

Rechts: Eine gute Schulbildung steigert den Wert der Braut – wichtig bei geringer Mitgift.

HEIRATSANNONCEN

eine gute Ausbildung oder wenigstens eine angesehene Schule besucht.

Was erwartet man vom Bräutigam? Das Aussehen wird nicht erwähnt, aber oft die erwünschte Altersspanne. Die häufige Wunsch nach einem Nichtraucher, besonders aber einem Abstinenzler, erinnert daran, dass Sri Lanka ein Land mit hohem Alkoholkonsum ist. Ärzte, Ingenieure, Buchhalter sind bevorzugte Berufsvorstellungen, bei Bräuten mit akademischer Ausbildung erwartet man diese auch vom Bräutigam. Fast immer wird ein Horoskop verlangt.

Welche Männer brauchen Bräute? Viele Inserenten suchen eine Braut für einen im Ausland lebenden Sri-Lanker, meistens in den Ländern des Commonwealth. Hier wird nach mutigen Frauen verlangt! Kaum ein junges Mädchen in Sri Lanka hatte je die Chance, nach Europa, Australien oder Amerika zu reisen. Und nun soll sie dorthin verheiratet werden! Aber ein in einem reichen Industrieland lebender Landsmann hat den Ruf eines Märchenprinzen, er ist grundsätzlich eine gute Partie.

Wenn jedoch der Mann auf Brautsuche nicht selbst im Ausland lebt, sondern in der Heimat bleibt, aber mit zwei Brüdern im Ausland aufwarten kann, so wirft auch dies noch ein positives Licht auf ihn und wird in der Anzeige erwähnt: *Parents seek educated partner with means for second son. Two brothers in Australia.* Da kann man eine gebildete Braut mit anständiger Mitgift erwarten!

Was für Eigenschaften sollen die Bräute besitzen? *Pretty, non-working, religious*, hübsch, nicht berufstätig, fromm wird gelegentlich erwähnt, und *caste / dowry immaterial*, Kaste und Mitgift nicht ausschlaggebend, kann man öfter lesen. Wichtig bei fast allen ist auch hier das Horoskop. Was nicht in der Anzeige gefordert wird, weil man es stillschweigend voraussetzt: Die Braut muss Jungfrau sein.

Alle Anzeigen erscheinen unter Chiffre-Nummern, und es ist den Inserenten wichtig, sofort im ersten Angebotsbrief die volle Wahrheit in allen Einzelheiten über das zukünftige Familienmitglied zu erfahren: *Full details in first letter!*

REISE-INFORMATIONEN

REISEVORBEREITUNGEN

Ein- und Ausreise / Visum

Touristen und Geschäftsreisende müssen sich seit dem 1.1.2012 um ein kostenpflichtiges Visum vor der Einreise nach Sri Lanka bemühen (kostenfrei ist das Visum für Kinder bis 12 Jahren). Das sog. **ETA= Electronic Travel Authorization** (elektronische Reisegenehmigung) ist ein **Online-Visum**. Unter www.eta.gov.lk wird das Verfahren Schritt für Schritt auf Englisch erklärt; Antrag und Bezahlung (30 US$ für 30 Tage) sowie die Bestätigung der Reiseerlaubnis geschehen übers Internet.

Auch Reiseveranstalter und andere Dritte können ein ETA für Sri-Lanka-Reisende beantragen. Fragen Sie Ihren Reiseveranstalter, ob und zu welchem Preis er das Visum für Sie besorgt. Man kann das Visum auch bei einer srilankischen Auslandsmission erwerben (s. S. 249) – für eine Bearbeitungsgebühr von 30 US$ plus Visumgebühr. Das Visum kann notfalls auch bei Einreise am Flughafen Katunayake für 30 US$ plus Bearbeitungsgebühr von 30 US$ erworben werden. Das ETA gilt i. d. R. für 30 Tage Aufenthalt, die Bestätigung muss mit dem Reisepass mitgeführt werden. Dieser muss bei Einreise noch mindestens sechs Monate gültig sein.

Für einen Aufenthalt länger als 30 Tage kann das Visum in Sri Lanka um weitere 60, dann nochmal um 90 Tage verlängert werden beim Immigration Visitor Services Center, Unit 01, 3rd Floor, Liberty Arcade Building, 282, R.A. De Mel Mawatha, Colombo 3, Tel. 011-237 5972, www.immigration.lanka.com

Man sollte ein Rück- oder Weiterflugticket sowie ausländische Währung im Gegenwert von US$ 15 pro Aufenthaltstag oder eine international gültige Kreditkarte vorweisen können.

Gegenstände, für die bei Sri Lankern ein Importzoll erhoben wird, z. B. hochwertige elektronische Geräte, muss man beim Zoll deklarieren und beim Verlassen vorweisen. Auf die Einfuhr von Drogen stehen hohe Strafen.

Die nationale Fluglinie SriLankan Airlines besteht auf gründliche Sicherheitskontrollen im Abreiseland. Auch vor der Ausreise aus Sri Lanka wird das Gepäck genau kontrolliert. Mindestens 2-3 Stunden vor Abflug sollte man deshalb am Flughafen sein.

Kleidungsstücke oder Tätowierungen mit buddhistischen Motiven können als Verunglimpfung des Buddhismus empfunden werden; es ist schon zur **Verweigerung der Einreise** bzw. Inhaftierung und Abschiebung von Touristen mit derartigen Tätowierungen gekommen.

Geld

Man darf maximal 1000 **Sri-Lanka-Rupien** (LKR, Rs.) ein- oder ausführen (1 € = 156 Rs.; 1 SFR = 129 Rs., 1 US$ =131 Rs., Stand Anfang 2015). Aktuelle Devisenkurse unter www.cbsl.gov.lk. Ausländisches Geld ist ab 10 000 US$ zu deklarieren.

Devisentausch ist am Flughafen rund um die Uhr möglich. Geldtausch ist günstig bei professionellen Büros für *money exchange*, z. B. in Colombo-Fort um die York Street. Im Hotel tauscht man Geld nicht immer zu einem günstigen Kurs. Umtauschquittungen sollte man aufbewahren, um überschüssige Rupien vor der Rückreise in Devisen rücktauschen zu können.

Viele Banken bieten Geldautomaten, die **EC-Karte** (Maestro; nicht VPay), und **Kreditkarten** akzeptieren. Teurere Hotels und Restaurants sowie Geschäfte, die auf Touristen eingestellt sind, akzeptieren gängige Kreditkarten. Vorsicht: **Kreditkartenbetrug** kommt häufig vor! Besser bar bezahlen. Es ist ratsam, für kleinere Dienstleistungen oder Bettler Münzen und kleine Rupien-Scheine bereit zu halten.

Gesundheitsvorsorge

Man lebt gesund in Sri Lanka. Das Essen ist nahrhaft und abwechslungsreich, die Einheimischen trinken bedenkenlos das abgekochte Brunnen- oder Leitungswasser, es gibt überall frischen Tee sowie abgefülltes Trinkwasser, Bier und andere Getränke zu kaufen. Während langer Trockenheit können insbesondere in der Trockenzone gelegentlich lokal Cholerafälle eintreten. Kein Grund zur Panik, sondern bei Ankunft in Sri Lanka nachfragen (z. B. Hotelarzt; Zeitung lesen), die Gebiete meiden oder dort besonders vorsichtig mit Essen und Trinken sein. Empfehlenswert ist die Vorsorge gegen Typhus, Polio, Hepatitis, Diphtherie und Tetanus. Vorsorge gegen Malaria ist dann sinnvoll, wenn man sich in Gebieten außerhalb der dicht besiedelten Westküste oder des Hochlands aufhält. Wem Prophylaxe-Mittel nicht zusagen, schützt sich an Ort und Stelle vor Anopheles-Mücken wie die Einheimischen: die Haut wenig entblößen, unterm Moskitonetz schlafen, Räucherstäbchen oder -ringe (*coils*) abbrennen, elektrische Insektenvernichter benutzen, sich mit insektenabwehrenden Mitteln einreiben.

Die Erkältungsgefahr in klimatisierten Räumen sollte man nicht unterschätzen. Halsbonbons, Salztabletten, Darmmittel und Sonnenschutz gehören in die Reiseapotheke.

Auch kleine Städte und Dörfer haben ärztliche Versorgung oder wenigstens ein kleines Arzneimitteldepot (*dispensary*), in jedem Mittelpunktsort gibt es mindestens eine Apotheke. In Sri Lanka kann man sich oft das Nötigste billiger als zu Hause besorgen. Medikamente, auf die man angewiesen ist, sollte man jedoch aus dem Heimatland mitbringen. Das Land besitzt jahrtausendelange Erfahrung in ayurvedischer Medizin (s. S. 246) und es gibt überall im Land in westlicher Medizin ausgebildete Ärzte.

Klima und Reisezeit

Im Tropenland Sri Lanka sind die Temperaturen ständig hoch und zeigen geringe Unterschiede zwischen Tag und Nacht außer in den Bergregionen. Im Tiefland richte man sich auf 24 °C bis 32 °C im Schatten ein. Je höher man ins Bergland kommt, um so kühler wird es. In Nuwara Eliya, dem höchsten Ort des Landes, liegen die Temperaturen zwischen 12 °C und 20 °C. „Regenzeit" ist für viele ein abschreckendes Wort, aber in Sri Lanka kann ihr der flexible Besucher immer ausweichen: Regnet es während der Zeit des Südwestmonsuns auf der Westseite der Insel, ist die Ostseite trocken. Weht der Nordostmonsun, ist es trockner auf der Westseite. Starkregen kommen i.d.R. zu Beginn der Monsunzeiten herab, auf der Westseite im April/ Mai, auf der Ostseite im November/Dezember, danach gibt es nur noch gelegentlich kurze Güsse, warm und erfrischend.

Für Strandurlaube ist entscheidender, dass während des Südwestmonsuns April bis September/Oktober das Meer an der West- und Südküste unruhig und wenig zum Schwimmen geeignet ist. Zur Nordostmonsunzeit November bis März rauscht die Brandung ganz kräftig gegen die Ostküste. Wenn die Windrichtung jeweils „umkippt", im April bzw. im Oktober, kann man landesweit recht ruhige Tage erleben.

Auch im Bergland machen sich die Monsunwinde an den West- und Ostseiten entsprechend bemerkbar. Hier liegen die Hauptwander- und Pilgergebiete (Horton Plains, Adam's Peak) im Süden und Westen, die schönste Zeit ist zwischen Januar und März.

Kleidung

Heiß ist es, also ziehen sich die Besucher aus kühleren Breiten möglichst viel aus. Mehr Erfahrung mit Sonne und Hitze haben die Einheimischen: Die Männer tragen lange Hosen oder knöchellange Sarongs zu ihren Oberhemden, die Frauen Röcke, die übers Knie reichen oder lange Saris. Sie spannen einen Regenschirm gegen die Sonne auf, und das nicht nur, um vornehme

REISE-INFORMATIONEN

Blässe zu bewahren. Auf den Feldern wird selten ohne Kopfbedeckung gearbeitet. Kleidung zeigt auch, was als schicklich gilt: Im dicht besiedelten Sri Lanka spielen sich für einen Teil der Bevölkerung ganz private Dinge, wie z. B. die tägliche Körperwäsche, in der Öffentlichkeit ab, an der Pumpe neben der Straße, am Flussufer, im Bewässerungsteich. Aber niemand außer den kleinen Kindern ist dort nackt zu sehen. Für die Körperwäsche binden sich die Männer einen Sarong um die Hüften, die Frauen ein langes Tuch oder einen Sarong über der Brust zusammen.

Die Sri-Lanker sind gegenüber Gästen recht tolerant, aber Nacktbaden und Oben-ohne sind tabu. Bei Verstößen schreiten das Aufsichtspersonal der Hotels oder die Polizei ein.

Kleidung aus luftiger Baumwolle ist ideal bei der Hitze. Wenn sich die Sri-Lanker auch an Shorts gewöhnt haben – passender und im Tragen angenehmer sind Röcke, weite lange Hosen und Sarongs, gegen lästige Insekten ist solche Kleidung ohnehin von Vorteil. Eine Kopfbedeckung gegen die stechende Tropensonne ist sehr empfehlenswert.

Barfußlaufen ist Pflicht in heiligen Stätten, auch der Kopf muss entblößt werden. Auf groben Kieswegen oder heißen Fußwegplatten in Tempelanlagen schaffen Socken Abhilfe.

Bei tropischen Kurzregen hilft ein Schirm kaum. Regenbekleidung ist im Bergland sinnvoll. Dort sind auch wärmere Kleidungsstücke angebracht, besonders nach Sonnenuntergang. Warme Bekleidung braucht man manchmal in klimatisierten Restaurants und Hotels.

Da im Allgemeinen der Wäscheservice der Hotels schnell, zuverlässig und billig arbeitet, kann man sich auf ein Minimum an Kleidung beschränken.

Sri Lanka in Zahlen

Fläche: 65 610 km^2; landwirtschaftliche Betriebsfläche 23 500 km^2, davon Plantagen (Kokos, Tee, Kautschuk): ca. 8000 km^2, (davon Tee 2040 km^2); Reis: 8700 km^2; Nationalparks und andere Naturreservate: über 26 % des Landes.

Bevölkerung: 21 Millionen; Bevölkerungsdichte: ca. 312 Einwohner pro km^2 im gesamten Land, über 3000 Einwohner pro km^2 im Distrikt Colombo, unter 30 Einwohner pro km^2 im Distrikt Mullaitivu (Nordost-Sri Lanka); am dichtesten besiedelt ist das südwestliche Viertel der Insel.

Anteil der Bevölkerung unter 15 Jahre: 25 Prozent; Lebenserwartung Männer 72, Frauen 79 Jahre; Beschäftigte in der Landwirtschaft: 41 Prozent; Arbeitslosenquote: 4,5 Prozent; Analphabeten über 15 Jahre: unter 8 Prozent. Ausländische Touristen 2014: ca. 1,5 Millionen.

REISEWEGE NACH SRI LANKA

Flug

Üblicherweise erreicht man die Insel auf dem Luftweg. Die nationale Luftfahrtgesellschaft SriLankan Airlines bedient vor allem die Golfstaaten, wo viele Sri-Lanker als Gastarbeiter tätig sind, Indien, insbesondere den tamilischen Süden sowie Süd- und Ostasien mit seinem Potenzial an Touristen und Geschäftsleuten. Täglich gibt es Verbindungen zu den Malediven. In Europa ist Großbritannien das wichtigste Zielgebiet.

Die Flugzeit Mitteleuropa-Sri Lanka beträgt annähernd zehn Stunden, die Zeitdifferenz zur MEZ plus 4,5 (Sommerzeit plus 3,5) Stunden. Sri Lanka hat zwei internationale Flughäfen, in Katunayake, ca. 35 km nördlich von Colombo, und in Hambantota an der Südküste.

Seeweg

Die Fährverbindung zwischen Sri Lankas Norden und Südindien, Talaimannar – Rameswaram, wurde 1984 eingestellt; eine Wiederaufnahme dieser nur 50 km langen Fährstrecke ist im Gespräch.

Kreuzfahrtpassagiere landen in Colombo, gelegentlich auch Trincomalee.

REISE-INFORMATIONEN

REISEN IM LAND

Hinweis: Für Personen ohne sri-lankischen Pass wurde ab Oktober 2014 bei **Reisen in einige Nord-Distrikte** eine **Erlaubnis** des Verteidigungsministeriums verlangt. Prüfen Sie, ob diese weiterhin nötig ist, z. B. unter **www.auswaertiges-amt.de** (s. a. S. 244).

Der Antrag ist per Fax oder E-Mail einzureichen an: Secretary Ministry of Defence & Urban Development (Attention Military Liaison Officer), 15/5, Baladaksha Mawatha, Colombo 3; Fax 0094-11-232 8109; E-Mail: modmlo@defence.lk. Die Website des Ministeriums konkretisiert die Gebiete und die erforderlichen Angaben zum Reisenden im Antrag: www.defence.lk unter Services und Travelling to North.

Flug

Drei Gesellschaften bieten Linienflüge innerhalb Sri Lankas an: **AirTaxi** (www.srilankan.com) bedient ab Katunayake und Colombo (Wasserlandeplätze Beira Lake und Kotte) die Ziele Kandy, Sigiriya, Trincomalee, Dickwella und Koggala. Dieselben Ziele, zusätzlich Bentota, fliegt **Cinnamon Air** (www.cinnamonair.com) an. Vom Inlandsflugplatz Ratmalana im Süden Colombos steuert die zivile Sparte der Sri Lankan Airforce, **Helitours** (www.helitours.lk), Batticaloa, Trincomalee, Palaly (Jaffna) und Mattala-Hambantota an. Die drei sowie weitere Fluggesellschaften bedienen im Charterverkehr weitere Landeplätze Sri Lankas.

Bahn

Sri Lankas fast 1500 km Schienenkilometer sind nach dem Bürgerkrieg nahezu wiederhergestellt. Besonders die Strecken im Bergland (Kandy, Badulla) bieten herrliche Panoramaaussichten. Für die ca. 120 km von Colombo nach Kandy benötigt der normale Personenzug ca. 4, der *Inter City Express* 2½ Stunden, letzterer kostet mit Platzreservierung in der 2. Klasse ca. 8,40 US$.

Die Route durch das Hochland (Colombo-Kandy/Peradeniya-Badulla) dauert 9,5 Stunden. Touristisch wichtige Stationen: Hatton für den Adam's Peak, Nanu Oya für Nuwara Eliya, Pattipola oder Ohiya für Horton Plains. Die Zugfahrt entlang der Westküste (Colombo-Galle-Matara) ist eine schöne Alternative zur Autofahrt. Gelegentlich wird auf dieser Strecke auch ein Nostalgie-Dampfzug eingesetzt.

Der Bahnverkehr nach Jaffna wurde 2014 wieder aufgenommen und bietet Aussichten auf viele schöne Landstriche Sri Lankas; die Zugfahrt von Colombo-Fort nach Jaffna im legendären Yal Devi-Express dauert acht Stunden und kostet in der 2. Klasse gut 4 US$. Auf derselben Strecke verkehrt, ebenfalls täglich, der klimatisierte Intercity in sechs Stunden für 7 US$.

Züge an die Ostküste gibt es nach Trincomalee und Batticaloa.

An der Trasse zur Insel Mannar bis zur früheren Fährstation Talaimannar wird noch gebaut, aber die Teilstrecke von Medawachchiya bis Madhu Road ist bereits in Betrieb.

An großen Bahnhöfen wie Colombo-Fort erhält man Fahrkarten an bestimmten Richtungsschaltern. Aktuelle Fahrpläne: www.eservices.railway.gov.lk, weitere Auskünfte: www.railway.gov.lk.

Bus

Staatliche (SLTB) und private Linienbusse (von Minivans bis zu Luxusbussen) fahren mehr oder weniger regelmäßig; die Tarife sind vorgeschrieben. Da die Ticketpreise sehr niedrig sind, nehmen Privatfirmen zur Kostendeckung möglichst viele Passagiere an Bord; Luxusbusse mit Sitzplatz für jeden Passagier sind nur wenig teurer. In Sri Lanka sind ständig Menschen unterwegs und meistens bereit, auch in einen schon vollen Bus einzusteigen und mit atemberaubender Geschwindigkeit durchs Land zu sausen. Viel Gepäck ist dabei unbequem. Bahn und

REISE-INFORMATIONEN

Bus sind ideal für ein schmales Reisebudget. Für lange Strecken sind Luxusbusse zu empfehlen. Auf dem Southern Expressway/Outer Circular Highway fahren Luxus-Expressbusse zwischen Colombos östlichen Vororten Kaduwela oder Maharagama und Galle/Matara,

Dreiradtaxi

Motorisierte Dreiradtaxis *(three-wheeler, tuk tuk)* sind teurer als Busse, ab 50 Rs. pro Kilometer, aber eine auch für Sri-Lanker erschwingliche Alternative für Kurzstrecken. Preis vorher aushandeln! Außer dem Fahrer passen zwei-drei weitere Personen in diese wendigen und luftigen Fahrzeuge. Sie sind bei zähflüssigem Verkehr Autos und Bussen weit überlegen.

Taxi

Im Taxi zu fahren ist die angenehmste Art, in Sri Lanka vorwärtszukommen, dem Service entsprechend die teuerste. Die Tarife sind festgelegt, man erkundige sich bei Einzelfahrten im Hotel und verhandle vor der Abfahrt mit dem Taxifahrer; Preis für Funktaxis mit Taxameter: um 90 Rs./km. Preisliste für Taxifahrten ab Flughafen Katunayake: siehe www.airport.lk.

Beliebt und preiswert ist die Anmietung eines Taxis für private Rundfahrten, eine sehr empfehlenswerte Art, bequem, sicher und in Begleitung eines Einheimischen das ganze Land zu bereisen. Man zahlt je nach Wagentyp eine Km-Pauschale (ab ca. 25 Rs./km) und dem Fahrer einen festgelegten Spesensatz (um 200 Rs./ Tag).

Große Hotels haben Fahrerquartiere, in kleineren Hotels muss man gelegentlich die Übernachtung für den Fahrer zu zahlen, was wegen niedrigerer Hotelpreise oft preiswerter sein kann. In der Regel sind die Fahrer ausgezeichnete Kenner des Landes und leisten wertvolle Dienste, die man mit einem entsprechenden Trinkgeld honorieren sollte (je nach Zufriedenheit ca. 5-10 US$/Tag).

Mietwagen, Motorräder

Für etwa die gleiche km-Pauschale wie bei Taxis kann man auch ein Auto mieten. Wer den Verkehr mit rasenden Lastwagen, Bussen, Ochsenkarren, Arbeitselefanten, Radfahrern (nachts ohne Licht) und Fußgängern (Bürgersteige fehlen) erlebt hat, wird sich vernünftigerweise für ein Taxi entscheiden.

Wer dennoch selbst fahren will, benötigt eine in Sri Lanka gültige Lizenz, die Leihfirma unterrichtet über das Verfahren. Beliebt sind Leih-Motorräder. Große Auswahl in Hikkaduwa, beste Preise in der Nebensaison.

Achtung: In Sri Lanka herrscht **Linksverkehr**.

Straßenverkehr

Der Straßenzustand hat sich seit 2009 stark verbessert, was die Reisegeschwindigkeit auf den meisten Hauptstraßen enorm beschleunigt hat. Mautpflichtige Autobahnen sind der Southern Expressway E01, Outer Circular Expressway E02 (noch nicht komplett) und der Colombo-Katunayake Expressway E03.

Abgesehen von Expressways sind die Straßen für alle da, vom Arbeitselefanten bis zur Beerdigungsprozession, für Fußgänger und rasende Busse. In abgelegenen Gebieten mit dünner Besiedlung sind die Straßen, wenn auch z. T. in schlechtem Zustand, ruhig und einladend, besonders für Motor- und Fahrräder.

Sperrgebiete / Sicherheit

Über die aktuelle Sicherheitslage informiert das Auswärtige Amt auf **www.auswaertiges-amt.de**.

Grundsätzlich sind Touristen in allen srilankischen Gebieten mit geeigneter Infrastruktur willkommen. Dafür machte das Land seit Ende des Bürgerkriegs enorme Anstrengungen. Die Nord-Distrikte haben jedoch einen sehr großen Nachholbedarf. Auch ist dort das Militär immer noch sehr präsent und es gibt häufiger Straßenkontrollen.

REISE-INFORMATIONEN

Auch wenn für Reisen in die **Nordprovinz** eine **Genehmigung** des srilankischen Verteidigungsministeriums nötig ist (s. S. 243), sollten sich interessierte Reisende davon nicht abschrecken lassen. Allerdings muss man berücksichtigen, dass es sich noch nicht um Gebiete mit touristischer Infrastruktur handelt. Den Anweisungen des Militärs ist unbedingt Folge zu leisten.

Tsunami-Folgen

Das ungewöhnlich schwere Seebeben am 26.12.2004, das rund um den Indischen Ozean eine gewaltige Flutwelle (Tsunami) auslöste, kostete in Sri Lanka über 35 000 Menschenleben und verwüstete flache Küstenstriche im Süden und Osten.

Der Wiederaufbau brachte meist eine Qualitätsverbesserung mit sich. Nicht immer wurde der für Bauten an der West- und Südküste vorgeschriebene Mindestabstand zur Hochwasserlinie von 100 m, an der Ostküste von 200 m, eingehalten. Ein neues Tsunami-Warnsystem soll die bewohnten Küstenbereiche rechtzeitig informieren.

PRAKTISCHE TIPPS

Aktivurlaub

Kanufahren ist stark von der Wasserführung, d. h. auch von der Jahreszeit abhängig, z. B. bei Mahaweli, Kalu Ganga u. a. Flüssen. Ausrüstung und Touren z. B. bei Lanka Sportreizen, 29-B, S. De S. Jayasinghe Mw., Kalubowila, Dehiwela, Tel. 011-282 4500, www.lsr-srilanka.com.

Ornithologische Touren, **Naturbeobachtung**: Mehrere Hotels, v. a. in der Trockenzone (z. B. Habarana, Sigiriya, Tangalle) haben Lehrpfade und Checklisten vorbereitet; Anbieter spezialisierter Foto- und Ornithologen-Touren sind z. B. Jetwing Eco Holidays (46/26 Navam Mw., Colombo 2, Tel. 011-234 5700; www.jetwingeco.com oder Nature Odyssey, 117, Sir Chittampalam A. Gardiner Mawatha, (Cinnamon Lakeside Hotel), Colombo 2, Tel. 011-230 6445, www.natureodyssey.com.

Zelt-Safaris landesweit: Eco Team Sri Lanka, 20/63 Fairfield Gardens, Colombo 8, Tel. 011-583 0833, www.srilankaecotourism.com.

Aktivurlaub mit Kultur: Touren mit Begegnungen und diversen Aktivitäten: Connaissance de Ceylan, Level 12-2, East Tower, World Trade Center, Echelon Square, Colombo 1, Tel. 011-470 6400, www.connaissance.lk.

Radfahren: Sri Lanka ist ideales Radel-Land; im Bergland sind gut funktionierende Gangschaltung und Bremsen nötig. Stark befahrene Hauptstraßen sollte man meiden. In vielen Orten oder Hotels lassen sich Fahrräder ausleihen. Neben den vier nationalen Fahrradrouten (Küste, Alte Städte, Sabaragamuwa, Bergland) sind praktisch alle kleinen Landstraßen zum Radeln geeignet, bei Regenwetter erkundige man sich über den Straßenzustand.

Wandern: Wunderschöne Pfade gibt es im Bergland, in der Gegend um Horton Plains National Park oder Adam's Peak werden sie für Touristen u. a. durch Plantagenunterkünfte (z.B. Tea Trails, www.teatrails.com) erschlossen. Naturnahe Hotels organisieren ortskundige Begleiter für individuelle Touren, z. B. Ella Jungle Resort, Uva Karadagolla, Ella, Reserv. Tel. 011-276 1101, www.wildholidays.lk.

Wassersport: Wird in allen Touristenzentren an der Küste angeboten.

Tauchen: Tauchschulen u. a. in Negombo, Beruwala, Bentota, Hikkaduwa, Weligama, Trincomalee.

Kiteboarding: Beliebte Spots an der Westküste der Kalpitiya-Halbinsel, z. B. www.kappaladykitegarden.com oder www.dolphinbeach.lk, an der Nordküste: www.kitesurfinglanka.com.

Alkohol

Arrack steht an den lizenzierten Läden, wo man Branntwein aus dem Blütensaft von Kittul-, Palmyra- oder Kokospalme kauft und andere in- und

REISE-INFORMATIONEN

ausländische Alkoholika. An Poya- (Vollmond-) Tagen wird weder hier noch in Hotels Alkohol verkauft. Wenn nötig, vorher damit eindecken und auf dem Zimmer trinken. Alkohol trinken in der Öffentlichkeit ist strafbar.

Allein reisende Frauen

Als Ausländerin allein zu reisen ist zumeist problemlos, zumal in Gebieten, in denen sich Touristen seltener aufhalten. Im Fall unmissverständlicher Einladungen: Bei der Ablehnung darauf achten, dass der Mann nicht das Gesicht verliert. Unauffällig kleiden, in der Öffentlichkeit nicht rauchen und keinen Alkohol trinken.

Ayurveda

Zunehmend bieten Hotels von medizinischen Experten betreute Ayurveda-Kuren an, eine jahrtausendealte ganzheitliche Behandlungsmethode, die auch in Indien praktiziert wird. Einige Ayurvedahotels stehen ausschließlich Kurgästen zur Verfügung (s. S. 236).

Betteln

Betagte oder kranke Sri Lanker erhalten von Einheimischen immer ein paar Rupien. Kinder versuchen gern mal, ob bei Touristen nicht etwas zu holen sei: *School pen? Rupees! Money!* Wenn es einem jener kleinen „Meister" innerhalb kurzer Zeit gelingt, 100 Rs. zu sammeln, hat er vielleicht mehr verdient als sein Vater. Die möglichen Folgen: Schule schwänzen, Eltern verachten, mit Geld angeben.

Nimmt man dagegen die Hilfe von Kindern oder Erwachsenen in Anspruch (Weg zeigen, Posieren für ein Foto u. ä.), sollte man sich dafür auch erkenntlich zeigen. Da sind ausländische nützliche Mitbringsel tatsächlich beliebte Geschenke und ein paar Münzen werden gern angenommen.

Diebstahl

„Nimm nicht, was dir nicht gegeben" lautet Buddhas Gebot, und zu seiner wirksamen Einhaltung werden in Sri Lanka viele Fenster mit Gittern versehen. Einbrüche in Hotels und Guest Houses kommen vor. Wertsachen gehören in den Hotelsafe oder man trägt sie so am Körper, dass sie nicht entwendet werden können. Im Gedränge von Prozessionen oder Festen, in vollen Bussen oder auf Bahnsteigen ist mit Taschendieben zu rechnen.

Einkaufen

Warenhäuser und Selbstbedienungsgeschäfte haben festgelegte Preise. Auf der Straße und in kleinen Läden dagegen handelt man, sofern es nicht um Grundnahrungsmittel wie Brot, Reis etc. geht. Auch bei Souvenirs darf man Preise herunterhandeln.

Eintrittsgelder

Wo Einheimische kostenlos einen Tempel betreten, werden Ausländer gelegentlich kräftig zur Kasse gebeten (Spenden, Fotoerlaubnis), ein öffentlicher Aushang sollte die Preise anzeigen; evtl. Spendenquittung verlangen.

Beispiele für Eintrittspreise: Anuradhapura (25 US$), Polonnaruwa (25 US$), Sigiriya (30 US$), Nalanda Gedige (5 US$), Ritigala (8 US$), Medirigiriya (5 US$).

Bei allen Stätten des UNESCO-Welterbes dürften zukünftig auch Eintritte erhoben werden, wie z. B. bei den Knuckles.

Elektrizität

230-240 Volt Wechselstrom. Auf bestimmte Nationen spezialisierte Hotels haben die entsprechenden Steckdosen, sonst sind Adapter vor Ort erhältlich.

Essen

Die Touristenhotels setzen ihren Gästen internationale Küche vor, bieten aber auch in den meisten Fällen Kostproben der sehr schmackhaften einheimischen Küche.

So kann man z. B. gelegentlich zum Frühstück *appa* (engl. korrumpiert zu *hopper*) erhalten, in kleinen Spezialpfannen gebackene halbkugelförmige Pfannkuchen aus Reismehl und Kokosmilch. Mit einem Ei zusammen gebacken heißen sie *egg hoppers*. *String hoppers* nennt man die kleinen Fladen, die aus gedämpften Fadennudeln zusammengelegt sind. Man isst sie zusammen mit verschiedenen Sambols (geraspelte Kokosnuss mit Gewürzen und etwas Limone) oder Curries, den vielfältigen Beilagen, die auch zum Reis gegessen werden. *Kiribath* ist dick gekochter Kokosmilchreis.

Hauptgericht ist *rice and curry*: Zu einem Teller mit aufgehäuftem Reis werden Schälchen mit den verschiedensten Beilagen gestellt – Gemüse, Fleisch, Fisch: Das sind die scharf gewürzten (engl. *hot*) Curries. Mit *white curry* bezeichnet man die milderen Curries. Ist das Gericht immer noch zu scharf, mischt man es mit mehr Reis oder gibt frisch geraspelte Kokosnuss (*pol*) dazu (s. S. 234).

Pappadam, die in Öl ausgebackenen Fladen aus Linsenmehl, schmecken knusprig, solange sie frisch sind.

Man isst mit den Fingern der rechten Hand, als Ausländer erhält man aber meist ein Besteck. In kleinen, ortsüblichen Restaurants sind die Teller häufig nass zum Zeichen, dass sie frisch gewaschen sind; manchmal sind sie sogar mit einer hygienischen Plastikfolie überzogen. Zum Händewaschen bekommt man Fingerschälchen.

Feiertage, Feste, Pilgerziele

Feststehende Feiertage: 4. Februar: Nationalfeiertag; 13. April: buddhistisches und hinduistisches Neujahrsfest; 1. Mai: Internationaler Tag der Arbeit; 25. Dezember: Weihnachten.

Bewegliche Feiertage sind alle Poya-(Vollmond-) Tage, wobei im Monat Vesak (Mai) zusätzlich der auf den Vollmondtag folgende Tag frei ist. Dazu kommen: im Januar *Thai Pongal*, das tamilische Erntedankfest; im Februar *Maha Shivarathri*, die Hochzeit des Gottes Shiva und der Göttin Parvati; ca. im April Karfreitag; gemäß Mondkalender *Id-Ul-Fitr*, das Ende des muslimischen Fastenmonats *Ramazan*; dann *Id-Ul-Alha* (auch *Azha*), der Tag, an dem Muslime nach Mekka pilgern und *Milad-Un-Nabi*, der Geburtstag des Propheten Mohammed; im Oktober *Dipavali*, das hinduistische Lichterfest.

Darüber hinaus ruft die Regierung zu besonderen Anlässen arbeitsfreie Tage aus, beispielsweise bei Wahlen, Staatsbesuchen etc.

Berühmte **buddhistische Pilgerfeste und Prozessionen** (Peraheras): *Duruthu* (Januar) *perahera* in Kelaniya; Januar bis April: Pilgerzeit auf den Adam's Peak; die Poson-(Juni-) Vollmondzeit zieht viele Pilger nach Mihintale; Juli/August: Zeit für die 14-tägige Kandy Perahera und Pilgerfahrt nach Kataragama.

Einige **hinduistische Feste**: Außer der Wallfahrt zum Adam's Peak und nach Kataragama die spektakuläre Vel- (Dreizack-) Prozession vom Skanda- und Pillaiyar- (Ganesha-) Kovil im Pettah-Viertel von Colombo zu Kovils in der Galle Road und zurück; mehrere Feste im Munnesvaram-Kovil bei Chilaw im August und September/Oktober; auf der Jaffna-Halbinsel zahlreiche Festumzüge im August, der berühmteste ist der von Nallur.

Christliche Feste: Passionsspiele in der Gegend von Negombo; Weihnachten ist z. T. ähnlich kommerzialisiert wie anderswo. Pilgerziele sind Madhu, zwei Wochen Ende Juni bis 2. Juli, und Talawila zum Fest der heiligen Anna am 26. Juli. Muslimische Feste sind weniger spektakulär.

Fotografieren

Sri Lanka bietet unzählige Motive, und die Bevölkerung ist Fotografen gegenüber aufgeschlossen; es gehört jedoch zum guten Ton, erstmal zu fragen.

Bitten die Fotografierten um Zusendung des Bilds, sollte man dies auch tun. Angesichts verbreiteter Armut ist

REISE-INFORMATIONEN

es nicht unverständlich, wenn ein angemessener Obolus für ein Personenfoto erwartet wird.

In Museen und Tempeln am besten vorher fragen: In manchen besteht Fotografierverbot, manchmal muss man für eine Fotoerlaubnis bezahlen, z. B. in allen Nationalmuseen.

Geschäftszeiten

Große Geschäfte sind oft erst ab 10 Uhr, kleinere früher geöffnet; Mittagspausen sind selten. Ladenschluss ist bei großen Geschäften ca. 17-19 Uhr, bei kleinen 20.30-21 Uhr, Supermärkte sind oft länger offen. Einige Behörden haben nur vormittags Sprechstunden.

Banken haben montags bis freitags wenigstens von 9 bis 13 Uhr geöffnet, viele auch darüber hinaus und sonnabends.

Kommerzielle Geldwechsler haben längere Öffnungszeiten. Feiertage beachten! Außer am Neujahrstag sind viele kleine Geschäfte täglich offen. Muslimische Geschäfte schließen freitags – manche nur zum Mittagsgebet, manche den ganzen Tag.

Notfall

Notruf der **Polizei**: Tel. 118, 119

Feuerwehr und Krankenwagen: Tel. 110

Unfall-Krankenhaus (General Hospital/Allgem. Krankenhaus, Regent Street, Colombo 8): Tel. 269 1111

Touristenpolizei in Colombo: Tel. 242 1052

Übergriffe gegen Frauen: Tel. 1938

Notfall-Apothekendienst, Krankenhaus, Arzt: im jeweiligen Hotel erfragen. Auch abgelegene Hotels können meist einen Arzt vermitteln.

Preisniveau

Wer keinen Luxus braucht, kommt in Sri Lanka trotz jüngst ansteigender Preise immer noch billig über die Runden, zahlt für ein Doppelzimmer mit Bad, Ventilator und Moskitonetz ab 1200 Rs., isst in ortsüblichen Lokalen für 400-500 Rs. und reist per Bahn oder Bus zu Spottpreisen (Busfahrt Colombo-Kandy, knapp 120 km, je nach Kategorie ca. 220 bis 300 Rs.). Luxus hingegen hat auch in Sri Lanka seinen Preis. Auffällig ist im Hotelsektor der Trend zu kostspieligen „Boutique-Hotels", die kaum Wünsche offen lassen. Teuer sind Eintritte zu den Besucher-Magneten (s. Eintrittsgelder S. 246).

Schlepper

Manche Sri-Lanker vermitteln Touristen unaufgefordert Unterkunft, Führung zu Sehenswürdigkeiten oder Geschäften oder versuchen, einem minderwertige oder gefälschte **Edelsteine** anzudrehen. Man fühlt sich belästigt, auch Gastwirt oder Ladeninhaber werden nicht glücklich: Der Schlepper verlangt Provision. Freundliche Ablehnung, dann konsequente Nichtachtung ist die eleganteste Methode, sich ihrer zu entledigen. Manchmal wirkt das singhalesische Wort *Epa!* – Tamil: *Wööndaam!* – („Ich will nicht!") Wunder.

Telefon, Internet

Vorwahl aus dem Ausland: 0094.

Das Festnetz der Sri Lanka Telecom (SLT, Info-Tel. 011-202 1000, www.slt.lk) ist gut. Festnetz-Rufnummern sind 7-stellig. Weitere Festnetz-Anbieter: Dialog, www.dialog.lk; Lanka Bell, Hotline Tel. 011-537 5375, www.lanka bell.net.

Mobiltelefon: Informieren Sie sich vorab über die (meist hohen) Kosten für Gespräche und SMS, falls Sie mit ihrer mitgebrachten SIM-Karte nach Hause telefonieren möchten. Viel günstiger ist dies mit einer sri-lankischen Prepaid-Karte.

Verschiedene Firmen bieten öffentliche Kartentelefone, Karten erhält man meist beim nächsten Laden. Es gibt zahllose kleine, günstige private Telefonbüros, hier zahlt man bar.

Internet-Zugang ist in jedem Ort leicht zu finden; meistens bieten die Shops auch einen Telefondienst.

REISE-INFORMATIONEN

Trinken

In der Hitze Sri Lankas sollte man viel trinken, aber kein Leitungswasser. Es gibt überall Erfrischungsgetränke und Wasser in Flaschen zu kaufen sowie Tee, der üblicherweise mit viel Milch (Singhalesisch *kiri* / Tamil *paal*) und Zucker (Singhalesisch und Tamil *sini*) serviert wird. Bestellt man *plain tea*, bekommt man gesüßten Tee ohne Milch. Wünscht man weder Milch noch Zucker, *kiri sini epa* bzw. *paal sini wööndaam* sagen.

Erfrischend ist der Saft der Königskokosnuss (*king coconut*, Singhalesisch *tämbili* / Tamil *uläni*), die an vielen Ständen orangerot leuchtet. Sie wird vor den Augen des Käufers mit einem scharfen, langen Messer geschickt an der Spitze geöffnet, und dem Ausländer meistens mit Trinkhalm offeriert. Längst ist die Kokosnuss auch in den Bars feiner Hotels salonfähig geworden.

Trinkgeld

Viele im Tourismusgewerbe tätige Sri-Lanker leben nicht in erster Linie vom Gehalt, sondern vom Trinkgeld. Die Mühe, die sich alle dienstbaren Geister geben, sollte schon Wink genug für den Gast sein, sich erkenntlich zu zeigen.

Verhaltensregeln

Auf feines Benehmen und korrektes Aussehen und Selbstbeherrschung wird in Sri Lanka viel Wert gelegt. Sri-Lanker stehen in ihrer eigenen Gesellschaft unter dem Druck ihres Kasten- und Klassensystems, der entfällt beim Umgang mit Touristen. Die Freundschaft mit Ausländern wird aber gelegentlich als Pfründe betrachtet, was nicht leicht einzuschätzen ist.

Ungebührliches Verhalten in Tempeln, wie **Posieren vor Buddhastatuen** für Fotos, wird als Affront betrachtet und kann bestraft werden.

Achtung: Wiegendes „Kopfschütteln" bedeutet „Ja"!

ADRESSEN

Botschaften Sri Lanka, D und CH: Niklasstr. 19, D-14163 Berlin, Tel. 030-80909749, www.srilanka-botschaft.de. A: Weyringergasse 33, 3. Stock, 1040 Wien, Tel. 01-5037988, www.sri lanka-embassy.at.

Büros des Fremdenverkehrsamts
Colombo: 80, Galle Rd., Colombo 3, Tel. 011-242 6900, Hotline 1912 (alle Infos, Touristenpolizei u.a.), www.srilanka.travel; www.sltda.gov.lk.
Kandy: 16, Deva Vidiya, Kandy, Tel. 081-222 2661 (schräg gegenüber Queen's Hotel).
Flughafen Katunayake: Tel. 225 2411.
Department of Wildlife Conservation, 811 A, Jayanthipura, Battaramulla, Tel. 011-288 8585, Website-Link über: http://www.yalasrilanka.lk/wildlife.html.
Forest Department, 82 Rajamalwatta Road, Battaramulla, 011-2866631, 2866632.

SPRACHFÜHRER

Das Singhalesische und das Tamil verwenden viele englische Wörter, u. a.:
Guten Morgen . . . . *good morning*
Guten Abend . . . .*good evening*
Herr . . . . *Mr.*
Frau . . . .*Mrs.*
Entschuldigung . . . . *excuse me*
Bushaltestelle . . . . *bus stop*
Bahnhof . . . . *(railway) station*

Singhalesisch
Wie geht's? *kohómede säppe sannippe*
danke . . . . *istúti*
Geben Sie . . . . *matte denewádde*
ja . . . . *öu*
nein . . . . *ä*
Ich will . . . .*matte one*
Ich will nicht . . . . *epa*
Geld . . . . *salli*
wieviel . . . . *kiyede*
zuviel . . . . *wädi*

REISE-INFORMATIONEN

Deutsch	Singhalesisch
Geh' weg!	*yande!*
Vorsicht!	*awadánai*
Wo ist ... ?	*kohédde?*
Ist es weit ?	*ätede?*
Es ist nah	*lange*
rechts	*dakuna*
links	*wame*
geradeaus, vorwärts	*kellin*
zurück, rückwärts	*passe*
Ich möchte aussteigen	*báhinawa*
Steig' aus!	*bahínde!*
Milch	*kiri*
Zucker	*sini*
Salz	*lunu*
Wasser	*watture*
Kaffee	*kopi*
Tee	*tee*
Brot	*paan*
Fisch	*malu*
Fleisch	*mas*
Hühnerfleisch	*kukul mas*
Ei	*bittärä*
Gemüse	*eläwalu*

Tamil

Deutsch	Tamil
Wie geht's?	*éppedi suhém*
danke	*nandri*
Geben Sie	*idäi taruvírhala*
ja	*aam*
nein	*illäi*
Ich will	*enaku wööndum*
Ich will nicht	*enaku wööndaam*
Geld	*kaasi*
Wieviel?	*öwélawö?*
zuviel	*kúde*
Geh' weg!	*poo!*
Vorsicht!	*káwanam*
Wo ist ... ?	*enge?*
Ist es weit?	*túrama?*
Es ist nah	*kutte*
rechts	*wälädu*
links	*udádu*
geradeaus, vorwärts	*nadu*
zurück, rückwärts	*pin*
Ich möchte ... aussteigen	*irakám*
Steig' aus!	*irangu!*
Milch	*paal*
Zucker	*sini*
Salz	*uppu*
Wasser	*tanni*
Kaffee	*koopi*
Tee	*teetanni*
Brot	*paan*
Fisch	*miin*
Fleisch	*irátschi*
Hühnerfleisch	*kooliratschi*
Ei	*muttäi*
Gemüse	*marákkari*

Zahlen	Singhalesisch	Tamil
1	*éka*	*óndru*
2	*déka*	*irándu*
3	*túna*	*múndru*
4	*háttara*	*nalu*
5	*páha*	*áindu*
6	*háya*	*áaru*
7	*hátta*	*ölu*
8	*átta*	*öttu*
9	*námaya*	*onbádu*
10	*dáya*	*páttu*
11	*ekólaha*	*pádinondru*
12	*dólaha*	*pánirandu*
13	*datúna*	*pádinmundru*
100	*eka siya*	*núru*
1000	*dáhak*	*áayiram*

Tage	Singhalesisch	Tamil
Montag	*Sánduda*	*Tingal*
Dienstag	*Hangáruwada*	*Sewai*
Mittwoch	*Baddáda*	*Puden*
Donnerstag	*Braasbedinda*	*Wiálen*
Freitag	*Sikuráda*	*Wolli*
Sonnabend	*Senasuráda*	*Sani*
Sonntag	*Irida*	*Niyairu*

AUTOREN

Elke Frey schreibt seit Jahren übers Reisen; sie studierte Geografie und Geologie und war lange Zeit Studienreiseleiterin. Das langsame Reisen zu Fuß und mit dem Fahrrad hält sie für besonders geeignet, Verständnis für eine Gegend zu erwerben. Während ihrer häufigen Besuche in Sri Lanka erradelte und erwanderte sie Tausende von Kilometern der vielfältigen Landschaft. Sie ist Project Editor des *Nelles Guide Sri Lanka* und schrieb zahlreiche weitere Reiseführer Sie besorgte auch die Aktualisierung dieser Ausgabe.

Gerhard Lemmer ist Studienreiseleiter. Während und nach seiner Studien der Soziologie, Politik, Geschichte und Kunstgeschichte führten ihn zahlreiche Reisen um die Welt, bis er dann sein Hobby zum Beruf machte. Seither leitet er Reisen in den romanischen Ländern Europas sowie in Skandinavien, Amerika, Süd- und Ostasien. Er ist Autor des *Nelles Guide Schweden* und Ko-Autor des *Nelles Guide Norwegen*. Sri Lankas archäologischen Highlights und den damit verbundenen Mythen gilt sein besonderes Interesse. Von ihm stammt das Kapitel „Rajarata".

REGISTER

A

Adam's Bridge 19, 224
Adam's Peak 22, 47, 62, 150, 160, 211
Agarapatana 147
Ahangama 99
Ahungalla 86
Aluthgama 84
Alutnuwara 124
Ambalama 109, 131, 143
Ambalangoda 86
  Lake Madampe 88
  Maskenmuseum 87
  Tanzschule 87
Ambepussa 123
Ampara 207, 211
Anuradhapura 29, 31, 74, 110, 169, 175, 193
  Abhayagiri Dagoba 180
  Abhayagiri-Kloster 31, 175, 177, 178
  Baswakkulama Tank 177
  Buddhistischer Zaun 184
  Bulankulama Tank 182
  Dakkhina Dagoba 184
  Dalada Maligawa 178
  Die Liebenden 185
  Et Pokuna 181
  Folk Art Museum 184
  Heiliger Bo-Baum 117, 175
  Isurumuniya-Kloster 185
  Jetavana Dagoba 183
  Jetavana Museum 184
  Jetavana Vihara 175
  Königliche Gärten 184
  Königspalast 178
  Kuttam Pokuna 179
  Lankarama Vatadage 181
  Lohapasada 177
  Mahatissa-Fahsien-Museum 179
  Mahavihara, Kloster 29, 30, 31, 175, 179, 183
  Mirisaweti Dagoba 184
  Nationales Museum für Archäologie 184
  Nuwara Wewa Tank 186
  Ratna Prasada 182
  Ruvanveliseya 177
  Samadhi Buddha 180
  Sri Maha Bodhi 175
  Tempel des Bo-Baums 175, 177
  Thuparama Vatadage 175, 177
  Tissa Wewa Rest House 184
  Tissa Wewa Tank 184
  Toluvila Vihara 185
  Urinalsteine 182
  Vessagiriya-Kloster 185
  Wächterstein 182
  Waldkloster 182
Araber 83
Arankele 136
Arrack 85, 225
Arugam Bay 19, 209
Aukana 186
Avissawella 62
Ayurveda 236
Ayurvedische Medizin 87

B

Badagiriya Tank 110
Badulla 141, 151
  Dunhinda 152
  Muthiyangana Tempel 152
Baker, Sir Samuel 148
Balangoda 144, 163
Balapitiya 86
Bambaragala 130
Bandaranaike, Sirimavo 37
Bandaranaike, S.W.R.D. 37
Bandarawela 23, 153
Battaramulla 61
Batticaloa 19, 35, 207, 211
  Fort 212
  Kalladi 212
Bawa, Bevis 84
Bawa, Geoffrey 59, 85
Beliatta 104
Beligala 73, 123, 125
Belihul Oya 147
Belihul Oya, Fluss 146, 164
Bentota 17, 83
  Galapatha Vihara 85
Bentota Ganga, Fluss 84
Beruwala 17, 83
  Fischauktion 84
  Kachchimalai Moschee 83
Bible Rock 124
Bo-Baum (Pipalbaum) 42
Bodhisattva 43
Bogawantalawa 144, 163
Bogoda Brücke 152
Bowatenne Tank 193
Brahmi-Schrift 25, 114, 172
Briten 23, 27, 36, 91, 133, 135, 141, 152, 169, 213, 227
Buddha 26, 41, 43, 45, 46, 63, 81, 117, 118, 134, 135, 152, 179, 187, 192, 198, 206, 211, 226
  Buddha Jayanthi 37
  Heiliger Bo-Baum 42, 64, 175
  Heiliger Zahn 31, 32, 33, 65, 72, 125, 130, 133, 151, 178
Buddhismus 25, 30, 35, 41, 125

Buduruvagala 153
Bulutota Pass 162
Bundala National Park 20, 111
Burgher 27, 41
Buttala 118, 205
  Culagani Vihara 205
  Dematamal Vihara 205

C

Carney Plantage 144
Castlereagh 143
Ceylon 36
Charitha 41, 89
Chattra 45
Chena 22
Chilaw 17, 46, 69, 73
  Munnesvaram Kovil 69
Chilaw Lake 69
Chundikkulam 20, 222
Colombo 27, 35, 51, 62, 69, 123, 148, 149
  Alter Kathiresan Tempel 55
  Altes Parlament 57
  Arulmihu Shiva Subrahmaniya Swami Kovil 56
  Beira Lake 56
  Cargill's 54
  Clocktower 55
  Dutch Period Museum 55
  Fort 51, 54, 59, 62
  Galle Face Green 57
  Galle Face Hotel 57
  Galpalliye 56
  Ganesha Tempel 55
  Gangaramaya Tempel 56
  Grand Oriental Hotel 55
  Jami-ul-Alfar Moschee 55
  Laksala 54
  Liberty Plaza 58
  Majestic City 58
  Nationalmuseum 56, 186, 196
  Naturhistorisches Museum 56
  Neuer Kathiresan Tempel 55
  Pettah 55
  Rathaus 56
  Sima Malaka 56
  Slave Island 56
  Sri Lanka Tea Board 58
  St. Lucia's Cathedral 55
  Unabhängigkeitshalle 56
  Vihara Maha Devi Park 56
  Wellawatte 58
  Wolfendhal-Kirche 55
  World Trade Center 54
Corbett's Gap 134
Culavamsa 26
Curries 234
Curry 234

REGISTER

D

Dagoba 44
Dalhousie 143, 144
Dambadeniya 33, 72, 123, 125, 188
  Festungsmauer 73
  Vijayasundarama Tempel 73
Dambegoda 206
Dambulla 31
  Devarajalena 192
  Maha Alut Vihara 192
  Maharajalena 192
  Vishnu-Devale 192
Danture 131
Dedigama 123
  Kotavehera 123
  Museum 123
Deduru Oya, Fluss 29, 70
Degaldoruwa 130
Dehiwala-Mount Lavinia 58
  Mount Lavinia Hotel 58
Delft 226
Devale 44
Dharga Town 84
  Brief 84
Dickoya 143
Dickwella 102
Digana 130
Digavapi 211
Dimbulagala 199
Diyagama 147
Diyaluma Wasserfall 153
Dodanduwa 89
  Gangarama Tempel 90
  Kumara Raja Maha Vihara 89
Dodanwela 131
Dondra 89, 101, 124
  Devinuvara Tempel 101
  Galgane 102
Dowa-Heiligtum 152
Dumbara 133
Dutch Bay 71
Duwa 68

E

Elephant Pass 224
Ella 23, 153
  Ella Gap 152
  Ravanella-Fälle 152
Elpitiya 88
Embekke 132
Embilipitiya 163

G

Gadaladeniya 131
Galebedda 207

Galle 54, 90, 100, 162
  Closenberg Hotel 92
  Fort 90
  Holländische Reformierte Kirche 92
  Meeresmuseum 91
  Nationalmuseum 92
  New Oriental Hotel 92
  Old Gate 91
Galmaduwa Tempel 130
Gal Oya, Fluss 211
Gal Oya National Park 211
  Ekgal Aru 211
  Inginiyagala 211
Gal Oya Projekt 37
Gampaha 65
  Botanischer Garten von Henerathgoda 65
Gampola 33, 125, 132
Gandara 102
Ganesha 46, 117
Garbhagrha 44
Giant's Tank 222
Gilimale 160
Girandurukotte 135
Golf von Bengalen 17, 23
Gopuram 45
Gothama Thapowanaya, Kloster 61

H

Habarana 198
Hakgala, Berg 150
  Botanischer Garten 150
Hakgala-Naturschutzgebiet 23
Hambantota 17, 109
  Salzgärten 109, 111
Handagiriya 164
Hanguranketa 135
Hanwella 62
Haputale 153
  Adisham-Kloster 153
Harmika 45
Hasalaka 134
Hatton 62, 143, 150
Heiraten 238
Helawa-Lagune 210
Hikkaduwa 17, 19, 89
Hinayana 44
Hindagala Vihara 131
Hinduismus 45
Hingurakgoda 198, 199
Horton Plains 145
  Baker's Falls 146
  Big World's End 146
  Kirigalpota 145
  Small World's End 146
  Totapolakanda 145

  World's End Lodge 147
Hunnasgiriya 133
  Daladagama 133
  Maliga Vihara 133
Hunnasgiriya-Felsen 133
  Meda Maha Nuwara 133

I

Indien 17, 19, 21, 25, 26, 29, 31, 35, 41, 72, 223
  Nordindien 28, 117
  Südindien 28, 31, 36, 38, 117, 142, 143, 148
  Tamil Nadu 27, 38, 142
Induruwa 85

J

Jaffna, Halbinsel 20, 33, 35, 221, 224
Jaffnapatam 33
Jaffna, Stadt 227
  Bibliothek 227
  Fort 227
  Groote Kerk 227
Jataka 26, 43, 89, 198

K

Kachchaitivu 226
Kadugannawa 124
Kaduwella 62
Kaffee 141
Kahawa 88
Kalametiya Lagoon 111
Kalapura 130
Kalawewa 186
Kala Wewa Reservoir 31, 186
Kalkudah 212
Kalpitiya 19, 47, 70
Kaltota-Berge 164
Kaltota Road 164
Kalu Ganga, Fluss 81, 159
Kalutara 81
  Gangatilaka Vihara 81
Kalutara North 59
Kandy, Königreich 35, 36, 44, 125, 141, 213
  Senkadagala 125
Kandy, Stadt 32, 123, 126, 151, 169
  Archäologisches Museum 128
  Badehaus der Königin 129
  Bahiravakanda 126
  Gangarama Tempel 130
  Kataragama Devale 129
  Königspalast 126, 129
  Maha Vishnu Devale 129

REGISTER

Malwatte Kloster 130
Natha Devale 129
Nationalmuseum 128
Palastbezirk 128
Pattini Devale 129
Pattirippuwa 126
Perahera 31, 35, 129
Udawattekele Park 126
Zahntempel 130
Kankesanturai 225, 228
Kanniyai 216
Kantale 213
Kantarodai 228
Karaitivu 71
Kardamom 133, 234
Kastenwesen 35
Kataluwa 99
Kataragama 46, 100, 101, 117, 205, 210
Esala Perahera 118
Kataragama Devale 118
Kiri Dagoba 118
Museum 118
Pilgerweg 210
Katugastota 136
Katunayake 17, 66
Kaudulla National Park 198
Kautschuk 37, 65
Kayts 226
Kebitigollewa 221
Keerimalai 225
Kelani Ganga, Fluss 51, 62, 67
Kelaniya 63, 112
Bo-Baum 65
Duruthu Perahera 65
Kelaniya Raja Maha Vihara 63
Kikilimana 150
Kirinda 112
Kirindi Oya, Fluss 111
Nediganvila 111
Tellula 111
Kithulgala 63
Knuckles 133, 234
Corbett's Gap 134
Koggala 99
Folk Art Museum 99
Kokkilai 20, 222
Kokosdreieck 69
Kolam 87
Kolonne 162
Kosgoda 85, 86
Meeresschildkröten 86
Kotmale 73, 151
Pusulpitiya Vihara 151
Kotmale Reservoir 151
Kotte 33, 59
Diyawanna Lake 59
Parlamentsgebäude 59
Kovil 45

Kuda Oya, Fluss 151
Kudawella 103
Blow Hole 103
Kudimbigala-Felsen 210
Kudimbigala Reservat 210
Kudiremalai 72
Kumana Lagune 210
Kumana Vogelreservat 20, 111, 210
Kuragala 47, 164
Kurunegala 33, 73, 74, 125, 136
Kuruwita 159
Batadombalena 159

L

Lahugala 207
Magul Maha Vihara 207
Lahugala-Kitulana National Park 207
Lakshmi 46
Lankatilaka Tempel 132
Leopard 141, 145, 163
Lewaya 109, 111
Lunugamvehera National Park 143
Lunugamvehera Reservoir 110, 111
Lunuwila 69

M

Madampe 69
Madhu 222
Kirche der Heiligen Jungfrau 47
Madhu Road Sanctuary 222
Maduru Oya National Park 134
Maduvanvela 162
Maggona 83
Maha 18
Maha Nuwara (Kandy, Stadt) 126
Maha Oya, Fluss 73
Maha Tapowanaya 207
Mahavamsa 26, 37, 41, 104, 169, 179, 223
Mahaweli Ganga, Fluss 21, 29, 130, 132, 134, 193, 199, 213
Mahaweli-Programm 22, 199
Polgolla Stauwehr 132
Mahayana-Buddhismus 43, 99, 153
Mahiyangana 132, 134, 152, 199
Große Dagoba 134
Maho 187
Malayarata 29, 51, 70, 125
Malediven 83
Maligawila, Buddha von 206

Malwatu Oya, Fluss 175
Manalkadu Desert 225
Mannar Distrikt 47
Mannar, Insel 19, 20, 28, 34, 222, 223
Mannar, Stadt 223
Mantai 28, 223
Tirukketiswaram 223
Mantota 223
Marawila 69
Maskeliya 143
Matale 26, 69, 135
Alu Vihara, Kloster 26, 135
Museum 135
Matara 100
Holländische Kirche 100
Holländisches Fort 100
Ruhuna Universität 100
Star Fort 101
Medawela 130
Medirigiriya 198
Menik Ganga, Fluss 115, 118, 210
Mihintale 169
Almosenhalle 173
Ambastala Vatadage 173
Bett des Mahinda 173
Et Dagoba 174
Giribandhu Dagoba 174
Indikatu Seya 174
Kaludiya Pokuna 174
Kantaka Dagoba 169, 172
Löwenbad 172
Maha Seya 173
Mihindu Seya 174
Museum 174
Reisboot 173
Schlangenbad 174
Sila-Felsen 173
Statuenhaus 173
Versammlungshalle 173
Minipe 135
Minneriya National Park 198
Minneriya Tank 31
Mirissa 100
Mitiyagoda 88
Monaragala 206
Mondsteine 45
Monsun 17
Nordostmonsun 17, 18, 22, 208, 222
Südwestmonsun 17, 18, 22, 63, 90, 164, 222
Moors 27, 37, 47, 55, 56, 83, 159, 211, 224
Moratuwa 58
Mount Pedro 150
Moussakelle Reservoir 143
Mulkirigala 104

254

REGISTER

Mullaitivu-Distrikt 224
Mundal Lake 70
Murutalawa 131
Mutur 213

N

Nainativu 226
  Nagadipa Vihara 226
  Tempel der Minakshi 226
Nalanda 135, 193
  Nalanda Gedige 193
Nallur 46, 228
  Kandaswamy Kovil 228
Namunukula 151
Nanu Oya 150
Neduntivu 226
Negombo 17, 35, 66
  Dutch Canal 67, 68
  Fischmarkt 66
  Fort 66
  Hamilton Canal 67
Negombo Lagune 66
Nelundeniya 123
Niederländer 35, 66, 71, 90, 100, 126, 141, 213, 227, 234
Nilaweli 216
  Pigeon Island 216
Nillakgama 187
  Bodhighara 187
Nilwala Ganga, Fluss 100
Nuwara Eliya 23, 62, 145, 148, 153
  Golfplatz 149
  Grand Hotel 149
  Hill Club 149
  Lake Gregory 149

O

Obbegoda 206
Ohiya 147
Okanda 210
Okkampitiya 205, 206

P

Padawiya 221
Padeniya Vihara 74
Palabaddale 144, 160
Palavi 70
Pali 26
Palk Strait 224
Panadura 58
Panama 209
Panduwas Nuwara 73
  Kotavehera 74
  Museum 74
  Palast 74
  Zitadelle 74
Parvati 46
Passekudah 212
Pattini 47
Pattipola 147
Peak Wilderness Sanctuary 23, 144, 163
Pelmadulla 163
Peradeniya 131
  Botanischer Garten 130
Perahera 102, 118, 131, 178
Pesava 45
Pidurutalagala 148, 150
Pinnawela 123
  Elephant Orphanage 123
Point Pedro 225
Polonnaruwa 32, 73, 110, 151, 169, 178, 193, 199
  Alahana Pirivena 197
  Archäologisches Museum 194
  Atadage 197
  Baddhasima Pasada 197
  Dalada Maluwa 196
  Demalamahaseya 198
  Gal Pota 197
  Gal Vihara 198
  Hatadage 196
  Heiliges Viereck 196
  Kiri-Dagoba 198
  Kumara Pokuna 195, 207
  Lankatilaka 197
  Lotosbad 198
  Löwenthron 194
  Meditationsgebäude 198
  Menik Vihara 197
  Museum 195
  Nissanka Malla, Meditationstempel 197
  Nissanka Malla, Palastbezirk 194
  Pabulu Vihara 197
  Parakramabahu-Palast 195
  Parakramabahu-Ratshalle 195
  Parakrama Samudra 193
  Potgul Vihara 194
  Rankot Vihara 197
  Rest House 194
  Satmahal Pasada 197
  Shiva Devale Nr. 2 197
  Shiva-Tempel Nr. 1 195
  Statue des Parakramabahu 194
  Thuparama 197
  Tivanka, Statuenhaus 198
  Vatadage 196, 199
  Zahntempel 32
  Zitadelle 194
Polwatta Ganga, Fluss 100
Pomparippu 72
Portugal Bay 71
Portugiesen 18, 34, 47, 51, 56, 59, 62, 66, 70, 100, 126, 141, 152, 160, 211, 213, 227, 234
Pottuvil 19, 208, 210
  Mudu Maha Vihara 208
Pulmoddai 222
Pussellawa 151
Puttalam 72
Puttalam Lagune 70

R

Rajakariya 35
Rajangana 187
Rajarata 29, 70, 72, 73, 110, 169
Rakwana 162
Rama 46, 70
Ramayana 28, 62, 70, 224
Ramboda 151
Rambukkana 123
Rameswaram 223
Randenigala Reservoir 133, 135
Rantembe Reservoir 133, 135
Ratgama Lake 89
  Parappaduwa, Insel 90
  Polgasduwa, Insel 90
Ratmalana 58
Ratnapura 47, 62, 81, 144, 159, 162
  Maha Saman Devale 160
  National Museum 159
Ridigama 136
  Ridi Vihara 136
Ritigala 174
Ruhuna 29, 31, 110, 111, 112, 114, 116, 146, 151, 153, 164, 193
Ruhunu National Park (Yala National Park) 112

S

Sabaragamuwa Berge 22, 81, 100, 163
Sabaragamuwa, Provinz 159, 162
Salzgärten 20, 109
Saman 47
Samanalawewa 163, 164
Sangha 31, 42, 43, 44
Sanni Yakuma 87
Sanskrit 25
Sasseruwa 187
  Resvehera 187
Senanayake Samudra, Stausee 21, 37, 211
Seruwawila 213

255

REGISTER

Shantipura 150
Shiva 45
Sigiriya 26, 31, 189
  Asana-Höhle 190
  Audienzhalle 190
  Graffiti 26, 190
  Kobra-Höhle 190
  Lustgärten 190
  Museum 189
  Spiegelgalerie 190
  Wolkenmädchen 190
  Zisterne 190
Singhalesen 21, 22, 26, 27, 31, 38, 41, 51, 72, 110, 112, 126, 131, 141, 143, 146, 151, 164, 183, 188, 191, 194, 205, 211, 213, 238
Single Tree Mountain 150
Sinharaja Forest 23, 160, 162, 234
  Kudawa 161
  Pitadeniyaya 161
Sitavaka 33, 62
  Berendi Kovil 62
  Festungwall 62
  Palast 62
Sitavaka Ganga, Fluss 62
Sittara 89
Siyambalanduwa 207
Skanda 46, 117
Somawathie Chaitiya National Park 213
Sri Jayewardenepura 51, 59
Stelzenfischer 20, 99
Suriyagoda Tempel 131

T

Talaimannar 223
Talaivillu (Talawila) 71
Talawakele 150
Tamilen 27, 31, 33, 36, 37, 41, 55, 179, 198, 211, 224, 238
Tangalle 103, 104, 111
Tanks 21, 22, 104, 136, 221, 224
Tee 37, 142, 232
Teldeniya 130
Telwatta 88
  Totagamuva Raja Maha Vihara 88
Theravada 44
Tiriyai 216
Tissamaharama 110, 116
  Große Dagoba 116
  Menik Dagoba 116
  Museum 116
  Sandagiri Dagoba 116
  Tissa Wewa 116
  Yatala Dagoba 116

Toddy 85
Trincomalee 19, 28, 35, 213
  Koddiyar Bucht 213
Tripitaka 26, 135

U

Uda Walawe National Park 163
Uda Walawe Reservoir 21
Ukuwela-Kraftwerk 132
UNESCO 126, 160, 179
Uppuveli 216
Utuwankanda-Hügel 123
Uva, Provinz 151, 153
Uva-Rebellion 36

V

Valaichchenai 212
Vallipuram 225
Vanni 33
Vavuniya 221
Veherahena 101
Vesak 45
Vibishana 47
Victoria Reservoir 130, 132, 135
  Victoria Damm Informationszentrum 132
Vishnu 46

W

Wadduwa 59
Waikkal 69
Walawe Ganga, Fluss 109, 164
Wasgomuwa National Park 134, 135
Wedda 28, 117, 134, 141, 199
Weligama 19, 99
  Kustaraja 99, 100
Wellawaya 153
Wewurukannala 103
Wilpattu National Park 20, 72, 115
Wiraketiya 20
Wirawila 111
World's End 146

Y

Yala 18
Yala East National Park 210
Yala (Ruhunu) National Park 20, 34
  Bambawa 114
  Magulmahavihara 114
  Palatupana 112
  Sithulpahuwa 114

Yapahuwa 33, 125, 188
  Museum 188
  Zahntempel 188
Yudagannawa 205

Z

Zimt 34, 67, 234
Zugvögel 20

Sri Lanka

Hotelverzeichnis

SRI LANKA – UNTERKUNFT

HOTELVERZEICHNIS

REISEVERANSTALTER, HOTELKETTEN:
Aitken Spence, große Hotel- und Reiseagentur, 315, Vauxhall St, Colombo 2, Tel. 230 8308, www.aitkenspence.lk, Hotels: Tel. 230 8408, www.aitkenspencehotels.com.
Amaya Resorts & Spas, Kette von Luxushotels; East Tower, World Trade Center, Level 27, Echelon Square, Colombo 1, Tel. 476 7888, www.amayaresorts.com.
Browns Hotels and Resorts, mehrere eigene Luxushotels; FLC Tower, 19, Dudley Senanayake Mw., Colombo 8, Tel. 500 1448, www.brownshotels.com.
Ceylon Hotels Corporation, betreibt ein Dutzend koloniale Rest Houses, 2, Galle Rd., Regency Wing, Galle Face Hotel, Colombo 3, Tel. 752 9529, www.chcresthouses.com.
Hemtours/Diethelm Travel, Reiseveranstalter, keine eigenen Hotels, 75 Braybrooke Place (Hemas House, 6th floor), Colombo 2, Tel. 231 3131, 470 4600, www.hemtours.com.
Jetwing, eigene Hotels und Reiseveranstalter; 46/26 Navam Mawatha, Colombo 2, Tel. 234 5700, www.jetwinghotels.com, www.jetwing.com.
John Keels Group, Cinnamon Hotels, Walkers Tours, Incoming-Agentur, eigene Hotels, 117, Sir Chittampalam A Gardiner Mw., Colombo 2, Tel. 230 6306, www.keells.com, www.cinnamonhotels.com, www.walkerstours.com.
Quickshaws Tours, Individualreisen, bes. mit Taxis, bietet verschiedene schöne Kolonialvillen an, zwei eigene Hotels in Anuradhapura; 3, Kalinga Place, Off Jawatte Road, Colombo 5, Tel. 258 3133, www.quickshaws.com.
Tangerine Tours, 236, Galle Rd., Colombo 3, Tel. 242 2518, www.tangerinetours.com.

Entsprechend dem weltweiten Trend zu Abenteuerurlaub, Naturreisen und Luxus werden auch neue Übernachtungsformen angeboten, z.B. mobile Zeltcamps mit Komfort oder einsam gelegene Luxusvillen; Anbieter u.a.:
Sri Lankan Expeditions: Safaris im Hochpreissektor, www.srilankanexpeditions.com.
Lanka Sportreizen ist preiswerter und seit langem bewährt, www.lsr-srilanka.com.
Jetwing Eco Holidays: hoch qualifizierte Naturbeobachtungen: www.jetwingeco.com;

Nature Odyssey veranstaltet Natur-Erlebnistouren, www.natureodyssey.com.
Connaissance de Ceylan: günstige Gruppenreisen mit Erlebnischarakter, www.connaissance.lk.
Es gibt Hotelkategorien von einem bis zu fünf Sternen und unklassifizierte Hotels. *Guest Houses* haben wenige Zimmer, meist mit Bad, ebenso Privatpensionen (*Paying Guest Accommodation*). Bei den *Rest House* genannten Hotels (ursprünglich Unterkünfte für reisende Kolonialbeamte) handelt es sich teils um solide ausgestattete, teils um sehr einfache Unterkünfte, in der Regel mit nur wenigen Zimmern. Viele haben eine besonders schöne Lage. Das Essen (*rice and curry*) ist in der Regel recht gut.
Der Trend zu kleineren, in schöner Natur gelegenen Design-Hotels oder fachmännisch restaurierten Kolonialhotels oder Plantagen-Bungalows setzt sich fort – interessante Gegenpole zu Sri Lankas Strandhotel-Image. Das Buchungsportal SriLankaInStyle (www.srilankainstyle.com) weist für einen ersten Überblick einen Teil davon aus, ebenso www.go-lanka.com unter „Boutique" und „Villas".
Die Hotelübersichten des Fremdenverkehrsamtes unter www.srilanka.travel und der monatlichen kostenlosen Broschüre TravelLanka sind nicht vollständig, bieten aber Einblicke in die Bandbreite des landesweiten Angebots.

☞ Die Bezeichnung *Hotel* an manchen kleinen Läden bedeutet „Restaurant".

☞ Achten Sie bei Hotel-Preisangaben darauf, ob diese Service und Steuer enthalten: Üblich sind Zuschläge von je ca. 10-25 % für Bedienung/service charge u. Mehrwertsteuer/VAT.

Den hier angegebenen drei Preiskategorien liegen Endpreise für DZ (mit Frühstück; Hauptsaison) zugrunde. Sie können nur als grobe Klassifizierung der überaus unterschiedlichen Unterkünfte dienen:
●●● über 100 US$, Luxushotels
●● 25-100 US$, gute Mittelklasse
● bis 25 US$ (Billigunterkünfte ab ca. 5 US$).
In dieser Preisklasse gibt es zahlreiche angenehme Guest Houses.

SRI LANKA – UNTERKUNFT

2 MITTLERE WESTKÜSTE

Avissawella (☎ 036)

🅂 **Avissawella Rest House**, modernisiert, mit einigen gut renovierten, ruhigen Zimmern, teils mit AC, Maligawa Mw., 250 m von der Busstation, Tel. 427 0018.

Colombo (☎ 011)

📌 Die DZ-Preise einiger Luxus-Stadthotels in Colombo liegen z. T. deutlich unter 100 US$.

🅂🅂🅂 **The Kingsbury**, 5-Sterne-Hotel, 2012 renoviert, fast am Meer, im Fort, 48, Janadhipathi Mw., Colombo 1, Tel. 242 1221, www.ceyloncontinental.com.
Hilton Colombo, elegantes Hochhaushotel neb. World Trade Cent., umfangreiche Sportanlagen, 2, Sir Chittampalam A. Gardiner Mw., Colombo 2, Tel. 249 2492, www1.hilton.com.
Cinnamon Grand Colombo, traditionsreiches, gleichzeitig modernes Haus mit Garten, kleines, feines Einkaufszentrum Crescat direkt nebenan, nahe Galle Face Green, 77, Galle Road, Colombo 3, Tel. 243 7437, www.cinnamonhotels.com.
Ramada Colombo, unprätentiös, sehr komfortabel, fast gegenüber Galle Face Green, 30, Sir Mohamed Macan Markar Mw., Colombo 3, Tel. 242 2001, www.ramadacolombo.com.
Cinnamon Lakeside, zentral, komfortabel, aufwendig renoviert, 115 Sir Chittampalam A. Gardiner Mw., Colombo 2, Tel. 249 1000, www.cinnamonhotels.com.
🅂🅂 **Galle Face Hotel**, koloniales Stadthotel in unvergleichlicher Küstenlage, 2, Kollupitiya Road, Colombo 3, Tel. 254 1010-19, www.gallefacehotel.com.
Grand Oriental Hotel, renoviertes Kolonialhotel im Fort, direkt am Hafen, 2 York St., Colombo 1, Tel. 232 0320, www.grandoriental.com.
Colombo City Hotel, Mittelklassehotel mitten im Fort, große Zimmer mit zweckmäßiger Ausstattung, Meerblick vom Restaurant auf der Dachterrasse, Ladenpassage Old Dutch Hospital nebenan, Canal Row 33, Colombo 1, Tel. 534 1962, www.colombocity hotels.lk.
Hotel Renuka, zusammen mit dem moderneren Renuka City Hotel ein preiswertes, bequemes Business-Hotel mit ausgezeichnetem Restaurant, 328, Galle Road, Colombo 3, Tel. 257 3598, www.renukahotel.com.
🅂 **Chanuka Guest House**, bewährtes Gästehaus mit zehn Zi. in grünem Wohngebiet nahe Bahnhof Wellawatte, 29, France Rd., Colombo 6, Tel. 258 5883, www.chanukatouristguest.com.
Ottery Tourist Inn, schon ein bisschen in die Jahre gekommenes Haus, aber billig und nahe am Meer, Stadtteil Bambalapitiya, 29, Melbourne Ave., Colombo 4, Tel. 258 3727.
Villa Palma Holiday Resort, Beach Rd., Pamunugama, Küstenstraße Colombo-Katunayake, Tel. 223 6619, www.villapalmaresortsrilanka.com.
YWCA International Guest House, einfache Zimmer für Frauen, im Doppelzimmer auch mit männlicher Begleitung, nahe Cinnamon Grand Hotel, unschlagbarer Preis in dieser Gegend, 7, Rotunda Gardens, Colombo 3, Tel. 232 4181, www.ywcacolombo.com.
Im Stadtteil Fort schläft man billiger im **YMCA**, mit einem Schlafsaal für Männer und einigen Doppelzimmern, 39, Bristol Street, Tel. 232 5252. Bessere Qualität im **CityRest Fort**, 46, Hospital St., Colombo 1, 077-738 9903.

Mount Lavinia-Dehiwela (☎ 011)

🅂🅂-🅂🅂🅂 **Mount Lavinia Hotel**, Kolonialhotel, schöne Terrasse am Schwimmbad mit prachtvollem Blick auf die Küste, 102, Hotel Rd., Mount Lavinia, Tel. 271 1711, www.mountlaviniahotel.com.
🅂🅂 **Berjaya Hotel**, bewährtes Mittelklassehotel in Strandnähe, 36, College Ave., Mount Lavinia, Tel. 273 9610-4, www.berjaya-hotel.com.
Haus Chandra Hotel, unterschiedliche Zimmer in Kolonialvilla und Neubau, Frühstück am Strand, 37, Beach Rd., Mt. Lavinia, Tel. 273 2755, www.plantationgrouphotels.com.
Hotel Rivi Ras, professionell geführtes Haus mit weithin gerühmtem Restaurant La Langousterie am Strand, 50/2, De Saram Rd., Mount Lavinia, Tel. 271 7786, www.rivirashotel.com.

SRI LANKA – UNTERKUNFT

Cottage Gardens, Bungalows, z. T. Ferienwohnungen, nahe Berjaya Hotel, 42-48, College Ave., Mt. Lavinia, Tel. 271 9692, https://cottagegardenbungalows.bookings.lk.
☺ **Blue Seas Guest House**, 24 Zimmer, z.T. mit Balkon, 9/6, De Saram Rd., Mt. Lavinia, Tel. 271 7279.

Chilaw (☎ 032)

☺☺☺ **Anantaya Resort & Spa**, weiträumige Anlage zwischen Lagune und Meeresstrand, ungestörte Lage nördlich von Chilaw, Sportgeräte, Pool, elegante Wellnessanlage, www.anantaya.lk.
☺☺ **Chilaw City Hotel**, im Grünen zwi. Lagune u. Meer, Ambakandawila Rd., Suduwella, Tel. 222 4000, www.chilawcityhotel.com.
☺ **Rest House**, sehr einfach, mit Meerblick, Sea Beach Rd., Tel. 222 3477, 222 2299.

Kalpitiya-Halbinsel, Puttalam (☎ 032)

☺☺☺ **Divyaa Lagoon**, kleines Luxushotel an der Dutch Bay, Kandakuliya, Kalpitiya, Tel. 739 2000, 011-473 0740, www.divyaa.com.
☺☺-☺☺☺ **Sethawadiya dolphin view eco lodge**, ideal für Naturfreunde an d. Dutch Bay, Natur-Ausflüge, Kiten, Tauchen; Kalpitiya, Tel. 077-252 8567, www.sethawadiya.com.
Bar Reef, Lehmhütten und -villas in naturnahem Design in den Dünen am Meer, Palmyrah Rd, Alankuda, Tel. 077-721 9218, www.barreefresort.com. **Palagama Beach**, Cabanas in gepflegter Gartenanlage, direkt am Strand. Alankuda, Ettalai, Tel. 077-7818970, www.palagamabeach.com. **Ruwala Resort**, Camping, Hütten, Cabana an der Puttalam-Lagune, professionelle Naturführungen, Thihaliya, Ettalai, Tel. 329 9299, www.ruwalaresort.com.
☺☺ **Makara Resorts Dolphin Beach**, hübsche Cabanas, sportliches Publikum, Wassersport. Elanthadiya, Norochcholai, Tel. 738 8050, 077-772 3272, www.dolphinbeach.lk.
☺ **Dammika Holiday Resort**, einfache Zi., professioneller Service, 1 km v. Zentr. im Grünen, Good Shed Rd, Puttalam, Tel. 226 5192.
Kitesurfing Lanka, Hütten an Kalpitiya-Lagune, vermittelt Hotels, Kandakuliya Beach Rd., Kalpitiya, www.kitesurfinglanka.com

Katunayake (☎ 011)

☺☺ **Taj Airport Garden**, 234-238 Colombo-Negombo Rd., Seeduwa, ruhig, an Lagune, nur 5 Autominuten zum Flughafen, Tel. 544 0000, www.thegatewayhotels.com.
Diese Hotels in Flughafennähe eignen sich gut für An- und Abflugtage und kosten etwas weniger: **Good Wood Plaza**, Tel. 225 2561, www.goodwoodplaza.com und **The Tamarind Tree**, Tel. 225 3802, www.tamarindtreehotels.com.

Kithulgala (☎ 036)

☺☺ **Kithulgala Rest House**, 20 Zimmer, jedes mit Veranda und Fluss-Blick, Ginigatena Road (35 km von Avissawella Richtung Nuwara Eliya auf der A 7), Tel. 228 7528, www.chcresthouses.com.
The Plantation Hotel, kl. feines Hotel in schöner Natur, Ausflüge, Wassersport auf Kelaniya River; 250, Kalukohutenna, Kithulgala, Tel. 228 7575, www.plantationgrouphotels.com.

Marawila (☎ 032)

☺☺-☺☺☺ **Club Palm Bay**, auf der Landbrücke zwischen Lagune und Meer, viel Sport im All-inclusive-Programm, Ayurveda, Tel. 225 4956, www.clubpalmbay.com.
☺☺ **Sanmali Beach Hotel**, einsam gelegenes, älteres Haus am Meer, nur 20 Zimmer, Wella Rd., Tel. 225 4766-7, www.sanmali.com.

Moratuwa / Panadura (☎ 038)

☺☺ **Ranmal Holiday Resort**, stadtnah und unter Einheimischen, eher von Sri Lankern genutzte Ferienanlage, 346/5, Galle Rd., Moratuwa, am Bolgoda See, Tel. 229 8921-2, www.ranmalholidayresort.com.

Negombo / Waikkal (☎ 031)

☺☺☺ **Heritance Negombo**, 2015 neu gestaltetes Luxus-Strandhotel mit Treff Banyan Tree an der Straße 175, Lewis Place, Tel. Res. 011-230 8408, www.heritancehotels.com.
Jetwing Beach, erstes Fünf-Sterne-Hotel am Ort, perfekt ausgestattete Zimmer mit Bal-

SRI LANKA – UNTERKUNFT

kon zum Meer, eleganter Wellnessbereich, Ethukala, Tel. 227 3500-5, für alle Jetwing-Hotels: www.jetwinghotels.com.
Jetwing Sea, luxuriös renoviert zum Ausspannen und Wohlfühlen, Palangathurai, Kochchikade, nördl. Strandabschnitt, Tel. 493 3413-7.
☺☺-☺☺☺ **Jetwing Ayurveda Pavilions**, kleine Luxus-Ayurveda-Anlage, Ruhepol inmitten der Hotelzone, Ethukala, Tel. 227 6719.
Goldi Sands Hotel, 70 gemütliche Standardzimmer, relaxte Hotelatmosphäre, Pool und schöner Strandabschnitt, Ethukala, Tel. 227 9021, www.goldisands.com.
☺☺ **The Pearl**, kleines Hotel mit geschmackvoller Ausstattung und viel gelobter Küche, Kitesurfen, 13, Poruthota Rd., Tel. 492 7744, www.pearl-negombo.com.
Mehrere Hotels ca. 7 km nördl. von Negombo am Strand von Waikkal, , z. B.:
Club Hotel Dolphin, Ferienanlage mit viel Unterhaltung, Kammala, South Waikkal, Tel. 487 7100, www.serendibleisure.com.
Ranweli Holiday Village, ökologisch ausgerichteres Feriendorf, umfangreiche Natur-Aktivitäten, Tel. 227 7359, www.ranweli.com.
☺ **Hotel Silver Sands**, in Garten, mit Innenhof, alle Zi. mit eigener Veranda, gutes Preis-Leistungs-Verhältnis, 229 Lewis Place, Tel. 222 2880 www.silver sands.go2lk.com.
Lanka Beach Hotel, familiär, klein, preisgünstig, im nördlichen Strandabschnitt, 84/1, Palangathurai, Kochchikade, Tel. 227 8450, http://beach-hotel-srilanka.com.

Wadduwa, Waskaduwa (☎ 038)

☺☺☺ **The Blue Water**, großzügige Anlage im edlen Design des Star-Architekten Geoffrey Bawa, All inclusive möglich, Thalpitiya, Tel. 763 4634, www.bluewatersri lanka.com.
Citrus Waskaduwa, neues Großhotel zwischen Bahnlinie und Strand, m. allen Annehmlichkeiten, Samanthara Rd, Kuda Waskaduwa, Tel. 229 5367, www.citrusleisure.com.
Siddhalepa Ayurvedic Resort, bewährtes spezielles Ayurveda-Hotel für Kuren unter ärztlicher Aufsicht, 861, Samanthara Rd., Tel. 229 6967-70, www.ayurvedaresort.com.
☺☺ **The Sands**, modernisiertes Haupthaus und Strandbungalows, Kuda Waskaduwa, Tel. 222 8484, www.aitkenspencehotels.com.

3 SÜDWESTKÜSTE

Ahungalla (☎ 091)

☺☺☺ **Heritance Ahungalla**, 5-Sterne-Luxus im großzügigen und kürzlich intensiv renovierten Bau von Geoffrey Bawa an langem, ungestörtem Strand, Galle Road, Tel. Tel. 555 5000, www.heritancehotels.com.
Lotus Villa, Ayurveda-Kurhotel, Mindestaufenthalt 14 Tage, Schnupper-Tag möglich, No. 162/19 Waturegama, Tel. 226 4082, www.lotus-villa.com.

Akurala / Ambalangoda (☎ 091)

Keine Großhotels zw. Ambalangoda u. Akurala , Felsgruppen gliedern die Strandbuchten.
☺-☺☺ **Dream Beach Resort**, kleine, gemütliche Anlage in Palmenwald zwischen Straße A2 und Meer, 509, Galle Rd., Ambalangoda, Tel. 225 88753, https://dreambeachresort.bookings.lk.
Shangrela Beach Resort, 25 moderne, preiswerte Zimmer, auch Ferienwohnungen, Meerblick, diverse Touren werden organisiert, 38, Sea Beach Rd., Ambalangoda, Tel. 225 8342, www.shangrela.de.
Sumudu Tourist Guest House, großes Privathaus im Kolonialstil, familiäre Atmosphäre, gute Küche, nahe dem Maskenmuseum, 418, Main St., Patabendimulla, Ambalangoda, Tel. 784 1507.

Aluthgama (☎ 034)

☺☺ **Ganga Garden**, für Wassersport ideal am Bentotafluss gelegen, 126/27 Galle Rd., Kaluwamodara, Tel. 2271770, www.ganga-garden.com.
Mutumuni Ayurveda River Resort, Ayurvedazentrum, kleines Hotel u. Restaurant, Pool, an Lagune, 16 Galle Rd., Moragalla, Tel. 227 6766, www.muthumuniresort.com; in Küstennähe: www.muthumuniayurvedabeach.com.
La Luna, Ayurveda-Kurhotel, 19 Zi. i. Grünen, 6, Kaluwamodara, http://lalunaayurveda.net.
Riverbank Bentota, schöner Blick vom Garten auf den Fluss, auf Wunsch Flusstouren, 20 Min. zum Strand, 168, Walipanna Rd., Aluthgama, Tel. 227 0022.

SRI LANKA – UNTERKUNFT

Bentota (☎ 034)

😊😊😊 **Bentota Beach Hotel**, Luxus in paradiesischer Lage auf der Halbinsel zwischen Bentota-Fluss und Meer, Tennisplatz (Flutlicht), Fitnesscenter, Reiten, Radfahren, Tel. 227 5176-7, www.cinnamonhotels.com.
Vivanta by Taj - Bentota, luxuriöses Großhotel terrassenförmig an Fels- und Sandstrand, schöner Meerblick, National Holiday Resort, Tel. 555 5555, www.vivantabytaj.com.
Villa Mohotti Walauwa, 14 luxuriöse Zimmer in Herrenhaus im Kolonialstil, einst Geoffrey Bawas Ferienhaus, Ayurveda-Resort, 138/18 und 138/22, Galle Road, Tel. 227 5311, http://paradiseroadhotels.com/villabentota.
Casa Siena Bentota, Boutique-Hotel, Trakte mit 5 bzw. 9 Zimmern in edler Ausstattung; perfekter Service, die Anlagen können auch komplett gemietet werden, Schweizer Management, 146/6 Galle Rd., Tel. 428 7088, 077-748 2851, www.casasienalanka.com.
Hotel Club Paradise (auf Halbinsel), Ayurveda-Kuren, Sri Budhasa Ayurveda-Zentrum, www.sribudhasa.ch, unter gleicher Leitung: **SunSea Villa**, herrliche Kolonialvilla abseits v. Straße und Strand, für Ayurveda, Yoga, Meditation, 2015 renoviert, Warahena, Galle Rd.
Yathra by Jetwing, Wohnboot auf Bentota-Fluss beim Dedduwa-See, zwei Kabinen; Verpflegung durch Kombüse, bequeme Deckplätze; liegt vor Anker oder macht Touren in der Gegend; 449/1 Dedduwa, Harpurugala, Tel. 077-244 1114, www.jetwinghotels.com/yathra.
😊😊 **Susantha Garden**, bewährtes Hotel mit Gastzimmern und Ferienwohnungen in herrlichem Garten, strandnah, die gute Küche hat sich weit herumgesprochen, Nikethana Rd., Pitaramba, Tel. 227 5324, www.hotelsusanthagarden.com.

Beruwala (☎ 034)

😊😊😊 **Barberyn Reef Ayurvedic Resort**, langer, durch Korallenriffe auch oft während des Südwestmonsuns geschützter Badestrand, Hotel mit langjähriger Ayurveda-Tradition, Moragalla, Tel. 227 6036, www.barberynresorts.com.
Heritance Maha Gedara (ex Neptune Hotel), Geoffrey-Bawa-Bau von 1976, 2011 intensiv renoviert und in luxuriöses Ayurvedahotel verwandelt, Tel. 555 5000, www.heritancehotels.com/ayurvedamahagedara.
The Palms, vierstöckiger Bau umschließt großen Pool, anschließend Strand, Moragalla, Tel. 227 6041-3, www.palmsberuwala.com.
The Eden, 158 Luxuszimmer an schmalem, schönem Küstenstreifen, das Hotel liegt zwischen Strand und Galle Rd., Kaluwamodara, Tel. 227 6075, www.brownshotels.com/eden.
Cinnamon Bey, elegantes neues Strandhotel, 200 geräumige Zimmer, Wellnessbereich, Fitnesszentrum, Yoga; Moragolla, Tel. 229 7000, www.cinnamonhotels.com.
😊😊 **Ypsilon Tourist Resort**, schlichte zweistöckige Hotelanlage am Meer, Tauchschule und Ayurvedabehandlungen, Tel. 227 6132, www.ypsylon.info/resort.
Sagarika Beach Hotel, kleines Hotel mit familiärer Note, günstige Langzeit-Raten, Pool, Restaurant, Meerblick; Beach Side, Moragalla, Tel. 077-779 0580, www.sagarikabeachhotel.webs.com.
Hotel Sumadai, 19 Zimmer in schöner Gartenanlage nahe Strand und Lagune, Restaurant; Ayurvedakuren, günstige Wochentarife, Bootstouren, nahebei: Bootswerften und Fischereihafen, 61, Maradana Rd., Bandarawatte, Tel. 227 6404, www.sumadai.com.

Galle (☎ 091)

😊😊😊 **Amangalla**, im Fort, ältestes Hotel der Insel, luxuriös saniert, sehr teuer, 10, Church St., Tel. 223 3888, www.amanresorts.com.
Galle Fort Hotel, geschmackvoll restaurierte Kolonialvilla im Fort, DZ ab 200 US$, gepflegtes Gourmet-Restaurant, 28, Church Street, Tel. 223 2870, www.galleforthotel.com.
Lighthouse Hotel, eleganter, moderner Bau des Architekten Geoffrey Bawa an der Küste westlich des Ortszentrums, Restaurant mit prächtigem Meerblick, Dadella, Tel. 222 3744, www.jetwinghotels.com. Jetwing Hotels bieten außerdem die Luxus-Pfahlbauten im 1 km entfernten **Kurulubedda** in üppig grünen Hinterland sowie die vier Luxus-Zimmer der **Galle Heritage Villa** im Galle Fort an, ab 200 US$.
The Fort Printers, elegantes Fünf-Zimmer-Hotel im Kolonialstil; hinzu kommen in der Nachbarschaft acht weitere bequeme Suiten

SRI LANKA – UNTERKUNFT

in historischen Bauten, 39 Pelar Street, Tel. 224 7977, www.thefortprinters.com.
The Dutch House, holländisches Kolonialhaus von 1712, 4 luxuriöse Zimmer, raffinierter Pool, großer Garten, 23 Upper Dickson Rd., Tel. 438 0275, www.thesunhouse.com. Unter gleicher Leitung: **The Sun House**, Boutiquehotel in liebevoll restaurierter Kolonialvilla in stillem Garten, 18, Upper Dickson Rd.
Closenberg Hotel, 20 Zimmer in kolonialem Bau östlich der Hafenbucht, in Gartenlandschaft, 11, Closenburg Rd., Magalle, Tel. 222 4313, www.closenburghotel.com.
Lady Hill Hotel, aufgestockte Kolonialvilla mit bester Aussicht auf Stadt und Hafen, gutes Restaurant, 29, Upper Dickson Rd., Tel. 224 4322, www.ladyhillsl.com.
😊😊 **Mama's Galle Fort Guest House**, zwei gemütliche Zimmer mit ausgezeichnetem Preis-Leistungsverhältnis, sehr netter Service, Dachterrassenrestaurant mit herrlichem Blick über die Altstadt, 76, Leyn Baan St., Tel 222 6415, www.mamas-galle-fort.com.
😊-😊😊 *Kleine Häuser im Fort:*
Beach Haven, zehn moderne Räume, Gastgeberin Frau N.D. Wijenayake ist bekannt für ihre gute Küche, 65, Lighthouse St., Tel. 223 4663, www.beachhaven-galle.com.
Ocean View Guest House, sechs Zimmer und Dachgarten mit Weitblick, 80, Lighthouse Street, Tel. 224 2717, www.oceanviewlk.biz.

Hikkaduwa (☎ 091)

😊😊😊 **906**, exklusive Strandvilla, no shoes, no news-Philosophie: ohne Fernseher, aber mit WLAN; zwei schlicht-elegante Suiten, Terrasse, Garten, exzellenter Service; je nach Saison ab ca. 250 US$/Tag für die gesamte Anlage; 906, Galle Road, Thiranagama, Tel. 077-796 6252, www.taruvillas.com.
Aditya, Boutique-Hotel a. Strand, 12 geräumige Suiten mit frischem Design und eigenem Pool, 719/1 Galle Rd., Devenigoda, Rathgama, Tel. 226 7708, Res. über Reiseagenturen.
😊😊-😊😊😊 **Citrus**, Vier-Sterne-Großhotel, modernes Interieur, gutes Preis-Leistungsverhältnis, 400 Galle Rd., Tel. 556 0001-5, www.citrusleisure.com/hikkaduwa.
Chaaya Tranz (ex Coral Garden), größtes Hotel am Ort, an malerischer Küste und bestem Zugang zum Riff, Galle Rd., Tel. 227 7023, www.cinnamonhotels.com.
😊😊 **Hikkaduwa Beach Hotel**, neu, ganz nah am Meer, sportliche Note, 298 Galle Rd., Tel. 227 7327, www.hikkaduwabeachhotels.com.
Hotel Lanka Supercorals, zentral gelegen, 90 Zi., oft Gruppen, 390, Galle Rd., Tel. 227 7387, www.hotellankasupercorals.com.
Lawrence Hill Paradise, 20 Zimmer in großer Gartenanlage, 5 Gehminuten z. Strand, Pool, ayurvedische Kuren, 47, Waulagoda, Tel. 227 7544, www.ayurvedakurlaub.de.
Sunils Beach Hotel, 62 Zi., häufiger Gruppen, Narigama im ruhigen Süden Hikkaduwas mit schönem Strand, Tel. 227 7187.
😊-😊😊 **Poseidon Diving Station**, 12 einfache Zimmer hat die Tauchschule, für Leute, denen das Tauchen wichtiger ist als der Komfort, Galle Rd., Tel. 720 1200, www.divings-rilanka.com; Nov.-April in Hikkaduwa, in der übrigen Zeit an der Ostküste/Trincomalee.
Blue Note, 9 Cabanas, gut gepflegt, mit Restaurant und Fernseher für Sportsfreunde, 424 Galle Rd, Tel. 227 7016, www.eureka.lk/bluenote.
Villa Birdlake, nahe Südufer v. Lake Dodanduwa in großem Park, etwas für Naturfreunde, 3 km von Hikkaduwa, Baddegama Rd., Maragahahena, Pathana, Tel. 077-501 9171.

Induruwa (☎ 034) / Kosgoda (☎ 091)

INDURUWA: 😊😊😊 **Saman Villas**, Suiten in kleinem, feinem Luxushotel auf Felsen, schöne Strandflächen zu beiden Seiten, Aturuwella, Tel. 034-227 5435, www.samanvilla.com.
Shunyata Ayurveda Villa, intensive Ayurvedakuren, Yoga, Ernährungsberatung, in schöner Landschaft mit Tropenstrand und Palmen, 660A Galle Rd, Induruwa, Tel. 077-195 9071, https://ayurveda-shunyata-villa.de.
😊😊 **Royal Beach Resort**, gemütliche Anlage am Strand, alle 15 Zimmer mit Balkon und Meerblick, Galle Road, Galaboda, Tel. 034-227 4351-2, www.royalbeach.asia.
😊 **Long Beach Cottage**, familiäres kleines Haus in üppigem Garten direkt am Strand, alle fünf schlicht eingerichteten Zi. mit Seeblick, Restaurant, 550 Galle Road, Tel. 034-227 5773, www.longbeachcottageinduruwa.com.

SRI LANKA – UNTERKUNFT

KOSGODA: Kosgoda Beach Resort, weitläufige Urlaubsanlage in Parkanlage zwischen Straße, Lagune und Strand, alle Zi. und Suiten mit eigener Terrasse, 1, Nape, Tel. 091-226 4000, www.kosgodabeachresort.lk.

Kalutara (☎ 034)

☞ Weitere Hotels in und um Kalutara siehe auch Wadduwa, Waskaduwa, Seite 261.

☺☺☺ **Royal Palms Beach Hotel**, neuere luxuriöse Anlage mit 123 Zimmern neben dem zur gleichen Gruppe gehörenden Tangerine Beach Hotel, De Abrew Rd., Waskaduwa, Tel. 222 8113-7, www.tangerinehotels.com.

Avani Kalutara Resort (ex Sindbad/Kani Lanka), eindrucksvolle, rundum modernisierte Anlage, unvergleichliche Lage an der Landspitze zwischen Lagune und Meer, St Sebastian's Road, Katukurunda, Tel. 429 7700, www.serendibleisure.com/avanikalutara.

☺☺ **Hibiscus Beach Hotel**, unweit Royal Palms, aber preiswerter, 56 modern ausgestattete Zimmer, Mahawaskaduwa, Tel. 508 2222, www.hibiscusbeachhotel.com.

Tangerine Beach Hotel, bewährte Anlage mit legerer Atmosphäre, Garten mit großem Schwimmbad, 172 modernisierte Zimmer, De Abrew Rd., Waskaduwa, Tel. 223 7982, www.tangerinehotels.com.

☺ **Albert Beach House**, sehr einfache Zimmer am Strand, Ferienwohnungen, Waskaduwa, Kalutara North, Tel. 077-619 3860.

4 SÜDEN

Dickwella (☎ 041)

☺☺☺ **Dickwella Resort & Spa**, großartige Lage auf Landvorsprung am Meer; moderne Zimmer, 56 Standard-DZ, 20 Suiten, davon 12 für Familien, prächtiger Meerblick; Wellness, zwei Restaurants, Bar im Aussichtsturm am Meer, dank Expressway neuerdings rasch erreichbar; Batheegama, Tel. 225 5271-2, www.brownshotels.com/dickwella.

Austrian Beach Resort Dickwella, neues Ayurvedahotel, Villa mit zehn luxuriösen Zimmern, schöne Lage in üppigem Uferwald an der Küste abseits der A2, Kemagoda, Tel. 225 6726, www.austrianbeach.com.

Koggala (☎ 091)

☺☺☺ **The Fortress Resort & Spa**, kleines Hochpreis-Luxushotel an der Küste 10 km östl.ich von Galle, Tel. 438 9400, www.fortressresortandspa.com.

Kahanda Kanda, bezaubernde Ferienvilla nördlich des Koggala Lake in Teeplantage, sechs Suiten, je ab ca. 400 US$, Angulugaha, Tel. 494 3700, www.kahandakanda.com.

Kabalana Boutique Hotel & Spa, kleines Hotel an Privatstrand, schöne Balkonzimmer mit Blick auf Indischen Ozean; ideales Surfgelände, Wellnessbehandlungen; Galle Rd, Kataluwa, Ahangama, Tel. 228 3294, www.kabalana.com.

☺☺ **Koggala Beach Hotel** liegt ein bisschen eingeklemmt zwischen Straße und Strand, aber der ist prächtig und die Straße versteckt sich hinter viel Grün; Zimmertypen: Standard, Suiten und Strandhütten; Habaraduwa, Tel. 228 3243, www.koggalabeachhotel.com.

Matara (☎ 041)

☺☺☺ **Talalla Retreat**, Surfen, Yoga, hippes Restaurant, internationales Publikum, gleichzeitig ein Gemeinde-Hilfsprojekt nach dem Tsunami 2004, Sampaya House, Talalla South, Gandara (von der A2 bei km 170 abbiegen), Tel. 225 9171, www.talallaretreat.com.

☺☺ **Rest House**, im herkömmlichen Stil, aber modernisiert, nach dem Tsunami wiederaufgebaut; 8 Zimmer, ruhige Lage am Meer, im Fort, nahe Uhrturm und Busterminal. Tel. 222 2299, www.resthousematara.com.

Polhena Reef Gardens Hotel, am Strand von Polhena westlich von Matara, 30, Beach Road, Polhena, Tel. 222 2478, 077-226 7325, https://polhenareefgardenshotel.bookings.lk.

☺ Hier auch sehr preiswerte kleine Hotels und Pensionen.

Im Fort: **River Inn**, 7 ruhige, schlichte Zimmer am Fluss, aus denen im Obergeschoss schaut man aufs Wasser, 96/1 Wilfred Gunasekera Mawatha (neben Gefängnis), Tel. 222 2215.

Talpe (☎ 091)

☺☺☺ **Ayurveda Paragon**, ausschließlich ayurvedische Kuren, moderne Zimmer in

SRI LANKA – UNTERKUNFT

schöner Strandlage, 1002, Matara Road, Talpe, Tel. 438 1482, 438 4886, www.paragonsrilanka.com.
Apa Villa Thalpe, exklusive Villenanlage am Strand in parkartigem, gepflegten Garten, sieben Suiten, je 150-310 US$, gute Küche, 78, Matara Rd. Tel. 228 3320, www.apavilla.com.

Tangalle (☎ 047)

☺☺☺ **Amanwella**, äußerst luxuriös, über 550 US$ kosten die edel designten 30 Suiten, der Service ist schwer zu übertreffen, Bodhi Mawatha, Wella Mawatha, Godellawela, Tel. 224 1333, www.amanresorts.com.
Villa Tangalle Lagoon, neue Luxusanlage direkt nördlich des Zentrums, verschiedene Suiten, Strandbungalows und Villas mit eigenem Pool, Ashoka Mw. 18/2, Tel. 072-136 1101, http://villatangalle.com.
☞ In der Gegend von Tangalle gibt es mehrere exklusive Villen, **The Beach House**, **The Last House**, **Kadju House** u.a., Übersicht s. z. B. www.srilankainstyle.com.
☺☺ **Palm Paradise Cabanas**, 22 sehr komfortabel ausgestattete Hütten auf großem, bewaldeten Grundstück mit weiter Meersicht, Fahrradverleih, Goyambokka, Tel. 224 0338, www.palmparadisecabanas.net.
Lagoon Paradise Beach Resort, 13 schlichte Zimmer u. einige Hütten; die Lagune ist Fundgrube für Naturfreunde, ca. 3 km vom Zentrum, nahe der Lagune, Marakolliya, Tel. 224 2509, www.lagoonparadisebeachresort.com.
☺-☺☺ **Puranagama Eco Lodge**, luftige Lehmhütten an der Rekawa-Lagune, Ideal für Naturfreunde, Sozialprojekt nach dem Tsunami 2004; Yayawatte, Natolpitiya, Tel. 790 1836, http://puranagama.net.

Unawatuna (☎ 091)

☺☺☺ **Kingfisher**, 2011 eröffnete Luxusvilla, nur 4 schlicht-elegante Zi. in srilankischem Stil, direkt am Strand, Devala Rd., Tel. 077-340 8404/5, www.kingfisherunawatuna.com.
☺☺ **Unawatuna Beach Resort**, 63 bequeme Zimmer an paradiesischer Küste, günstige Vorsaisonpreise! Parangiriyawatte,Tel. 438 4545, www.unawatunabeachresort.com.

The Villa, die Zimmer im Ethno-Stil, der schattige Garten und die 1a-Strandlage gefallen gleichermaßen, Tel. 224 7253, www.villa-unawatuna.com.
☺-☺☺ **Tartaruga**, gemütl. Häuschen und luftiges italienisches Restaurant am Strand, seit 2011 etwas landeinwärts versetzt, Yaddehimulla; Tel. 492 7116, www.tartarugahotel.com.
Zahllose Privatunterkünfte und kleine Hotels entlang der Hauptstraße, der Strandstraße und den Wegen ins Hinterland, z. B.
Norlanka, in schönem Garten, neben DZ auch preisw. Fünfbettzi.; nahe Unawatuna Beach Resort, dessen Einrichtungen benutzt werden können, Peelagoda, Tel. 222 6194, www.norlanka.com.
Langeoog Guesthouse, 7 Zi. Ganahena, Tel. 438 0600, www.unawatuna-langeoog.com.

Weligama / Mirissa (☎ 041)

☺☺☺ **Taprobane Island**, märchenhaftes Inselchen in privater Hand, mit kolonialer 5-Zimmer-Villa, Dienstboten inklusive, in der Bucht von Weligama, Tel. 091-438 0275, www.taprobaneisland.com.
☺☺ **Barberyn Beach Ayurveda Resort**, weiträumige neuere Ayurveda-Kuranlage, Tel. 225 2994/5, www.barberynresorts.com.
Weligama Bay Resort, modernes Strandhotel östlich des nahen Stadtzentrums, 14 Zimmer im dreistöckigen Haupthaus, 2 Bungalows, 6 Strandvillas, Matara Rd., Pelena, Tel. 225 3920, www.weligamabayresort.com.
Heritage Weligama Resort, das intensiv renovierte koloniale Rest House, hat 10 Zimmer und steht in blühendem Garten an der Küstenstraße, mit Blick auf Taprobane Island, gutes Restaurant mit srilankischer Küche, Tel. 225 0299, www.chcresthouses.com/weligama.

5 SÜDOSTEN

Hambantota (☎ 047)

☺☺ **The Oasis**, komfortables Ayurveda-Resort im Savannengebiet 5 km westl. Hambantota, Sisilasagama, Tel. 222 0650, www.oasis-ayurveda.de.
Peacock Beach Hotel, am langen Strand in großem Garten, bewährter Startpunkt für Sa-

SRI LANKA – UNTERKUNFT

faris, Galwala Tissa Rd., Tel. 567 1000, www.peacockbeachonline.com.
😊 **Rest House**, oberhalb des Hafens, mit bestem Überblick über Stadt und Bucht, empfehlenswerte sri-lankische Küche, Zimmer recht heruntergekommen, Tel. 222 0299.

Kataragama (☎ 047)

😊😊 **Rosen Hotel**, luxuriöses Ambiente, geräumige Zimmer, schöner Pool, öfter Gruppen; 57, Detagamuwa, Tel. 223 6030, www.rosenhotelsrilanka.com.
Jayasinghe Holiday Resort, kleiner Hotelkomplex mit 25 Zi., sehr professionell geführt, 32A, Detagamuwa Rd, Tel. 223 5146, https://jayasingheholidayresort.bookings.lk.
😊 **Ceylon Tourist Board Resthouse**, 43 einfache Zimmer, nahe den Tempeln, Depot Rd., Tel. 223 5227; Weitere: http://kataragama.org/resthouses.htm.
Während des Festivals im Juli/August sind die Unterkünfte in der Regel ausgebucht.

Tissamaharama (☎ 047)

😊😊 **The Safari Hotel Tissamaharama** (ehemals Rest House), bildschön am Tissawewa Tank, Bootstouren, Naturpark-Safaris, Tel. 223 7299, https://thesafarihotel.bookings.lk/
Priyankara Tourist Inn, 30 schlichte Zi. mit Balkon, häufig Gruppen, Kataragama Road, Tel. 223 7206, www.priyankarahotel.com.
Hotel Chandrika, ruhige Lage, die 20 Standardzimmer liegen um einen begrünten Innenhof, neu: 20 De-Luxe-Zimmer, Kataragama Rd., Tel. 223 7143, www.chandrikahotel.com.
😊 **Vikum Lodge**, kleines preisgünstiges Haus, off Kataragama Rd. (beim Priyankara Hotel), Tel. 223 7585, http://vikumlodge.com.

Yala (☎ 047)

😊😊-😊😊😊 **Chaaya Wild Yala**, 60 Luxuszi. in Bungalows im Küstendschungel an geschützter Bucht, 8 exklusive Strandhäuser; intensives Naturprogramm, Palatupana, Kirinda, Tel. 223 9450, www.cinnamonhotels.com.
Elephant Reach, exklusive kleine Anlage im Urwald mit 21 Chalets und 14 Zimmern im Haupthaus, nahe Yala Nationalpark-Eingang, Yala Junction, Kirinda, Tel. 567 7544, www.elephantreach.com.
Kumbuk River Eco-Lodge, zweistöckige Villa, Baumhaus oder Hütte in wildem Urwald mit Erlebnispfaden - Luxus am Kumbuk-Fluss nördl. außerhalb des Yala-Parks Tel. 077-045 5494, www.kumbukriver.com.
😊😊 5 Bungalows im Nationalpark, am Meer: **Mahaseelawa**, Binnenland: **Heenwewa**, **Ondaatje**, **Talgasmankada**, **Warahana**, für je 10 Pers., elektronische Res: Dept. of Wildlife Conservation: https://dwc.lankagate.gov.lk.

6 KANDY

Kandy (☎ 081)

😊😊😊 **Earl's Regency**, luxuriöse Anlage in üppig grüner Umgebung 4 km östl. von Kandy, Tennekumbura, Tel. 242 2122, www.aitkenspencehotels.com/earlsregency.
Hunas Falls Hotel, grandiose Lage in Teeplantage 45 Min. nordöstlich von Kandy, schon die Fahrt dorthin ist bezaubernd, Elkaduwa, Tel. 494 0320, http://hunasfallskandy.com.
Amaya Hills, moderner Luxus in den Bergen 10 km südl. v. Kandy, Heerassagala, Peradeniya, Tel. 447 4022, www.amayahills.com.
Mahaweli Reach Hotel, 5 km nördl. v. Zentrum am Mahaweli-Ufer, 35, P.B.A. Weerakon Mw., Tel. 447 2727, www.mahaweli.com.
Tree of Life, 10 km nordwestl. Kandy in Teeplantage, ausgeschildert an der A 10, speziell für Ayurvedakuren, Yahalatenna, Tel. 249 9777, www.hoteltreeoflife.com.
😊😊 **Queens Hotel**, berühmtes Hotel mit kolonialem Charme, nahe Zahntempel, 4, Dalada Vidiya, Tel. 223 3026, www.queenshotel.lk.
Casamara Hotel, preiswertes älteres Stadthotel, auf der Rückseite des Queens Hotel, 12, Kotugodella Vidiya, Tel. 222 4688, www.casamarahotel.com.
Hotel Suisse, traditionsreiches elegantes Haus am Kandy-See, 30 Sangarajah Mawatha, Tel. 223 3024, www.hotelsuisse.lk.
Cinnamon Citadel Kandy, großzügige Anlage im Grünen am Ufer des Mahaweli, 124 Sirimath Kuda Ratwatta Mw., Tel. 223 4365, www.cinnamonhotels.com.
Hotel Thilanka, zentral, im Wald oberhalb des Zahntempels, Zimmer unterschiedlicher Qua-

SRI LANKA – UNTERKUNFT

lität – vorher ansehen! 3, Sangamitta Mw., Tel. 447 5200, www.thilankahotel.com.
The Swiss Residence, moderne Zimmer mit Ausblick aufs Zentrum, 23, Bahirawakanda Ln., Tel. 447 9055, www.swissresidence.lk.
🟢 **Freedom Lodge**, 4 Zimmer, familiäre Atmosphäre, gutes Essen, 30, Saranankara Rd. (Südseite des Kandy-Sees), Tel. 222 3506. Zahlreiche weitere **Guesthouses** in derselben Straße, z. B. **The Glen**, 3 geräumige Zimmer in ruhiger Lage, mit Garten, 58, Saranankara Mw.,Tel. 223 5342.
Y.M.C.A., im Zentrum, äußerst karge Zimmer, 116 A, E L Senanayake Vidiya, Tel. 222 3529.

Kurunegala (☎ 037)

🟢🟢 **Kandyan Reach Hotel**, bestes Haus am Ort, Stadthotel mit bequemen, großen Zimmern, Schwimmbad, 344-350 Kandy Road, Tel. 222 4218, www.kandyanreach.com.
Hotel Diya Dahara, 7 Zimmer, malerisch am Tank gelegen, tagsüber öfter Gruppen im Restaurant, 7, North Lake Rd., Tel. 222 3452.
🟢 **Croll Holiday Resort**, stadtnah, am Nordrand eines Stauteichs im Grünen, mit Restaurant, 78, Lake Round Tel. 562 3700.

Mahiyangana (☎ 055)

🟢🟢 **Sorabora Village Hotel**, kleine Event- und Hotelanlage auf dem Lande, diverse Zi., am histor. Sorabora-Tank; Ausflüge, u. a. zu den Weddas; Sorabora Lake Rd, Tel. 225 7149, www.soraboravillagehotel.com.
🟢 **New Rest House**, am Ostufer des Mahaweli unweit der A 26, Zi. rudimentär ausgestattet, einige mit Aircondition, Tel. 225 7304.

7 HOCHLAND

Adam's Peak (☎ 051)

DICKOYA: 🟢 **Glencairn Bungalows**, zwei koloniale Plantagenbungalows, nahe Adam's Peak und Castlereagh Lake, 30 km bis Dalhousie zum Pilgerwegstart, Restaurant, Tel. 224 0270, www.ceybankholidayhomes.com.
DALHOUSIE: 🟢 **Slightly Chilled Guesthouse**, schlichte, aber farbenfrohe Zimmer, vom Restaurant blickt man direkt auf den Adams Peak. Nallathanniya, Tel. 205 5502, 071-909 8710, www.slightlychilled.tv.
Am **CASTLEREAGH RESERVOIR** und in der Gegend von **NORWOOD** vermietet die Agentur Tea Trails vier Plantagenbungalows (Preise incl. Service, Verpflegung und Getränke):
🟢🟢🟢 **Summerville** (5,5 km von Hatton), **Castlereagh** (9 km), **Norwood** (14,5 km) und **Tientsin** (19 km): www.teatrails.com.

Badulla (☎ 055)

🟢 **Riverside Holiday Inn**, bewährtes Haus am Ort, gutes Restaurant mit aussichtsreichen Dachgarten, die 11 modernen Zimmer sind von unterschiedlicher Qualität, 27, Lower King's St., Tel. 222 2090.
Dunhinda Falls Inn, 15 praktisch eingerichtete Zimmer, z. T. mit Aircondition, obere Etagen u. Dachrestaurant mit Aussicht auf Teeplantagen und das östliche Bergland, 35/10, Bandaranayaka Mawatha, Tel. 222 3028.

Bandarawela (☎ 057)

🟢🟢 **Bandarawela Hotel**, Kolonialhotel, 33 Zimmer, mit schönem Garten, im Zentrum, 14 Welimada Rd., Tel. 222 2501, www.aitkenspencehotels.com/bandarawelahotel.
Orient Hotel, zentrale Lage, zumeist geräumige Zimmer mit gutem Ausblick, 12, Dharmapala Mw., Tel. 222 2407, www.orienthotelsl.com.
Bandawela Rest House, im Zentrum mit schöner Gartenterrasse, 5 schlichte, renov. Zi., Restaurant, Dharmapala Mawatha, Tel. 222 2299, www.bandarawelaresthouse.com.

Ella (☎ 057)

🟢🟢🟢 **Ella Jungle Resort**, luxuriöse oder schlichte, aber immer naturnahe Übernachtung; Natur-Aktivitäten, Restaurant im Grünen; Uva Karandagolla, www.wildholidays.lk.
🟢🟢 **Hotel Country Comfort**, 8 Zi. in renovierter Villa, 12 Zi. in Neubau; ab dem Bahnhof zwei Gehminuten, 32 Police Station Rd., Tel. 222 8500, www.hotelcountrycomfort.lk.
Grand Ella Motel (Rest House), grandioser Blick auf Ella Gap, auch vom Restaurant, mittags oft srilankisches Bufett, Tel. 567 0711, www.chcresthouses.com.

SRI LANKA – UNTERKUNFT

😊😊 **Forest Paradise Ella**, vier Zi. in schöner Waldlage 0,5 km v. Bahnhof Ella, Naturexkursionen, Tel. 222 8797, www.forestparadise ella.com.

Feelin' good Resort, neue Anlage mit Cottage u. Zimmern, Restaurant, TV, WiFi, deutsch/srilank. Leitung, Ayurveda, Meditation, Bergblick; 10th Mile Post, südlich von Ella in Karandagolla, Tel.: 055-205 5303 / 072-177 0286, www.feelingoodresort.com.

Haputale (☎ 057)

😊😊😊 **Melheim Resort**, 9 Luxuszimmer mit eigener Terrasse, fantastischer Ausblick, exklusive Lage südwestl. Haputale; Lower Blackwood, Beragala, Tel. 567 5969, www.melheimresort.com.

😊😊 **Kelburn Tea Estate**, je 2-3 Zi. in drei Bungalows der Teeplantage 2 km östl. Haputale, Reserv. Tel. 011-257 3382, www.kelburne mountainview.com.

😊 **Amarasinghe Rest House**, qualitätvolle und professionell geführte Unterkunft mit einem Dutzend gut ausgestatteten Zimmern, die meisten mit Balkon, gerühmte, preiswerte Küche, Führungen werden angeboten, Thambapillai Avenue, Tel. 226 8175.

Sri Lak View Holiday Inn, 16 moderne Zi. 300 m südl. v. Zentrum, fantastische Aussicht aufs Bergvorland, A.W. Arthur Sirisena Mw., Tel. 226 8125, www.srilakviewholidayinn.com.

Horton Plains National Park

BELIHUL-OYA: 😊-😊😊 **Rest House**, Haus am Belihul-Oya-Fluss, 6 sehr schlichte Zimmer (4 mit AC), gutes Restaurant; Main Road, Tel. 045-228 0156, www.chcresthouses.com.

River Garden Nature & Activity Center, verschiedene Zimmerkategorien, auch Camping, schön gelegen etwas flussaufwärts am Belihul Oya, in dem man auch baden kann, Tel. 045-228 0222, www.rivergardenresort.com.

HORTON PLAINS: 😊 **Bungalows** mit div. Zimmern und Baracken mit Schlafsälen vorab elektronisch reservieren beim Dept. of Wildlife Conservation: https://dwc.lankagate.gov.lk.

LOWER OHIYA: 😊 **World's End Lodge**, herrliche Lage, ideale Wandermöglichkeiten, 4 km ab A 4 zw. Belihul Oya und Haldummulla, schlechte Piste, Zimmer z. T. spartanisch, Tel. 057-567 6977, www.lankahotel.com.

Nuwara Eliya (☎ 052)

📌 Hoher Preisaufschlag Mitte April zum srilankischen Neujahrsfest und der wichtigsten Ferienzeit. Dafür lange im Voraus buchen!

😊😊😊 **The Tea Factory**, modernes Luxushotel in früherer Teefabrik 14 km außerhalb Nuwara Eliya, inmitten großartiger Teeplantagen-Landschaft, Kandapola, Tel. 555 5000, www.heritancehotels.com/teafactory.

Grand Hotel, imposanter Kolonialbau neben dem Golfplatz, Grand Hotel Road, Tel. 222 2881-7, www.tangerinehotels.com.

😊😊 **Glendower Hotel**, kl. Hotel, moderne Zi. u. Juniorsuiten nahe dem von vielen Gruppen besuchten Grand Hotel, 5, Grand Hotel Road, Tel. 222 2501, www.hotelglendower.com.

The Hill Club, britische Club-Atmosphäre, Tennis, Golf, 29, Grand Hotel Road, Tel. 222 2653, www.hillclubsrilanka.net.

😊 **Haddon Hill Hotel**, modern, Restaurant mit prächtigem Ausblick, 24/3 Haddon Hill Rd., Tel. 222 3500.

📌 Viele weitere **Gästehäuser** und **Ferienvillen** in schöner Lage reihen sich entlang der **Haddon Hill Road**. Über 100 Unterkünfte in Nuwara Eliya s. www.lankaholidays.com.

Wellawaya (☎ 055)

😊 **New Saranga Holiday Inn**, einfache Zi. mit u. ohne Klimaanlage, passabel für eine Zwischenübernachtung; 1, Ambawatte, Ella Rd., Tel. 227 4005, www.newsaranga.com.

8 RATNAPURA

Embilipitiya (☎ 047)

😊😊 **Centauria Tourist Hotel**, 51 bequeme Zi. a. See, 42 A/C; Safaris, New Town, Tel. 223 0514, www.centauriahotel.com.

Pavana Resort, kleines Hotel, schlicht, moderne Ausstattung, i. Zentrum, Old Camp Rd. Tel. 077-351 6838, www.pavanaresort.lk.

😊 **Lake View Lanka Guest House**, Zi. mit Bad u. Moskitonetz, auch Baumhaus, 88/4 Dewala Road, New Town, Tel. 077-865 2102.

SRI LANKA – UNTERKUNFT

Ratnapura (☎ 045)

😊😊 **Ratnaloka Tour Inn**, älteres, aber komfortables Hotel nahe Edelsteingruben, 5 km westl. Ratnapura, Kahangama, Tel. 222 2455, www.rathnaloka.com.
Nilani Hotel, ansprechendes Stadthotel, zentral gelegen und ruhig, 21, Dharmapala Mawatha, Tel. 222 2170.
😊 **Rest House**, altes Kolonialgebäude, renoviert, in schöner Hügellage, Rest House Road, Tel. 222 2299.
Ratna Gem Halt, 8 bescheidene Zi., 2 mit A/C, 153/5, Outer Circular Rd., Tel. 222 3745, www.ratnapura-online.com.

Sinharaja Forest

📖 Unterkunftsverzeichnis Provinz Sabaragamuwa s. www.visitsabaragamuwa.lk.
😊😊😊 Mobile Zeltcamps mit sehr viel Komfort und professioneller naturkundlicher Führung bieten **Sri Lanka Expeditions**, www.srilankaexpeditions.com, nahe den Parkeingängen **MORNINGSIDE** oder **PITADENIYAYA**: **Mahoora Standard** oder **Mahoora Luxury Camp** sowie **KUDAWA**: **Kudawa Camp**.
DENIYAYA: 😊 **Rest House**, einfache Zimmer, aber schöne Lage, Tel. 041-227 3600.
Sinharaja Rest, sechs sehr einfache Zimmer beim Forest Guide, der auch Führungen veranstaltet, Temple Rd., Tel. 041-227 3368.
KALAWANA: 😊😊😊 **Boulder Garden Resort**, Natur und Architektur verschmelzen im 2002 eröffneten Hotel in tropisch grüner Felslandschaft, auf dem Weg zum Sinharaja Forest, Sinharaja Rd., Koswatta, Kalawana, Tel. 045-225 5812-3, www.bouldergarden.com.
RAKWANA: 😊 **Rest House**, kolonialer Bungalow mit vier Zimmern, Deniyaya Rd., Tel 045-224 6299; falls er belegt ist: **Summer House**, 33, Kalawana Rd., Tel. 045-224 6406.

Uda Walawe National Park (☎ 047)

😊😊😊 **Kalu's Hideaway**, sehr komfortabler Ferienbungalow eines berühmten sri-lankischen Cricket-Spielers, 14 Luxuszimmer, nur fünf Minuten vom Uda-Walawe-Parkeingang, Tel. 492 9930, www.kalushideaway.com.
Grand Udawalawe Safari Resort, Vier-Sterne-Hotel mit 57 Zimmern u. Suiten, 1 km von der Parkzufahrt, Organisation von Safaris und Kultur-Exkursionen, 912, Thanamalwila Rd., Udawalawe, Tel. 223 2000, 077-799 8181, www.udawalawesafari.co
😊 Außerhalb des Parks: **Walawa Park View Hotel**, 8 km vom Parkeingang, Safaris, Tanamalwila Rd., Tel. 223 3312. **Walawe Safari Village**, einfache Unterkunft 10 km vom Parkeingang, Safaris, Canal Rd., Tel. 223 3201.
😊 Innerhalb des Parks **Bungalows**: elektronische Buchung beim Dept. of Wildlife Conservation, https://dwc.lankagate.gov.lk.

9 RAJARATA

Anuradhapura (☎ 025)

😊😊-😊😊😊 **Palm Garden Village Hotel**, luxuriöse Hotelanlage auf riesigem Natur-Areal an einem Tank 5 km südwestlich des archäologischen Bezirks, geräumige moderne Zimmer in Doppel- und Einzelbungalows, Tennisplätze, ayurvedische Behandlung, Puttalam Road, Pandulagama, Tel. 222 3961-2, www.palmgardenvillage.com.
The Lakeside Hotel (ex Nuwarawewa Resthouse), 70 luxuriös sanierte Zimmer in Gartenanlage am Damm des Tanks, New Town, Tel. 222 2565, Reserv. 011-258 3133, http://nuwarawewa.com.
The Sanctuary at Tissawewa, 25 Zimmer mit kolonialem Charme im geräumigen, zweistöckigen einstigen Rest House, in schönem Park im Heiligen Bezirk, daher kein Alkoholausschank, Restaurant mit guter sri-lankischer Küche, Fahrradverleih, Old Puttalam Rd., Tel. 222 2299, http://tissawewa.com.
😊 **Miridiya Lake Resort**, 39 modernisierte A/C-Zi. südlich der Stadt, schöner tropischer Garten, Wasaladantha Mw., Tel. 721 3626/7/8, https://miridiyalakeresort.bookings.lk.
Hotel Randiya, bungalowartiges Haus in der Art eines historischen Adelshofs in schöner Gartenanlage, 14 Zimmer, 394/19A Muditha Mw., Tel. 222 2868, www.hotelrandiya.com.
Milano Tourist Rest, schlichte, moderne Anlage im Zentrum, 596/40, Stage 01, Tel. 222 2364, www.milanotouristrest.com.
Heritage Hotel, 50 bequeme, neue Zimmer,

SRI LANKA – UNTERKUNFT

mit Pool, am Tissa Wewa, Galwala Rd., Pothanegama, Tel. 223 7806, www.heritagehotel.lk.

🅂 **Ashok Hotel**, nüchterner Bau nahe Nuwara Wewa, 25 Zimmer, 20 Harishandra Mw., Tel. 222 2753, www.ashokhotel.lk.

Cottage Tourist Rest, ruhige, einfache Zimmer etwas abseits der Hauptstr., 388/38 Harishandra Mw., Tel. 223 5363, http://cottage-touriststresl.com.

Dambulla / Kandalama (☎ 066)

🅂🅂🅂 **Heritance Kandalama**, Fünf-Sterne-Hotel mit 152 Zimmern im schlichten, naturnahen Design des Stararchitekten Geoffrey Bawa, östlich Dambulla zwischen Ostufer des Kandalama-Tanks und Dschungel, Ausblick auf Sigiriya-Felsen; geführte Touren, Kandalama, Tel. 555 5000, www.heritancehotels.com.

Amaya Lake, am Westufer des Kandalama-Tanks, östlich ab A 9 in Dambulla oder südlich ab Kimbissa/Sigiriya Rd., Einzel-Bungalows in Parklandschaft am Tank, organisiert werden u. a. Natur-Exkursionen, Kapela, Kandalama, Tel. 446 1500; www.amayalake.com.

🅂🅂 **Gimanhala Hotel**, 17 schlichte A/C-Zimmer, professionell geführtes Hotel mit einem beliebten Restaurant, schöner Pool, im Grünen und ruhig, trotz der nahen Hauptstraße, 754, Anuradhapura Rd., Tel. 228 4864.

Habarana (☎ 066)

🅂🅂-🅂🅂🅂 **Cinnamon Lodge**, Bungalows und Zimmer in Reihenhäusern oder Einzelvillen in weitläufigem Park am vogelreichen See, Tennisplätze, Vogelbeobachtungspfad, Fahrradverleih, Elefantenritte, Tel. 227 0011, nebenan, auf demselben Grundstück: **Chaaya Village**, Zimmer einfacher, Tel. 227 0047, für beide: www.cinnamonhotels.com.

Le Grand Meaulnes, 2 Bungalows, 22 Betten, in Dschungellandschaft, mit Service, Fahrradverleih, Green Path, Trincomalee Rd., Tel. 077-766 6659, http://legrand-habarana.com.

🅂 **Habarana Inn**, schlichte Zimmer, Dambulla Rd., Tel. 227 0010, http://www.habarainnsrilanka.com, preiswerter als das qualitativ ähnliche **Rest House** mit 4 renovierten Zimmern an der Kreuzung A 11 / A 6, Tel. 227 0003, www.chcresthouses.com.

Maho / Yapahuwa (☎ 037)

🅂🅂-🅂🅂🅂 **Yapahuwa Paradise**, im Kolonialstil neu erbautes Hotelgebäude, nebenan Ayurvedakurklinik; doppelstöckige und Einzelbungalows in üppiger Parkanlage, gutes Preis-Leistungsverhältnis, Restaurant, 500 m vom Yapahuwa-Felsen, Tel. 397 5055: www.hotelyapahuwaparadise.com; Kuren: Tel. 227 5826: www.ayurveda-kuren-maho.com.

Mihintale (☎ 025)

🅂🅂 **Mihintale Rest House**, neu erbaute Anlage, 10 Zimmer mit Klimaanlage; liegt nahe dem Aufgang zum Tempelbezirk, Anuradhapura Road, Tel. 567 3680, 226 6599, www.chcresthouses.com/mihintale.

Polonnaruwa / Umgebung (☎ 027)

GIRITALE: 🅂🅂🅂 **The Deer Park Hotel**, luxuriöse Kolonialstil-Anlage in gepflegtem Park; von den teuersten Bungalows, z. T. doppelstöckig: Aussicht auf den Giritale-Tank, Tel. 224 6272, www.deerparksrilanka.com.

POLONNARUWA: 🅂🅂 **The Village Polonnaruwa**, gepflegte kleine A/C-Bungalows in schöner Gartenlandschaft am Südufer des Parakrama-Tanks, Wellnessbereich, Tennisplätze, Pool, Achtung: wird öfter für private Festlichkeiten genutzt, Tel. 222 2405, www.thevillagehotel.org.

Rest House, erbaut 1954 anlässlich des Besuchs von Königin Elizabeth II., renovierte Zimmer u. Restaurant mit Seeblick, Preisaufschlag für das Zimmer, in dem Elizabeth II. nächtigte, sri-lankische Küche; Qualität verbesserungsbedürftig, aber unvergleichliche Lage direkt am Ostufer des Sees, beim Museum: Lake Rd., Tel. 222 2299.

🅂 **Gajaba**, 23 einfache Zimmer in tropischem Garten mit gemütlicher Atmosphäre nahe Museum und See, ein Neubau entsteht gerade. Kuruppu Gardens, Lake Road, Tel. 222 2394, www.gajabaholidays.com.

Sigiriya (☎ 066)

🅂🅂🅂 **The Elephant Corridor**, 24 Bungalows, luxuriöses Design auf 80 ha privaten

SRI LANKA – UNTERKUNFT

Dschungellands, Fitness, Bogenschießen, Reiten u.a. Aktivitäten; off Sigiriya Road., Tel. 228 6950-5, www.elephantcorridor.com.
Vil Uyana, naturnahe Luxusunterkünfte 5 km westlich des Sigiriya-Felsens inmitten von Reis- und Buschland am See, umfangreiches Ayurveda-Angebot, Tel. 492 3585-6, www.jetwinghotels.com.
◎◎ **Hotel Sigiriya**, 80 Zi., zahlreiche Aktivitäten zum Kennenlernen von Natur und Kultur, Tel. 493 0500, www.serendibleisure.com.
Sigiriya Village Hotel, sehr schöne Anlage mit gräumigen Reihenbungalows im Kolonialstil in gepflegtem Park, Ayurveda, Tel. 228 6803-6, www.forthotels.lk/sigiriyavillage.
◎ **Rest House**, einfache Zimmer, renoviert, Tel. 228 6299, www.chcresthouses.com.

10 OSTEN

Ampara (☎ 063)

◎-◎◎ **Monty Hotel**, große Bandbreite an Qualität unter den 50 Zimmern, vorher ansehen, Lage südl. des Zentrums, C32 1st Avenue, Tel. 222 2169, www.montyhotel.com.

Arugam Bay (☎ 063)

Ca. 70 Unterkünfte in Arugam Bay und Umgebung werden in der informativen (z.T. etwas veralteten) Website www.arugam.info genannt, viele sind in der unteren Preisklasse.
◎◎ **Stardust Beach Hotel**, geschmackvoll eingerichtete Zimmer im zweistöckigen Hotelbau, preiswertere Cabanas im benachbarten Rainbow Village; gepflegtes Restaurant mit Bar, Sinna Ullai, Tel. 224 8191 und 077-906 7841, www.arugambay.com.
Hideaway Resort, moderne Anlage westlich der Hauptstraße (kein Strandzugang), Zimmer in Haupthaus und hübschen Villas im Garten, sehr gutes Restaurant; Ullai, Tel. 224 8259, www.hideawayarugambay.com.
◎-◎◎ **Panama Village Resort**, an Arugam-Lagune im Norden des Orts, schön für Naturbeobachtung, zum Surfen 15 Min. Fußweg, 12 komfortable Hütten; 22, Beach Hut Rd., Tel. 224 8558, www.panamavillageresort.com.
Arugam Bay Surf Resort (ex Hillton), nahe an der Welle: Cabanas und Zimmer im Haupthaus am Strand, große Saison-Preisunterschiede, reiches Ausflugsprogramm, Main Street, Tel. 224 8189, www.arugambay.lk.
Ranga's Beach Hut, in den Cabanas, einige direkt am Strand, kann man sich wie Robinson fühlen und im Baumhaus wie Tarzan, Tel. 224 8202, www.arugambaybeachhut.com.

Batticaloa (☎ 065)

◎-◎◎ **Riviera Resort**, gepflegteste Unterkunft in Batticaloa, schön am Wasser gelegen, in parkartiger Umgebung, New Dutch Bar Road, Kallady, Tel: 222 2164-5, www.riviera-online.com.
Subaraj Inn, akzeptable Unterkunft in der Stadt, nahe der Lagune, mit Aircondition, 6/1 Lloyd's Avenue, Tel. 222 5983.
Deep Sea Resort, bequeme, naturnahe Taucher-Unterkunft, Sri Lanka Diving Tours steigen hier ab, Nawalady, Tel. 077-068 6860, www.srilanka-divingtours.com.

Kalkudah/Passikudah Bay (☎ 065)

◎◎-◎◎◎ **Maalu Maalu Resort**, alle 40 zweistöckigen Ferienchalets mit Meerblick, in coolem Design; 2011 erstes Strandhotel der Passikudah Bay; Reserv. Tel. 011-738 6386, direkt: 738 8388, www.maalumaalu.com.
Uga Bay Resort, riesiges luxuriöses Strandhotel, viel Platz f. Kinder, Coconut Board Rd., Tel. 205 0231, www.ugaescapes.com/ugabay.
Amaya Beach Resort & Spa, am Südstrand der Bucht, Zimmer und Restaurants in elegantem, minimalistischen Design, PADI-Tauchen, Segeln, Wellness; Passikudah Rd., Tel. 205 0200, www.amayabeach.com.
Browns Hotels & Resorts, Luxushotel ab 2015, www.brownshotels.com/passikudah
◎◎ **Nandawanam Guest House**, stille Villa abseits der Straße, kurzer Spaziergang zur Passikudah Bay; geräumige Zimmer, schattiger Palmenhain, gute Küche, Passikudah Rd, Tel. 225 7258, 071-971 4799.
◎ zahlreiche Guest Houses entlang der Valaichchenai Rd./Passikudah Rd., z. B. **Victoria Guest House**, romantischer Neubau, Zimmer mit und ohne Aircondition, Valaichchenai Rd. Tel. 205 0205, oder **Moni's Guest House** Munai Murugan Kovil Rd., Tel. 365 4742.

SRI LANKA – UNTERKUNFT

Trincomalee und Umgebung (☎ 026)

😊😊-😊😊😊 *STRANDHOTELS:* **Chaaya Blu Trincomalee** (Ex-Club Oceanic), mit Retrodesign aufgewertetes, renoviertes Traditionshaus, Tauchbasis, Uppuveli Beach, 5 km nördl. v. Trincomalee, Zimmer und Chalets, Tel. 222 1611, www.cinnamonhotels.com.
Nilaveli Beach Hotel, perfekte Strandlage, Zimmer in mehreren Preisklassen, Nilaveli, Tel. 223 2295-6, www.tangerinehotels.com.
Pigeon Island Beach Resort, kleines Strandhotel an einsamem Strandabschnitt gegenüber dem Nationalpark Pigeon Island, 11th Milepost, Nilaveli, Tel. 492 0633, Res. 011-268 3383, www.pigeonislandresort.com.
Jungle Beach Resort, die Villas verstecken sich in der üppigen Strandlandschaft in Kuchchaveli, km 27, Pulmoddai Rd.,Tel. 267 1000, www.ugaescapes.com/junglebeach
😊-😊😊 **Pigeon Island View Guesthouse**, schlichte Zimmer m. Balkon, ideal für Taucher, mit Tauchschule, 9th Mile post, Nilaveli, Tel. 091-720 1200, über www.divingsrilanka.com.
STADTHOTELS:
😊😊 **Welcombe Hotel**, kleine stadtnahe Anlage im Grünen mit Meerblick und gutem Restaurant, 66, Orr's Hill, Tel. 222 3885-6, 222 2373, www.welcombehotel.com.

11 TAMILISCHER NORDEN

Jaffna / Jaffna-Halbinsel (☎ 021)

👉 Die Hotelszene Jaffnas ändert sich rasch. Beachten Sie die Vorschriften zur Einreise in die Nordprovinzen, nehmen Sie ggf. die Hilfe einer srilankischen Agentur ins Anspruch.
😊😊 **Tilko Jaffna City Hotel**, fünfstöckiger Neubau von 2010; die prächtig aussehenden Dekostoffe und Möbel sind nicht jedermanns Geschmack, aber das Drei-Sterne-Hotel ist eins der am professionellsten geführten Hotels im Stadtzentrum von Jaffna und günstig gelegen, 70/6 KKS Rd, Tel. 222 5969, www.cityhoteljaffna.com.
Jaffna Heritage Hotel, zweistöckiger Neubau mit 10 nach westlichem Geschmack gestalteten Zi., mit Pool, Temple Rd., Nallur, Buchung über https://jaffnaheritagehotel.bookings.lk.
FITS Margosa, sorgfältig restaurierte Kolonialvilla mit sechs modern, geschmackvoll und nicht überladen eingerichteten Zimmern, 10 km nördlich von Jaffna in grüner Umgebung; Station Rd., Urelu, Chunnakam, Tel. 224 0242, www.jaffna.travel/margosa.html
Hotel Lux Etoiles, dreistöckiges Haus in ruhiger Nebenstraße nordöstlich vom Zentrum, Zimmer von unterschiedlicher Qualität, vorher ansehen; Garten, Terrasse im Obergeschoss mit Blick ins Grüne; 34, Chetty Street Lane, Nallur, Tel. 222 3966, www.luxetoiles.com.
Pillaiyar Inn, dreigeschossiges, neu erbautes Hotel mit sehr schlichter Einrichtung, alle 18 Zimmer mit eigenem Bad; Internet, in Gartengelände, Dachterrasse m. weiter Aussicht, ca. 600 m zum zentralen Busbahnhof, 31, Manipay Rd, Tel. 222 2829, www.pillaiyarinn.com.
Green Grass, aus dem einstigen Guesthouse hat sich in Bahnhofsnähe rasch ein veritabler Hotel- und Eventkomplex entwickelt, mit Pool, Fitnessraum und Restaurant; die Zimmer entsprechen dem srilankischen Geschmack; 33, Aseervatham Lane, Hospital Rd., Tel. 222 4385, http://jaffnagreengrass.com.
Fort Hammenhiel Resort, vier schlicht eingerichtete Zimmer im historischen Fort aus niederländischer Zeit, unvergesslicher Standort mit wundervollen Aussichten, gemütliche Lounge, schöne Terrassen; Karainagar, Jaffna, Res. Tel. 011-3818216 oder https://forthammenhielresort.bookings.lk.
😊 **Sarras Guesthouse**, einfache und komfortabler ausgestattete Zimmer in einer schönen Altbauvilla westlich vom Zentrum, der Garten ist mit Oldtimern museal gestaltet, 20, Somasutharam Rd., (nördlich der Hospital Street, westliches Ende) Tel. 567 4040.
YMCA, am unteren Ende der Preisskala: Zimmer mit Gemeinschaftsbädern, aber auch mit eigenem Bad – dann nur wenig teurer; oft belegt, 109 Kandy Road, Tel. 222 2499.

Vavuniya (☎ 024)

😊😊 **Nelly Star Hotel**, gepflegtes Businesshotel in der Stadt, 84, 2nd Cross Street, Tel. 222 4477-8, http://nellystarhotel.com.
Thampa Hotel, Neubau mit Gartenanlage östl. vom Zentrum, 10, 1st Lane, Sinaputhukulam, Tel. 222 0598, www.thampahotel.com.